트레이딩은 트레이닝이다

– 이론 편

지은이 **장영한**

현재 주식 트레이더 전문가 양성기관인 〈증권 사관학교〉를 운영 중이다. 한양대 경영학과 졸업 후 LG 선물 등에 재직하며 트레이딩의 실무를 익혔다. KR 선물을 설립해 해외 파트를 관리·운영했으며, 애드먼 투자 자문과㈜ 로셈의 대표이사를 비롯해 한국은행 객원강사 등을 역임했다. 증권 전문 TV에서 '한판 붙자 F/X'와 '실전 매매 주식 서바이버', '배워봅시다' 코너 등 다양한 주식 방송을 진행했다. 또한 외환, 선물옵션, 주식 등 금융권의 다양한 고객을 대상으로 각종 파생상품 및 M&A 실무 특강을 진행했으며, 신한금융투자 FICC 펀드매니저 훈련 등 전문가 대상의 실전 강연도 펼치고 있다. 최근에는 한국금융연수원에서 은행권 운용부석 직원들에게 실전 차트 강의를 진행 중이다. 주요 저서로는《내 그물에 잡힌 고기로도 충분하다 1, 2》,《주식 투자의 명가 로셈클럽의 패턴매매기법》,《주가 차트 초보자가 꼭 알아야 할 98가지》,《외환 투자 초보자가 꼭 알아야 할 101가지》,《미국 주식 매수 타점 완전 정복》 등이 있다.

현재 공동 저자이자 제자인 조우태(21) 군과 청소년들을 위한 투자 교육인 〈버핏 청소년 투자 아카데미〉를 운영 중이며, 시간을 쪼개 네이버 카페 '주식 사관학교'에서 투자자들의 고통을 기쁨으로 치유 중이다. 또한 국내 최초로 페어 트레이딩(통계적 차익거래) 투자 방법을 국내 주식에 적용해 일반 투자자들이 주식 투자를 좀 더 과학적으로 할 수 있게끔 돕고 있다.

E-mail : paul1109@naver.com
Cafe : http://cafe.naver.com/paul1109
책 구매자는 매수의 정석 온라인 강의 50% 할인 혜택을 드립니다.
youtube : 장영한 주식 TV
www.youtube.com/@Korea_US_Stock
로셈트레이딩아카데미 : www.rocemacademy.com

유튜브

카페

지은이 **조우태**

수원대학교 글로벌비즈니스학과에 재학 중인 대학교 2학년생 조우태입니다. 고등학교 시절부터 패턴 매매 기법을 배우며 실전 경험을 쌓아왔고, 그 과정에서 얻은 인사이트를 블로그에 꾸준히 기록해왔습니다.
많은 사람들이 주식을 하지만, 제대로 알고 투자하는 경우는 많지 않습니다. 저는 이 책이 투자에서 길을 잃기 쉬운 분들에게 작은 도움이 되길 바라는 마음으로 선생님을 도와 집필에 참여할 수 있었고, 좋은 공부가 되었습니다.
앞으로도 시장을 꾸준히 연구하며, 대학원에서 MBA 과정을 수료 후 금융공학도로서 금융시장에서 제 능력을 펼치도록 최선을 다하겠습니다.

종목 선정부터 매수·매도까지, 반복 가능한 트레이딩 훈련법
트레이딩은
트레이닝이다
- 이론 편
지음 장영한 조우태
29.79
24.78
25.01
25.01
07.28
25.21
두드림미디어

멘토를 찾으면 빠르게 성공할 수 있다!

주식을 배우려고 할 때 가장 먼저 부딪히는 난관은, 무엇을 어떻게 배우고 시작해야 하는지 모른다는 사실이다.

시작부터 난관이고 숙제처럼 느껴지지만, 사실 결론은 이미 정해져 있다. 결국 올라갈 주식을 선택해 '돈'을 벌겠다는 것이다. '주식 공부를 시작해야지'라고 마음먹는 순간, 사실 '돈을 벌겠다'라는 결론은 이미 내려져 있다.

영어 공부를 시작하며 멋진 외교관이 되겠다고 생각하거나, 수학 공부를 시작하며 천재 수학자가 되겠다고 다짐하는 것과 비슷한 논리다.

그렇다면 한번 과거를 떠올려보자. 청소년 시절, 우리는 정말 그런 생각을 하며 영어와 수학 공부를 시작했을까?

영어와 수학을 잘하는 방법이 사람마다 다르듯, '잘하는 것'에는 답이 정해져 있지 않다. 각자의 방법으로 '스스로' 답을 만들어나가면서 자신만의 원칙과 기준을 정립해나가면 된다.

이쯤에서 한 번쯤 스스로를 돌아볼 필요가 있다.

과연 나는 나만의 원칙과 기준을 가지고 투자하고 있는가.

영어와 수학을 배울 때 선생님은 학생들에게 영어와 수학을 '잘'할 수 있도록 '매뉴얼'을 가르쳐줄 뿐, 모두가 100점을 맞게 하는 방법을 알려주는 것은 아니다.
주식도 마찬가지다. 나의 장점은 초보자든 주식 유경험자든, 대한민국에서 유일하게 주식의 '종목 선정'과 '매수 타점'을 매뉴얼에 따라 훈련할 수 있도록 안내한다는 점이다.

제자들에게 항상 하는 말이 있다. 주식 투자를 할 때 배운 대로만 행동으로 실천한다면 절대 주식으로 낭패 볼 일은 없을 거라고, 그리고 그렇게 살아남게 되면 시장이 돈을 벌어주는 것이지, 내가 예측하고 잘나서 돈을 버는 것이 아니라고 말이다. 보기만 해서는 절대 주식 투자에서 돈을 벌 수 없다. 운은 평생 몇 번에 그친다. 하지만 주식은 평생 해야 할 확률 게임이다.

배움에 있어 '매뉴얼'이 있다는 것은 큰 축복이다. 그 매뉴얼을 배우고 익혀 시행착오를 줄이고, 스스로의 투자 경험을 통해 돈을 벌게 되는 것이다.
세상에는 다양한 성공의 길이 있듯 이 방법 역시 하나의 주관적인 방법일 뿐이다. 하지만 분명한 것은 스스로의 땀과 노력 없이는 절대 돈을 벌 수 없다는 점이다. 보기만 하는 것은 노력이 아니다. 준비도 아니다. 이는 사행심에 가깝다.

진정으로 주식으로 돈을 벌고 싶다면, 움직이고, 실천하며, 행동함으로써 준비해야 한다.

장영한

시장의 언어를 배우다

"왜 내가 사면 떨어지고, 팔면 오를까?"

트레이딩 커뮤니티에서 가장 자주 등장하는 질문이다. 수많은 투자자들이 같은 의문을 품고 시장을 떠나지만, 잘못된 것은 시장이 아니라 그 언어를 읽지 못한 우리 자신이다.

주식 시장에는 두 부류의 투자자가 있다. 지도를 가진 사람과, 그렇지 않은 사람.
지도 없이 길을 나서면 방향을 잃고 헤매게 마련이다. 대부분의 개인 투자자들이 그렇다. 뉴스로 종목을 고르고, 전문가의 추천을 따라 매수한다. 그리고 묻는다.

"이 종목, 괜찮을까요?"
"언제 팔아야 하나요?"

이 질문들의 공통점은 스스로의 기준이 없다는 것이다. 시장은 이미 답을 말하고 있다. 문제는 우리가 그 언어를 모른다는 점이다. 시장은 분명히 신호를 보내고 있었지만, 우리는 듣지 못했던 것이다.

패턴은 시장의 언어다. 외국에 가면 그 나라의 언어를 알아야 한다. 시장도 마찬가지다. 시장의 언어를 모르면 길을 잃는다. 사람들은 대부분 무언가를 시작하기 전에 배운다. 생각해보면 당연한 일이다. 운전을 하려면 운전학원에 가고, 요리를 하려면 레시피를 찾아보며, 외국어를 배우려면 기초부터 공부한다. 심지어 게임을 시작할 때도 튜토리얼부터 본다. 새로운 일을 시작할 때는 누구나 먼저 배우고 익힌 다음 실행에 옮긴다.

그런데 유독 주식만큼은 다르다. 계좌를 개설하자마자 곧바로 매수 버튼을 누른다. 차트가 무엇을 의미하는지, 지지선과 저항선이 무엇인지도 모른 채 수백, 수천만 원을 투입한다. 마치 운전면허 없이 고속도로에 진입하는 것과 같다.

왜 이런 일이 벌어질까?
첫째, 진입장벽이 너무 낮다. 스마트폰만 있으면 누구나 몇 분 만에 계좌를 만들고 거래를 시작할 수 있다. 클릭 몇 번이면 수백만 원이 오간다. 이 간편함이 착각을 만든다. '쉽게 시작할 수 있다'라는 것이 '쉽게 성공할 수 있다'라는 의미는 아닌데 말이다.
둘째, 주변의 성공담에 현혹된다. "나는 이 종목으로 2배 벌었어"라는 말은 쉽게 들리지만, "나는 반 토막 났어"라는 말은 좀처럼 들리지 않는다. SNS와 유튜브는 화려한 수익 인증으로 가득하지만, 그 뒤에 숨겨진 수많은 손실은 보이지 않는다.
셋째, 배워야 할 것을 모른다. 무엇을 배워야 하는지조차 모른 채 시작하는 경우가 대부분이다. 차트를 보지만 의미를 읽지 못하고, 지표를 켜놓지만 해석할 줄 모른다. 결국 감에 의존하게 되고, 감정에 휘둘리게 된다.

이 책은 그 언어를 배우는 첫걸음이 될 것이다.
대부분의 초보자들은 '초심자의 행운'으로 시작한다. 상승장에서는 어떤 종목을 사도 수익이 난다. '이 정도면 할 만한데?'라는 착각이 시작된다. 운을 실력이라 믿고 투자금을 늘린다. 위험관리는 무너진다. 그리고 시장이 조정을 받는 순간, 그동안의 수익은 한순간에 사라진다.

그러나 진짜 실력자는 다르다. 시장의 '의도'를 읽는다. 뉴스나 단기 등락에 흔들리지 않고, 가격의 흐름 속에서 시장이 말하는 메시지를 듣는다. 시험을 잘 보려면 출제자의 의도를 파악해야 하듯, 트레이딩에서 성공하려면 시장의 의도를 읽어야 한다. 패턴은 그 의도를 가장 명확하게 보여주는 도구다.

단순히 패턴의 모양을 외우는 것이 아니다. 어디서 진입하고, 어디서 손절하며, 어떻게 목표가를 잡아야 하는지를 이해하는 것이다. 감정이 아닌 확률로, 감이 아닌 기준으로 움직이는 법을 배워야 한다.

나 역시 패턴을 배우기 전에는 늘 감정에 흔들렸다. 하지만 시장의 언어를 이해한 뒤로, 트레이딩은 훨씬 단순하고 명확해졌다.

이제 여러분 차례다.
복잡한 차트 속에서 시장의 말이 들리기 시작할 것이다.

"지금은 기다려라."
"지금이 기회다."
"이제는 나와라."

시장은 언제나 말하고 있다. 이제는 그 언어를 배울 시간이다. 시장은 준비된 사람에게 기회를 준다. 이 책이 여러분을 준비시킬 것이다. 패턴을 보는 순간, 시장이 다르게 보인다.

조우태

Contents

PART 01

패턴매매기법이 돈이 되는 7가지 이유

PART 02

추세를 알면 돈이 보인다

PART 03

지지와 저항 안에 매매시점이 있다

이 책을 쉽게 보는 방법

**패턴매매기법의 기초 지식에서부터 실전매매 노하우까지,
이 책 한 권이면 누구나 주식 시장에서 성공할 수 있다!**

이 책은 패턴매매기법의 기초 지식에서부터 실전매매 노하우까지 아주 자세하고 체계적으로 구성되어 있다. 이 책 한 권이면 누구나 쉽게 패턴매매기법을 터득할 수 있을 뿐만 아니라 본전 찾기도 어려운 주식 시장에서 꾸준한 수익을 올릴 수 있을 것이다.

1단계(1~5장)

패턴매매기법의 기초 지식 쌓기

패턴매매기법을 실전매매에 적용하기 전에 반드시 알아야 할 추세 판단, 지지와 저항 개념, 이동평균선과 MACD 정의 등을 쉽고 재미있게 기술하고 있다. 1~5장까지 완벽하게 이해해야 패턴 1, 2, 3의 이론과 실전 매매기법을 정확하게 터득할 수 있다.

2단계(6~12장)

패턴매매기법 실전매매에 적용하기

패턴 1, 2, 3의 정의 및 종류를 다양한 차트 사례를 통해 설명하며, 매매 타이밍과 손절을 지정하는 노하우를 공개하고 있다. 또한 상위 차트와 하위 차트를 비교하며 주가가 차트상에 어떻게 표현되는지를 기술하고 있다.

3단계(13장)

패턴매매기법 실력 점검하기

1~12장에서 패턴매매기법을 얼마나 제대로 익혔는지 스스로 점검해볼 수 있도록 25문항을 제시하고 있다. 이 책은 핵심 내용만으로 만들었기 때문에 여기에 나오는 문제들만 잘 풀어도 주식 투자에서 성공할 확률이 높아질 것이다.

패턴매매기법이 돈이 되는 7가지 이유

패턴매매기법은 추세가 확연한 종목만을 거래하는 추세매매기법이다. 패턴매매기법의 경우 가격 1만 원 이상, 30만 주 이상의 추세가 확연한 우량주 위주의 장기 투자이기 때문에 상승추세 시장에 잘 들어맞는다.

패턴매매기법은 국내 주식과 국내 선물, 해외 주식과 해외 선물 등에 동일한 논리로 적용이 가능하고, 초보자에서 고수까지 누구나 쉽게 익힐 수 있는 매매기법이다. 그리고 손절을 100% 놓기 때문에 손실은 적고, 이익은 크다는 장점이 있다.

패턴매매기법은 기간 조정인 패턴 1, 가격 조정인 패턴 2와 패턴 3이 있다. 패턴 1, 2, 3 중 어느 한 가지 매매기법만 제대로 익혀도 주식 시장에서 승리할 수 있다.

추세를 알면 돈이 보인다

추세는 한번 방향을 잡으면 계속 그 방향으로 나아가려는 관성의 법칙이 작용한다. 추세의 종류에는 상승추세·하락추세·비추세가 있는데, 패턴매매기법은 상승추세와 하락추세의 종목에 유효하다.

상승추세에서는 하락조정 시 우량주를 매수한 다음 장기보유하면 수익을 낼 수 있고, 하락추세에서는 선물옵션으로 수익을 낼 수 있고, 비추세에서는 패턴매매기법이 적합하지 않다. 따라서 매매를 하기 전에 먼저 추세의 유무를 정확히 판단하는 것이 중요하다.

같은 추세라고 해도 추세가 강한 종목을 선정하는 것이 중요하고, 추세가 애매모호하면 아예 매매를 하지 않는 것이 자산을 지키는 지름길이다. 추세를 신뢰하고 기존 추세에 순응해 매매하면 수익이 보장된다.

지지와 저항 안에 매매시점이 있다

지지와 저항의 역할을 하는 요소에는 이동평균선, 이중(삼중)바닥, 전고점, 전저점, 갭, 의미 있는 가격대 등이 있다. 이러한 지지와 저항의 요소를 정확히 알아야 투자 전략을 제대로 수립할 수 있고, 의미 있는 지점에 손절을 놓을 수 있다.

지지와 저항은 주가의 상승과 하락에 따라 역할이 수시로 바뀐다. 예를 들어, 주가가 전고점을 돌파하면 저항이 지지로 바뀌고, 주가가 이동평균선을 붕괴시키면 지지에서 저항으로 바뀌므로 단순한 암기는 아무런 도움이 되지 않는다.

추세를 정확히 판단하고 지지와 저항을 십분 활용해 매매하면 어렵지 않게 주식 투자에서 수익을 낼 수 있다. 다만 추세가 강하게 형성될 경우, 지지선과 저항선은 언제든지 쉽게 돌파될 수 있다는 사실을 인정하고 손절매를 100% 실천해야 한다.

이동평균선으로 주도 세력의 마음을 읽는다

이동평균선은 일정 기간 동안의 주가를 평균화해 선으로 이은 것을 말한다. 하루하루 주가 흐름은 불규칙적이고 변동성이 심하지만, 이동평균선으로 나타내면 주가의 추세를 한눈에 알 수 있기 때문에 실전매매에 매우 유용하다.

따라서 이동평균선의 기본 개념인 골든크로스·데드크로스, 정배열·역배열, 지지·저항, 수렴·발산 등을 반드시 숙지해야 한다. 항상 기본기를 확실히 다져야 실전매매에서 다양하게 응용할 수 있다는 사실을 명심해야 한다.

패턴매매기법에서는 15, 33, 75, 150, 300일 이동평균선을 사용한다. 다양한 이동평균선을 사용하는 것보다는 자신이 사용하고 있는 이동평균선을 정확히 파악해 실전매매에서 수익으로 연결하는 것이 더 중요하다.

MACD는 보조지표 중 최고의 선물이다

MACD는 이동평균선의 수렴과 확산을 나타내는 보조지표로, 추세를 잘 반영하는 대표적인 추세지표다. MACD는 상승추세에서는 주로 0선 위에서, 하락추세에서는 주로 0선 아래에서 움직이는 특징이 있다. 일반적으로 MACD의 수치는 12(단기), 26(장기), 9(시그널)를 사용한다. 그러나 패턴매매기법에서는 MACD의 후행성을 극복하고 보다 탄력적으로 주가를 반영할 수 있도록 5(단기), 20(장기), 5(시그널)를 사용한다.

다른 보조지표뿐만 아니라 MACD에서도 매우 유용하게 적용되는 시그널은 디버전스(divergence)다. 디버전스는 주가와 보조지표가 서로 다른 시그널을 보여주는데 상승추세에서는 매수 디버전스, 하락추세에서는 매도 디버전스로 진입 가능하다.

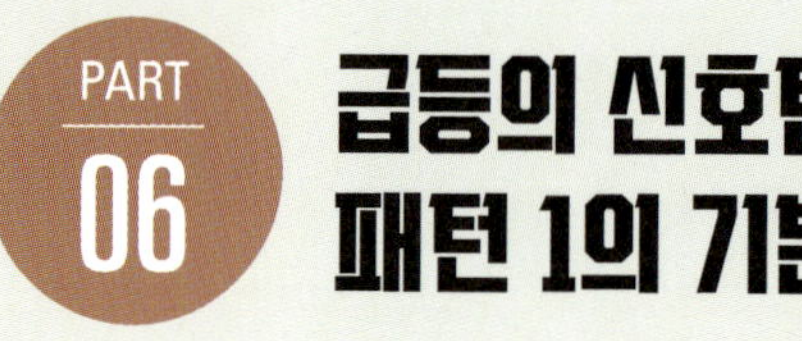

급등의 신호탄, 패턴 1의 기본부터 익히자

이동평균선은 수렴하면 발산하는 특징이 있다. 패턴 1은 이동평균선 3개 이상이 한곳에 수렴하는 현상을 말한다. 상위 차트의 패턴 1이 하위 차트의 패턴 1보다 강하고, 이동평균선이 4개 수렴할 때가 3개 수렴할 때보다 강하다.

패턴 1은 기간 조정인데, 상승추세에서 패턴 1이 발생하면 기존 추세인 상승추세가 확장되고, 하락추세에서 패턴 1이 발생하면 기존 추세인 하락추세가 확장된다. 따라서 항상 추세에 순응해 매매하는 것이 중요하다. 주식 투자에서는 주봉 차트와 일봉 차트에서의 패턴 1을 매매 타이밍으로 간주하며, 선물옵션에서는 60분봉, 30분봉, 15분봉, 5분봉 차트의 패턴 1을 매매 타이밍으로 간주한다. 그리고 상위 차트와 하위 차트가 동시에 수렴하면 더욱 좋은 신호다.

패턴 1, 최적의 매매 타이밍은 따로 있다

PART 07

패턴 1의 매수 타이밍은 주가가 제반 이동평균선을 강하게 돌파할 때이며, 손절매는 주가가 제반 이동평균선을 붕괴시킬 때다. 이동평균선이 수렴했다고 해서 모두 상승하는 것은 아니기 때문에 좋은 패턴 1을 판별할 줄 알아야 한다.

기간 조정인 패턴 1은 주로 깊은 가격 조정인 패턴 2 이후에 발생한다. 그리고 패턴 1 이후에는 15일 이동평균선을 지지하고 상승하는 경향이 있다. 따라서 패턴 1, 2, 3을 모두 익히면 언제든지 좋은 시점에서 매매가 가능하다.

좋은 패턴 1은 추세가 확연하고 차트도 깔끔하며, 가격 조정 이후 저점을 꾸준히 높이는 가운데 이동평균선이 수렴한 상태다. 그러나 100% 성공하는 매매기법은 없기 때문에 매수 이후 손절매하는 것은 필수다.

패턴 2, 저점 매수의 비책을 공개한다

PART 08

상승추세에서의 패턴 2는 MACD가 0선 아래에서 다시 기존 추세를 확장하는 것이고, 하락추세에서의 패턴 2는 MACD가 0선 위에서 다시 기존 추세를 확장하는 것을 말한다. 패턴 2는 깊은 가격 조정이기 때문에 매수해 장기보유하면 큰 수익을 올릴 수 있다.

패턴 2의 종류는 변곡점 1개의 패턴 2, 매수 디버전스 패턴 2, 쌍바닥 패턴 2, N자형 패턴 2 등 다양하다. 어느 것 하나 중요하지 않은 패턴이 없기 때문에 그 특징을 정확히 이해하고 실전에 응용하는 것이 좋다.

패턴 2는 깊은 가격 조정을 받는 가운데 저점 매수를 노리는 기법이기 때문에 승률이 다소 떨어질 수 있다. 그러나 손실은 짧게 끊고 이익은 길게 가져간다면, 그 어떤 매매기법보다 큰 수익을 올릴 수 있다.

패턴 2, 매매시점 포착 노하우를 공개한다

주식 투자의 경우, 패턴 1은 일봉 차트 위주로 매매시점을 포착하지만, 패턴 2는 일봉 차트에서 투자 전략을 수립하고, 60분봉 차트에서 매매시점을 포착한다. 그리고 선물옵션은 30분봉 차트에서 투자 전략을 수립하고, 15분봉과 5분봉 차트에서 매매시점을 잡는다.

패턴 2는 깊은 가격 조정이기 때문에 기준 차트만 보면 비추세 혹은 하락추세로 오인할 수 있다. 이때 상위 차트, 즉 주식의 경우 주봉 차트를 참조하면 보다 정확한 추세를 파악할 수 있고, 지지요소도 확연히 알 수 있다.

패턴 2는 강하게 하락하는 주가의 저점을 예측해서 매수하는 기법이기 때문에 지지요소가 확실한 시점에서만 매매해야 하고, 손절은 100% 실천해야 한다. 설령 한두 번 손절되더라도 시나리오가 유효하면 다시 매수하는 끈기가 필요하다.

패턴 3으로 달리는 말에 올라타라

상승추세에서의 패턴 3은 MACD가 0선 근처에서 다시 상승하는 것을 말하고, 하락추세에서의 패턴 3은 MACD가 0선 근처에서 다시 하락하는 것을 말한다. 패턴 3은 얕은 가격 조정이기 때문에 다시 추세를 확장할 확률이 높다.

패턴 3의 종류는 변곡점 1개의 패턴 3, 쌍바닥 패턴 3, N자형 패턴 3, 전고점 지지의 패턴 3 등 다양하다. 어느 것 하나 중요하지 않은 패턴이 없기 때문에 그 특징을 정확히 이해하고 실전매매에 응용하는 것이 좋다.

패턴 3은 얕은 가격 조정을 이용해 매매하는 기법이기 때문에 발 빠른 매매가 가능한 투자자들에게 유리하다. 패턴 2에 비해 리스크 대비 리턴이 다소 적긴 하지만, 높은 승률로 좋은 수익을 올릴 수 있다.

PART 11 승률 높은 패턴 3, 매수 방법을 파악하라

패턴 3의 매수 방법은 패턴 2와 마찬가지로 일봉 차트에서 투자 전략을 수립하고, 60분봉 차트에서 매매 타이밍을 포착한다. 패턴 3은 패턴 2에 비해 얕은 가격 조정이기 때문에 조정파동이 작게 나오므로 30분봉 차트도 함께 보면 더욱 좋다.

패턴 3으로 매수할 시에는 지지와 저항을 십분 활용하겠지만 고점에서의 쌍봉, 장대음봉, 장대거래량, 이격과다 등이 발생하면 주의해야 한다. 또한 매수 이후 목표가를 정해 미리 매도하는 것보다는 손절을 상향해 이익을 극대화하는 것이 좋다.

PART 12 상위 차트와 하위 차트의 관계 안에 돈 있다

주봉 차트는 일봉 차트의 상위 차트이고, 분봉 차트는 일봉 차트의 하위 차트다. 일반적으로 상위 차트는 하위 차트보다 파동이 크고 강하기 때문에 상위 차트는 하위 차트에 우선하며, 상위 차트의 패턴을 더 중시한다. 상위 차트의 패턴 3은 하위 차트의 패턴 2로 이어지는 경우가 많고, 상위 차트에서 변곡점 1개 형성 시 하위 차트에서 변곡점 2개가 형성되는 경우가 많기 때문에 상위 차트에서 투자 전략을 수립하고, 하위 차트에서 매매시점을 포착하면 유리하다.

상위 차트와 하위 차트의 관계를 정확히 이해하면 매매 시 유리한 고지를 점령할 수 있지만, 그렇지 않으면 많은 차트에서 오는 다양한 신호에 혼동될 수 있다. 동일한 주가가 어떻게 상위 차트와 하위 차트에 나타나는지 이해하는 것이 성공 투자의 열쇠다.

패턴매매기법이 돈이 되는 7가지 이유

패턴매매기법은 추세가 확연한 종목만을 거래하는 추세매매기법이다. 패턴매매기법의 경우 가격 1만 원 이상, 30만 주 (50만 주 이상이면 더 좋음) 이상의 추세가 확연한 우량주 위주의 장기 투자이기 때문에 2026년도 현재의 시장 같은 상승추세 시장에 잘 들어맞는다. 패턴매매기법은 국내 주식과 국내 선물, 해외 주식과 해외 선물 등에 동일한 논리로 적용이 가능하고, 초보자에서 고수까지 누구나 쉽게 익힐 수 있는 매매기법이다. 그리고 손절을 100% 놓기 때문에 손실은 적고, 이익은 크다는 장점이 있다. 패턴매매기법은 기간 조정인 패턴 1, 가격 조정인 패턴 2와 패턴 3이 있다. 패턴 1, 2, 3 중 어느 한 가지 매매기법만 제대로 익혀도 주식 시장에서 승리할 수 있다.

패턴매매기법, 주식으로 돈 버는 방법은 따로 있다

추세는 한번 정해지면 계속 그 방향을 유지하려는 관성의 법칙이 작용한다.
안정적이고 꾸준한 수익을 올려주는 패턴매매기법에 주목해야 한다.

장영한의 1분 카페 

- 현재 매매하고자 하는 지수나 종목이 상승추세인지, 하락추세인지, 추세가 없는 비추세인지, 먼저 정확하게 정의를 내려야 한다.

- 추세가 있다면 반드시 조정국면을 거치는데, 기간 조정인 패턴 1과 가격 조정인 패턴 2와 3으로 나타난다.

- "조정국면이 마무리되면 어떻게 될까?"라는 물음에 기존 추세가 확장될 것이라는 믿음을 가지고 매매에 임해야 한다.

주식 투자에는 여러 가지 매매기법이 있다. 예를 들어, 상한가·하한가를 활용한 매매, 신고가·신저가매매, 박스권·눌림목매매, 급등주·소외주매매, 이동평균선(5일·10일·20일선)매매, 짝짓기·테마주매매, 공시·동시호가·시가·종가매매, 장중매매, 외국인 매수추적매매, 신규주매매, 쌍바닥*삼중바닥매매 등 다양한 방식이 있다. 이 많은 기법 중에서도 특히 주목해야 할 것이 패턴매매기법이다.

패턴매매기법은 주식 시장에서 자주 나타나고 신뢰도가 높은 패턴만을 선별해 15년 이상 실전에서 검증한 추세매매 방식으로, 그 어떤 기법보다 안정적이고 꾸준한 수익을 올릴 수 있다. 실제로 뛰어난 트레이더 중에서 가장 빠르게, 그리고 안정적으로 수익을 거둔 투자자들은 대부분 추세매매기법을 활용하고 있다.

패턴매매기법의 핵심은 상승추세가 명확한 종목 중에서 다음과 같은 조건이 있다. 첫 번째, 주가가 1만 원 이상이어야 한다. 두 번째, 일평균 거래량이 30만 주 이상이어야 한다. 세 번째, 업종 대표주 및 우량주여야 한다. 이러한 조건을 갖춘 종목을 하락조정 시 안전하게 장기간 보유하는 것이다.

예를 들어, 메리트금융지주와 JB금융지주는 상승을 이어가며 지난 4~5년간 인상적인 상승 흐름을 보여주었다. 주가의 추세는 한번 형성되면 그 방향을 유지하려는 '관성의 법칙'이 작용한다. 특히 상승추세에는 상승폭이 크고 하락조정이 비교적 약하기 때문에, 조정이 올 때마다 상승추세로 전환된 이후에도 꾸준히 추세를 저점에서 매수하는 전략이 효과적이다.

패턴매매기법은 추격 매수기법이 아닌, 하락조정 시 저점 매수를 하는 기법이다. 따라서 자신의 계좌에 메리트금융지주와 JB금융지주와 같은 종목을 편입하려면 지금부터라도 패턴매매기법을 사용해야 한다.

추세를 한번 살펴보자.

패턴매매기법에서는 이런 종목들
만 매매한다.

미국 주식 브로드컴 일봉 차트

일본 주식 미쓰비시전기 일봉 차트

패턴매매기법에서는 우량주만을 장기 투자한다

패턴매매기법에서는 업종 대표주와 우량주 위주로 매매한다.
즉, 추세가 확연한 시장에서 대형 우량주를 분산 투자해 장기 투자한다.

장영한의 1분 카페 

- 패턴매매기법에서는 상승추세가 확연한 종목만을 매매한다.
- 가격 1만 원 이상, 일평균 거래량 30만 주 이상의 우량주만을 매매한다.
- 한 종목에 몰빵이 아닌 최소한 2~3종목으로 포트폴리오를 구성해 분산 투자한다.
- 100% 손절매를 실행해 리스크 관리를 철저히 한다.

조우태의 Tip 

- 장기 투자를 하기로 마음먹었다면, 매일매일 주가를 들여다보지 마라. 건강에도, 마음에도 좋지 않다. 시장은 조급한 사람의 돈을 느긋한 사람에게 옮겨주는 구도다. 하지만 스톱(Stop)은 항상 대기!

패턴매매기법에서는 우량주가 아니면 아예 거들떠보지도 않는다. 가격 1만 원 이상, 일평균 거래량 30만 주 이상의 코스닥 및 유가증권 시장에서 모든 투자자들이 알고 있는 업종 대표주와 우량주 위주로만 매매한다.

강한 상승장이 형성되면 업종 대표주와 대형주가 가장 높은 상승률을 보인다. 추세가 없는 시장보다는 추세가 확연한 시장에서 매매하는 것이 좋고, 소형주와 세력주 등을 매매하는 것보다는 우량주를 매매하는 것이 좋다. 또한, 단타매매를 하는 것보다는 장기 투자를 하는 것이 좋고, 한 종목에 몰빵하는 것보다는 2~3종목으로 분산 투자하는 것이 수익을 올리기에 더 좋다. 추세가 확연한 시장에서 우량주를 분산 투자해 장기 투자하는 것이 바로 패턴매매기법이다.

패턴매매기법은 남녀노소 할 것 없이 의지와 노력만 있다면 누구나 쉽게 익힐 수 있다. 증권사 수익률 대회 상위권자들의 매매기법이나 증권 서적에 소개되어 있는 매매기법은 일반인들이 따라 하기 힘든 경우가 많다.

증권 관련 사이트의 전문가 방송이나 종목 추천 리딩방 등을 보면 급등주를 통해 고수익을 올렸다고 홍보하며 일반 투자자들을 현혹시킨다. 그러나 대부분 추천만 하고 실제 매매를 하지 않으며, 추천 후 이를 이용해 보유 주식을 매도하는 경우도 있다. 게다가 주가 하락 시 어떻게 대응해야 하는지 자세히 설명해주지도 않는다. 주식 투자는 스스로 종목을 선정하고, 매매 타이밍을 포착해야만 살아남을 수 있다는 사실을 명심해야 한다.

국내 주식 삼성화재 일봉 차트

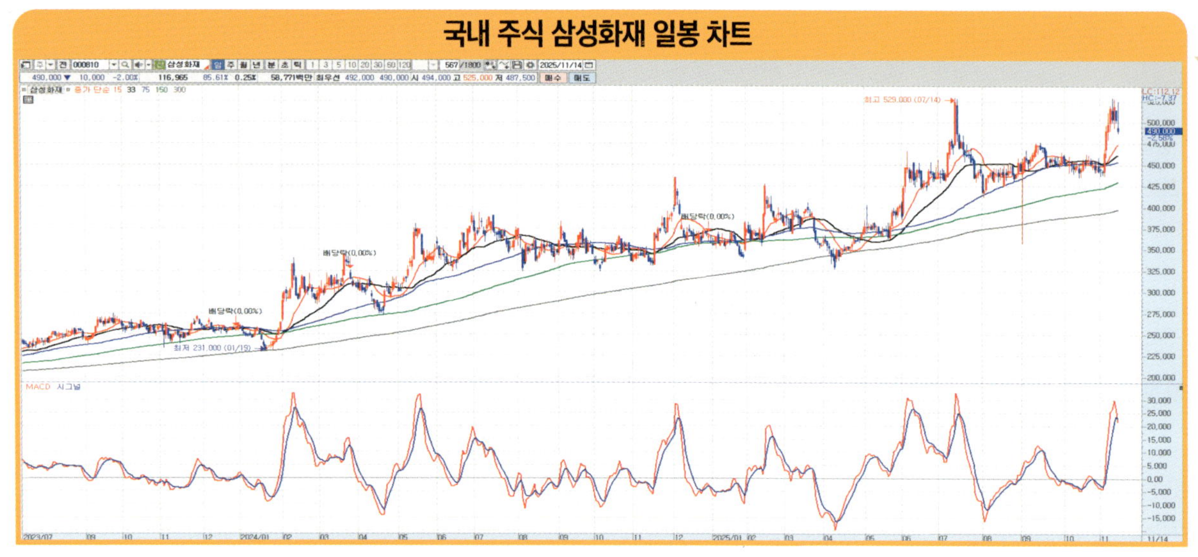

상승추세 종목인 삼성화재의 일봉 차트다. 패턴매매기법에서는 이와 같은 종목만을 하락조정 시 저점 매수한다.

일본 주식 메타플래닛 일봉 차트

상승추세는 일직선으로 상승하지 않는다. 항상 조정을 거치고 재상승한다.

가격이 낮을수록 변동성이 클 수도 있다.

패턴매매기법은 차별화 장세에서 더욱 빛난다

**패턴매매기법은 시장과 보조를 함께하는 매매기법이다.
하지만 패턴 1, 2, 3을 익히면 차별화 장세에서도 유연하게 대응할 수 있다.**

장영한의 1분 카페 

→ 패턴매매기법의 종류
1. 패턴 1: 이동평균선 3개 이상이 한 곳에 수렴하며 기존 추세를 확장하는 것
2. 패턴 2: MACD가 0선 아래까지 깊은 가격 조정을 받고 기존 추세를 확장하는 것
3. 패턴 3: MACD가 0선 근처까지 견조한 가격 조정을 받은 뒤 기존 추세를 확장하는 것

조우태의 Tip 

→ 패턴 1, 2, 3은 과거 차트를 통해 반복해서 공부해야 한다. 단순해 보여도, 이해의 깊이에 따라 결과는 완전히 달라진다.

지수가 4,000을 돌파하는 건국 이래 최대의 상승에도 일반 투자자들은 지수를 견인해 상승하는 종목을 가지고 있지 않은 경우가 많다. 주식 시장의 차별화가 많이 진행되었다는 방증이다. 업종별·종목별 차별화가 심해지면서 최근에는 종합주가지수는 계속 상승하는데, 주가는 제자리이거나 오히려 하락하는 종목들도 부지기수로 많아졌다. 이제는 종목 선정을 제대로 하지 않으면 극심한 소외감을 느낄 수밖에 없는 시대가 되었다. 변동성 또한 커져 개인들이 매수 후 보유하는 전략만으로는 변동성을 감당해내기가 어려워졌다.

패턴매매기법은 상승장에서 우량주와 업종 대표주 위주로 매매하기 때문에 시장과 보조를 함께하며, 분산 투자를 하기 때문에 종합주가지수 수익률 그 이상도 기대할 수 있다. 종목이 견고한 조정을 받을 때에는 패턴 3으로, 깊은 조정을 받을 때에는 패턴 2로 매수할 수 있다. 이렇게 패턴 1, 2, 3을 확실히 익히면 차별화 장세에서도 유연하게 대응할 수 있다.

대부분의 매매기법은 오직 국내 주식 투자에만 초점을 맞추고 있다. 이런 까닭에 주식 투자로 어느 정도 수익을 내는 매매기법도 선물옵션에는 그대로 적용하기 어렵고, 수년간 주식 투자를 경험한 일반 투자자들도 대부분 선물옵션매매에 대해서는 문외한이다.

만약 국내 주식은 A라는 매매기법, 국내 선물은 B라는 매매기법, 해외 선물은 C라는 매매기법을 사용한다면 엄청난 혼란이 발생해 잦은 매매 실수를 유발할 수 있다. 하지만 패턴매매기법에서는 기준 차트만 달리해 국내 주식, 국내 선물, 해외 주식, 해외 선물, 암호화폐까지도 모두 동일하게 패턴 1, 패턴 2, 패턴 3이라는 매매기법으로 거래하기 때문에 혼란을 줄일 수 있다.

15, 33, 75일 이동평균선이 한곳에 수렴하는 패턴 1, MACD가 0선 아래에서 다시 추세를 확장하는 패턴 2, MACD가 0선 근처에서 다시 추세를 확장하는 패턴 3이 순차적으로 발생하고 있다.

미국 주식 골드만삭스 일봉 차트

미국 주식 역시 추세가 확연한 종목에서 똑같은 패턴이 발생하고 있다.

손절매를 100% 시행하기 때문에 큰 손실을 보지 않는다

패턴매매기법에서는 보통 -1~-2%의 짧은 손절매를 기계적으로 실행한다.
아무리 좋은 종목, 좋은 매매기법을 알고 있어도 손절매를 하지 않으면 무용지물이다.

장영한의 1분 카페 

- 손절매는 생명선이다.
- 호가창을 띄우고 매매하지 않는다.
- 포지션 진입과 동시에 손절을 지정한다.
- 기다림도 투자다.
- 매매는 자기 자신과의 싸움이다.

패턴매매기법에서는 위험관리인 손절매를 생명으로 여긴다. 그런데 일반 투자자들은 손절매를 가장 어렵게 생각한다.

일반 투자자들이 손절매를 못할 수밖에 없는 이유는 첫째, 손절매 가격 아래로 주가가 하락하면 그제야 직접 매도 주문을 내기 때문이다. 둘째, 주식 투자를 분할 매수로 접근하기 때문이다. 주가가 하락할 때마다 직접 매도하는 것은 고수들도 하기 어려운 일이고, 분할 매수로 주식 투자를 하면 손절매가 아닌 물타기를 할 가능성이 크다.

패턴매매기법에서는 저격병처럼 '원샷원킬(one shot one kill)' 방법을 사용한다. 즉, 분할 매수는 하지 않고, 매수 신호가 발생했을 때 일정한 투자 금액을 한 번에 매수하되, 매수하자마자 바로 HTS(Home Trading System, 홈트레이딩시스템)상 스톱 기능을 사용해 손절매를 기계적으로 설정한다. 분할 매수를 하지 않기 때문에 주가가 매수한 가격 아래로 하락할 경우 물타기를 하지 않게 되고, 손절매를 HTS상에서 지정하기 때문에 손절매 가격 아래로 하락할 경우 컴퓨터가 자동으로 매도 주문을 내므로 큰 손실을 보지 않게 된다.

상승장에서는 누구나 수익을 낼 수 있다. 중요한 것은 장이 좋지 않을 때도 적은 손실로 방어하거나 본전 이상을 유지하는 것이다. 이를 위해 기계적인 손절매, 짧은 손절매를 해야 하는데, 패턴매매기법에서는 보통 -1~-2%의 짧은 손절매를 기계적으로 실행하고 있다.

손절매는 주식 투자의 기본이자 가장 중요한 부분이다. 아무리 좋은 종목을 추천하고 아무리 좋은 매매기법을 알고 있어도 손절매를 하지 않으면 무용지물이다. 패턴매매기법을 이용해 매매하는 트레이더들이 횡보장이나 하락장에서도 유독 강하게 살아남는 이유도 바로 손절매를 100% 실행하는 투자 습관 때문이다. 나의 예측은 언제든 틀릴 수 있다!

2025년 3월, 이중바닥에 지지를 받을 것으로 예상되었다. 하지만 주가는 다시 강하게 하락했는데, 패턴매매기법을 배운 투자자들은 짧은 손절매 이후 다시 좋은 매수 타이밍을 포착했다.

일본 주식 도쿄일렉트론 일봉 차트

매수 디버전스! 강력한 매수 신호이자 지지선이기는 하지만, 무엇이든지 100%는 없다. 예측은 항상 틀릴 수 있다는 것을 명심하자!

주식 투자는 과연 어렵기만 한 것일까? 아니다, 길은 있다!

준비하라. 시장은 매번 여러분에게 성공할 수 있는 기회를 주고 있다.
여러분이 준비되지 않았기 때문에 그 기회를 잡지 못하는 것뿐이다.

장영한의 1분 카페 

→ 욕심만 앞세워서는 할 수 있는 게 아무
  것도 없다.

→ 욕심에 걸맞은 열정이 준비되어야 한다.

성공하고 싶은 열정과 독기가 있어야 한다

조그만 구멍가게나 노점상을 준비하려고 해도 사람들은 몇 날 며칠을 생각하고 고민하며 준비하고, 몸과 마음이 고달프도록 노력하는 것이 세상 이치다. 그렇게 노력해도 그 사업이 성공하리라는 보장은 없다. 이러한 사실 또한 사업을 준비하는 당사자들은 안다. 그렇기 때문에 실패하지 않으려고 더욱 더 고되고 힘들게 혼신의 힘을 다한다.

주식 시장 혹은 외환·선물 시장에 뛰어든 여러분은 어떠한가? 아주 쉽게 돈을 벌려고 하지 않나. 별생각 없이 친구의 권유로, 지인의 권유로, 증권사 직원의 권유로, 선뜻 피땀 흘려 번 돈을 주식 시장에 쏟아붓고 있지는 않나? 아무런 준비도, 훈련도 없이 그저 쉽게 돈을 벌 수 있을 것이라는 매우 위험하고 안일한 생각과 기대로, 혹시나 하면서 투자를 하고 있지는 않나? '혹시나'는 100% '역시나'로 여러분을 이끌면서 욕심의 대가로 너무나도 큰 고통을 선물한다.

세상에서 돈 버는 이치나 주식·선물 시장에서 돈 버는 원리는 같다. 하지만 여러분은 그 엄중한 사실을 망각하고 욕심으로 똘똘 뭉쳐 '혹시나'를 기대하며 시장에 아낌없이 여러분의 소중한 돈을 거름으로 뿌려대고 있다. 알려주는 곳이 없어서, 누가 가르쳐주지 않아서, 손절 기능을 설정할 줄을 몰라서 등의 변명으로 여러분은 소중한 돈을 아주 쉽게 날려버리기 시작한다. 욕심만 가슴에 품고 '내가 너무 깊이 왔구나'라고 후회할 때쯤이면 여러분은 이미 많은 고통을 겪고 경제적·정신적인 스트레스를 받은 후일 것이다.

준비하라. 시장은 매번 여러분에게 성공할 수 있는 기회를 주고 있다. 여러분이 준비되지 않았기 때문에 그 기회를 잡지 못하는 것뿐이다.

충분히 준비하고 시장과 맞서도 성공할 시간은

- 준비란 훈련이다.
- 매수 후 보유는 어린아이도 할 수 있는 것이다.
- 위험관리와 이익관리 훈련을 해야 한다.
- 9시부터 3시까지 장을 보는 이유를 생각해보라.

간절함이 있다면 멘토를 찾아 배우고 훈련하라.

충분하다. 가장 빠른 방법은 멘토나 스승을 찾는 것이다.

준비란 위험관리에 대한 습관을 형성하는 것이다

손절이 잦아질수록 여러분은 한 걸음 더 성공에 다가서게 될 것이고, 그러한 손절에 정리되는 횟수가 많을수록 여러분은 돈을 벌 기회를 잡을 수 있는 확률이 높아지는 것이다. 뚱딴지 같은 말로 보이는가? 필자의 말이 안 믿겨지는가?

손절은 생명선이며 희망이고, 성공으로 이끄는 인도자다. 손절을 훈련하는 연습을 한번 해보자! 습관을 바꿔야 운명이 바뀐다.

겁 없이, 그리고 아무런 준비도 없이 주식이나 그보다 더 위험한 외환·선물·코인 시장에 뛰어드는 것은 우리나라뿐만 아니라 전 세계적으로도 흔치 않은 일이다. 좋게 보면 열정적이지만, 다른 한편으로 보면 탐욕으로 가득 찬 모습이다. 고스톱을 쳐서 번 돈도 아닐진데 피땀 흘려 축적한 자산의 일부를 서슴없이 주식 시장에 '쾌척'하는 기부 행위를 한다. 아마도 그 사람들에게 "당신이 지금 하는 이러한 행위는 주식 시장에 거름이 되는 '기부행위'입니다"라고 충고를 한다면 그리 쉽게 아

무런 준비도 없이 주식 시장에 뛰어들지는 못할 것이다.

가끔 경제 방송에서 참으로 어처구니없는 상담을 하는 투자자들을 보고 '아직도 멀었구나'라는 생각을 한다.

주식 왕초보라고 떳떳이(?) 밝히고 '주식을 사놓은 것이 지금 60% 손실 상태인데, 남은 현금으로 평균단가를 낮춰야 하나(물타기를 해야 하나)'에 대해 전문가라는 사람들에게 질의하는데, 참으로 불쌍하고 안타까운 상황이다.

그 상황을 재해석해보면 "나는 욕심으로 충만해서 아무 준비도 없이 누가 이 종목이 좋다고 해서 사놓고 하염없이 기다리고 있다가, 이번 폭락장에 손실이 60%나 되어서 이제야 정신이 들어 살길을 찾아보려고 여기저기 내 이야기를 하고 있습니다. 나 좀 살려주실 분 없습니까?"라고 할 수 있다.

아무도 도와주지 못한다. 그것을 아는 사람은 지구상에 존재하지 않기 때문이다. 매수 후 보유는 기술도, 그 무엇도 아니다. 누구나 다 할 줄 아는 것을 가지고 돈을 벌 수 있다고 기대하는 자체가 세상 물정 모르는 사람이다.

"주식, 외환, 선물 시장에서 돈을 벌고 싶은가?"

방법은 단 하나다!

습관을 바꿔야 한다

매매습관을 바꿔야 한다. 그리고 매매습관을 바꾸는 핵심에는 손절(=위험관리)이 수반되어야 한다. 손절이 수반되는 매매습관으로 바꾸면 여러분은 이 시장에서 '생존하는 3%' 안에 들 수 있고, 결국에는 운명도 바뀌어 돈을 벌 수 있는 사람이 될 수 있다. 흔히 말하는 개미가 아니라 고래가 되는 것이다.

필자가 제자들에게 매번 이야기하고 있는 매매의 성공 조건은 다음과 같다.

> 사정 거리(= 패턴매매기법) : 지식의 영역
>
> 인내심(= 기다림) : 성품의 영역
>
> 결단력 : 성품의 영역

습관을 바꾸기는 쉽지 않다. 아이큐가 좋아도, 좋은 학벌을 가져도 힘들고 어려운 게 습관이다. '세 살 버릇 여든까지 간다'라고 하듯 머리는 있어도 습관은 또 다른 문제다. 그래서 좋은 머리를 가진 사람들도 이 시장에서는 나자빠지게 되는 것이다. 최근 주식 시장에 예전의 고소득 직업군에 속하던 사람들이 대거 유입되고 있다. 의사, 변호사, 감정평가사, 공인회계사 같은 직업군의 사람들이다. 그 직업군에 어떤 문제가 생겨 주식 시장으로 넘어오는지는 잘 모르겠다.

하지만 그 머리 좋고 공부 잘했던 사람들도 주식 시장에 넘어오면 일반적인 투자자들과 똑같은 모습으로 변모한다. 그런 모습들을 보면, 역시 트레이딩은 머리나 공부로 하는 것이 아니라는 것을 새삼 절감한다. 습관을 바꾸는 일은 결코 쉽지 않다. 그러나 절제와 인내의 과정을 견뎌낼 때, 비로소 운명을 바꿀 수 있는 힘이 길러진다. 그 순간, 준비된 투자자는 시장이 주는 기회를 붙잡아 성공이라는 목적지에 한 걸음 더 가까이 다가갈 수 있다.

명심해야 한다. 욕심만 가지고는 아무것도 할 수 없다. '주식 학원이 없어서', '가르쳐주는 사람이 없어서'라는 핑계는 더 이상 대지 말자. '스톱 기능을 몰라서'라는 변명도 더 이상 그만하자. 그 모두가 준비가 안 된 상태에서 탐욕만으로 머니게임 시장에 뛰어든 여러분의 탓인 것이다.

습관을 바꾸고 준비된 상태에서 트레이딩을 하면 성공할 수 있다. 스스로 할 자신이 없다면 멘토를 찾아라. 맨땅에 헤딩해서 스스로 알아내는 것이 정도(正道)지만, 멘토를 찾아내면 많은 시간과 돈을 절약할 수 있다.

습관을 바꾸면 운명이 바뀐다.

시장을 직접 경험하며 기다림을 배우고, 실전매매를 통해 관리와 통제 훈련을 쌓아야 한다. 책으로만 배운 지식은 끊임없이 변하는 시장에서 올바른 의사결정을 내리기 어렵게 만든다. 결국 매매란, 곧 의사결정을 단련하는 과정이다.

초보자라도 패턴매매기법으로 수익을 낼 수 있다

**시장이 깊은 하락조정을 받을 때는 수익을 내기가 쉽지 않다.
하지만 패턴매매기법은 하락조정의 위기를 저점 매수의 좋은 기회로 이용한다.**

장영한의 1분 카페 

- 추세와 패턴을 신뢰하는 것은 수익을 낼 수 있는 가장 기본적인 전제조건이다.
- 손실은 짧게, 이익은 길게 유지해야 계좌를 플러스로 만들 수 있다.
- 상승장에서는 누구나 수익을 낼 수 있다. 그러나 하락장에서 손실을 철저히 관리하는 투자자는 많지 않다.

조우태의 Tip 

- 처음 시작할 때 겁이 난다면, 바로 실전에 들어가지 말고 모의 투자로 경험을 쌓아라. 몸으로 느끼는 경험이 진짜 공부다.

증권사관학교 수강생들이 일주일 동안 패턴매매기법 이론을 배우고 다음 1개월 동안 소액으로 실전매매를 한 결과, +8% 이상의 놀라운 상승률을 보였다. 이 모든 것이 패턴매매기법과 손절매를 100% 실천했기 때문에 가능한 일이었다.

현재 몇 분의 교육생이 매매훈련을 하고 있는데, 시장이 요동을 치더라도 하방 리스크를 철저히 관리하고, 현금을 들고 항상 기회를 잡을 수 있는 상태이기 때문에 큰 손실을 보지 않고 누적해서 플러스 수익을 기록하고 있다. 또한, 스스로 종목을 발굴하고 매매 타이밍까지 선정해내는 수준까지 이르고 있다. 사실 교육생들의 평균 주식 투자 경력은 그리 많지 않다. 심지어 청소년도 있다. 그럼에도 불구하고 추세와 패턴을 신뢰하며 철저한 리스크 관리를 함으로써 조금씩 꾸준히 수익을 내고 있다.

여의도에서는 명예퇴직을 준비하는 분들과 젊은 이들이 한데 모여 제2의 인생을 준비하고자 매매훈련에 집중하고 있다.

시장이 강한 상승장일 때는 어떤 매매기법을 구사해도 어렵지 않게 수익을 낼 수 있다. 문제는 시장이 깊은 하락조정을 받을 때다. 패턴매매기법은 주로 하락조정 시 손절매를 100% 실천해 매매하는 기법이기 때문에 깊은 하락조정의 위기를 저점 매수의 좋은 기회로 이용한다.

누구나 주가가 올라가면 추격 매수하고 싶고, 주가가 하락하면 매도하고 싶기 마련이다. 하지만 남들과 똑같이 매매해서는 더 이상 경쟁력을 가질 수 없다. 역발상 전략이 필요하다. 대부분의 투자자들이 공포심에 투매(손해를 무릅쓰고 상품을 싼값에 팔아버리는 일)를 할 때 오히려 저점 매수하고, 그들이 다시 탐욕에 추격 매수할 때 이익을 실현한다면 이보다 더 훌륭한 전략은 없다. 먼저 잃지 않으려고 노력하고 준비해야 한다. 그러면 '시장'이 돈을 벌어줄 것이다. 내가 예측을 잘해서 돈을 버는 것이 아니다.

매수						매도						제세금 0.3%	손익
매수일	종목	매수가격	수량	수수료	합계	매도일	매도가격	가격변동	수량	수수료	합계		
10월 01일	현대해상	29,000	865	3,763	25,085,000	10월 01일	29,350	1.21	865	3,806	25,387,750	76,163	219,016
		29,000	865	3,763	25,085,000	10월 02일	29,100	0.34	865	3,776	25,171,500	75,515	3,447
10월 02일	강원랜드	28,100	1,780	7,503	50,018,000	10월 04일	27,900	(0.71)	1,780	7,449	49,662,000	148,986	(519,938)
10월 04일	파트론	16,850	2,970	7,507	50,044,500	10월 07일	16,900	0.30	2,970	7,529	50,193,000	150,579	(17,115)
10월 04일	CJ대한통운	93,500	530	7,433	49,555,000	10월 07일	93,300	(0.21)	530	7,417	49,449,000	148,347	(269,198)
10월 07일	현대해상	28,800	1,740	7,517	50,112,000	10월 07일	28,900	0.35	1,740	7,543	50,286,000	150,858	8,082
10월 07일	LG유플러스	11,000	2,275	3,754	25,025,000	10월 11일	11,350	3.18	2,275	3,873	25,821,250	77,464	711,159
		11,000	2,275	3,754	25,025,000	10월 15일	11,000	0.00	2,275	3,754	25,025,000	75,075	(82,583)
10월 08일	현대해상	28,600	870	3,732	24,882,000	10월 08일	28,900	1.05	870	3,771	25,143,000	75,429	178,067
		28,600	870	3,732	24,882,000	10월 14일	28,700	0.35	870	3,745	24,969,000	74,907	4,615
10월 08일	강원랜드	27,500	910	3,754	25,025,000	10월 08일	28,200	2.55	910	3,849	25,662,000	76,986	552,411
		27,500	910	3,754	25,025,000	10월 22일	29,950	8.91	910	4,088	27,254,500	81,764	2,139,895
10월 10일	파트론	16,600	3,000	7,470	49,800,000	10월 10일	16,500	(0.60)	3,000	7,425	49,500,000	148,500	(463,395)
10월 14일	현대홈쇼핑	157,500	318	7,513	50,085,000	10월 15일	158,500	0.63	318	7,560	50,403,000	151,209	151,718
10월 14일	LG유플러스	10,950	2,300	3,778	25,185,000	10월 16일	11,450	4.57	2,300	3,950	26,335,000	79,005	1,063,267
		10,950	2,300	3,778	25,185,000	10월 21일	12,000	9.59	2,300	4,140	27,600,000	82,800	2,324,282
10월 16일	현대해상	28,100	890	3,751	25,009,000	10월 17일	28,400	1.07	890	3,791	25,276,000	75,828	183,629
		28,100	890	3,751	25,009,000	10월 17일	28,200	0.36	890	3,765	25,098,000	75,294	6,190
10월 21일	디스플레이텍	10,500	4,760	7,497	49,980,000	10월 22일	10,450	(0.48)	4,760	7,461	49,742,000	149,226	(402,184)
10월 23일	파트론	16,000	3,130	7,512	50,080,000	10월 24일	16,050	0.31	3,130	7,535	50,236,500	150,710	(9,257)
10월 24일	파트론	16,000	3,130	7,512	50,080,000	10월 25일	15,900	(0.63)	3,130	7,465	49,767,000	149,301	(477,278)
10월 25일	플렉스컴	13,500	3,700	7,493	49,950,000	10월 25일	13,550	0.37	3,700	7,520	50,135,000	150,405	19,582
10월 25일	씨젠	52,000	480	3,744	24,960,000	10월 25일	53,000	1.92	480	3,816	25,440,000	76,320	396,120
		52,000	480	3,744	24,960,000	10월 28일	52,200	0.38	480	3,758	25,056,000	75,168	13,330
TOTAL				127,507						128,792		2,575,838	5,733,864

매수						매도						제세금 0.3%	손익
매수일	종목	매수가격	수량	수수료	합계	매도일	매도가격	가격변동	수량	수수료	합계		
09월 02일	LG유플러스	12,350	4,000	7,410	49,400,000	09월 03일	12,600	2.02	4,000	7,560	50,400,000	151,200	833,830
09월 03일	매일유업	33,150	750	3,729	24,862,500	09월 04일	35,250	6.33	750	3,966	26,437,500	79,313	1,487,993
		33,150	750	3,729	24,862,500	09월 05일	34,900	5.28	750	3,926	26,175,000	78,525	1,226,319
09월 03일	LG유플러스	12,450	4,000	7,470	49,800,000	09월 03일	12,350	(0.80)	4,000	7,410	49,400,000	148,200	(563,080)
09월 03일	비에이치	11,600	4,300	7,482	49,880,000	09월 03일	11,500	(0.86)	4,300	7,418	49,450,000	148,350	(598,250)
09월 04일	KG모빌리언스	14,600	3,425	7,501	50,005,000	09월 04일	14,500	(0.68)	3,425	7,449	49,662,500	148,988	(506,438)
09월 04일	LG유플러스	12,450	4,000	7,470	49,800,000	09월 05일	12,600	1.20	4,000	7,560	50,400,000	151,200	433,770
09월 04일	스카이라이프	30,900	1,620	7,509	50,058,000	09월 05일	31,000	0.32	1,620	7,533	50,220,000	150,660	(3,702)
09월 05일	KG모빌리언스	14,550	3,400	7,421	49,470,000	09월 06일	14,600	0.34	3,400	7,446	49,640,000	148,920	6,214
09월 05일	스카이라이프	30,700	1,630	7,506	50,041,000	09월 09일	31,000	0.98	1,630	7,580	50,530,000	151,590	322,324
09월 09일	한라공조	36,700	1,370	7,542	50,279,000	09월 11일	40,100	9.26	1,370	8,241	54,937,000	164,811	4,477,407
09월 09일	롯데하이마트	75,100	670	7,548	50,317,000	09월 10일	75,400	0.40	670	7,578	50,518,000	151,554	34,321
09월 09일	CJ대한통운	99,100	500	7,433	49,550,000	09월 10일	99,500	0.40	500	7,463	49,750,000	149,250	35,855
09월 10일	씨젠	50,900	490	3,741	24,941,000	09월 11일	53,000	4.13	490	3,896	25,970,000	77,910	943,453
		50,900	490	3,741	24,941,000	09월 16일	52,600	3.34	490	3,866	25,774,000	77,322	748,071
09월 11일	KH바텍	28,200	875	3,701	24,675,000	09월 11일	28,050	(0.53)	875	3,682	24,543,750	73,631	(212,264)
09월 11일	LG유플러스	12,400	2,000	3,720	24,800,000	09월 13일	12,700	2.42	2,000	3,810	25,400,000	76,200	516,270
		12,400	2,000	3,720	24,800,000	09월 16일	12,450	0.40	2,000	3,735	24,900,000	74,700	17,845
09월 16일	CJ제일제당	259,500	190	7,396	49,305,000	09월 17일	264,000	1.73	190	7,524	50,160,000	150,480	689,600
09월 16일	서원인텍	12,850	3,900	7,517	50,115,000	09월 17일	12,650	(1.56)	3,900	7,400	49,335,000	148,005	(942,923)
09월 16일	KH바텍	27,050	1,850	7,506	50,042,500	09월 17일	26,850	(0.74)	1,850	7,451	49,672,500	149,018	(533,975)
09월 17일	한솔제지	10,850	4,600	7,487	49,910,000	09월 17일	11,100	2.30	4,600	7,659	51,060,000	153,180	981,675
09월 17일	유한양행	192,000	260	7,488	49,920,000	09월 24일	193,500	0.78	260	7,547	50,310,000	150,930	224,036
09월 23일	AP시스템	10,600	4,700	7,473	49,820,000	09월 23일	10,550	(0.47)	4,700	7,438	49,585,000	148,755	(398,666)
09월 26일	KG이니시스	17,000	1,470	3,749	24,990,000	09월 26일	17,750	4.41	1,470	3,914	26,092,500	78,278	1,016,560
		17,000	1,470	3,749	24,990,000	09월 30일	17,750	4.41	1,470	3,914	26,092,500	78,278	1,016,560
09월 27일	LG디스플레이	26,800	1,870	7,517	50,116,000	09월 30일	26,600	(0.75)	1,870	7,461	49,742,000	149,226	(538,205)
TOTAL				168,254						170,424		3,408,472	10,719,601

예측하지 말고 대응과 관리를 하라!

**주가를 움직이는 요소는 매우 다양하다.
경기 변동, 통화량, 기업의 전망, 정치적인 요소 등 각종 요인들이 복합적으로 작용해 주가가 형성된다.**

장영한의 1분 카페 

- 열 번 죽었다 깨어나도 할 수 없는 예측에 목숨 걸지 말고, 대응과 관리의 노력을 하라.
- 시장을 믿지 말고 본인의 경험치와 훈련의 강도를 믿고 매매하라.

조우태의 Tip 

- 시장은 예측하는 곳이 아니라, 대응하는 곳이다.

주식 시장이 글로벌화·선진화될수록 각종 요인들이 즉각 반영되기 때문에 아무리 예리한 분석가라도 사실상 정확한 주가 예측을 한다는 것은 불가능하다. 그런데 개미들은 이러한 하지만 주가를 예측하기 위해서 오늘도 여러 가지 공부를 한다. 기업을 분석해서 가치가 적정한지 살펴보기도 하고, HTS에 나온 차트의 모습들을 살펴본다. 하지만 주가를 예측하거나 정확히 맞힐 수 있는 전문가도, 비밀스러운 방법도 세상에는 존재하지 않는다.

그저 '내가 보유한 종목이 얼마나 기다리면 어느 가격대까지 갈 것인가?' 하는 것이 승부의 주요한 키(Key)일 뿐이다. 다양한 지표와 데이터, 조언을 통해 주식 가격을 예측할 수 있다고 생각하지 마라.

미국 프린스턴대 버튼 멜키엘(Burton Malkiel) 교수의 랜덤 워크(Random Walk) 이론이 주식 시장의 속성을 잘 대변해주고 있다. '주가 변화는 과거의 변화나 어떤 패턴에 제약을 받지 않고 독립적으로 움직인다'라는 이론이다.

'랜덤 워크'란, 사물의 과거 움직임으로 미래 움직임과 방향성을 예측한다는 것은 불가능하다는 의미다. 구체적으로 세계 각국에서 실험을 통해 랜덤 워크 이론을 입증해주고 있다.

① 미국에서 한 증시 전문가가 다트게임으로 선정된 포트폴리오의 수익률이 시장 평균보다 10% 높게 나왔다.

② 미국 〈월스트리트 저널〉에서 원숭이, 펀드 매니저, 아마추어 투자자가 주식 투자 수익률 게임을 펼쳤는데 원숭이가 1등을 했다.

③ 영국에서 다섯 살 어린이, 증권 전문가, 점성술사가 주식 투자 수익률 게임을 했는데 어린이가 1등을 했다.

결론적으로, 주가는 늘 제멋대로, 마치 술 취한 사람처럼 움직이는 것이기에 절대 예측할 수 없는 것이다. 지금 당신이 하는 주가 예측은 원숭이보

30년 장인이 쓴 책에 있는 경험은 읽는다고 해서 습득되는 것이 아니다. 스스로 경험하라. 그렇게 하면 길이 열릴 것이다.

다 못한 수익률로 보답할 가능성이 크다. 랜덤 워크 이론이 절대적일 수는 없겠지만, 투자자들에게 시사하는 바가 크다. 다음 날 주가가 오를지 내릴지를 예측하지 말고 상황에 따라 대응해보자. 막상 대응을 해보겠다고 준비만 한다고 해서 되는 것은 아니다. 하루에도 수없이 변동하는 가격에 혼란스러울 것이고 중심을 잃고 이내 실패할 확률이 높다. 무작정 대응하는 것이 아니라 관리 전략이 있어야 한다.

체계적인 관리 전략은 무엇일까 고민하다가 군에서 배운 '워 게임(War Game)'을 응용해보면 어떨지 생각해보았다. 워 게임이란, 아군과 적군의 역할을 분담해서 가상의 전쟁을 재현해보는 것이다. 이를 통해 전략적인 안목을 높이고 아군의 집단적인 사고의 함정에 빠지는 것을 예방하며, 유연한 사고를 가질 수 있다. 그리고 적군의 시각에서 부족한 점을 찾아내 전쟁에서의 승리를 지향하는 것이다.

이를 우리가 접하는 주식 시장에 적용해보자. 시장을 적군으로 가정하고 시장의 입장에서 내가 보유한 종목을 생각해보면 된다.

① 종목이 상승한다면? 어디쯤에서 차익실현을 한다(수익 관리).
② 내 전체 자금을 어떻게 분산시킬 것인가(자금 관리/포트폴리오)?
③ 종목이 하락한다면? 손절 설정 및 재진입 여부를 판단한다(손절·위험관리).

적어도 앞에서 제시한 관리 전략을 세우고 내일의 주식 시장을 맞이하면 된다. 여기에 투자자별로 시장을 보는 직관적인 능력이나 경험치가 더해진다면 더욱 시너지를 발휘할 것이다.

당신은 이러한 능력을 가졌는가?

만약 당신이 직관적인 능력도 없고 경험치가 없다고 하더라도 실망하기엔 이르다. 이 책에서 해답을 줄 것이다. 차분히 따라가보자.

배움의 자세

배우지 아니함이 있으면 몰라도
일단 배우면 능숙할 때까지 포기하지 말아야 하며,
묻지 아니함이 있으면 몰라도
일단 물으면 철저히 이해할 때까지 포기하지 말아야 하며,
실행하려 하지 않았으면 몰라도
일단 실행하려면 철저히 잘 실행될 때까지 포기하지 말아야 하며,
어떤 자가 한 번의 노력으로 성공하면 나는 열 번 노력하고,
어떤 자가 열 번 노력해서 성공하면 나는 백 번 노력할 일이다.
사실 이렇게 해나간다면 우매한 자라도 반드시 총명해질 것이며,
약한 자라도 반드시 강해질 것이다.

인트로

1강 : 주식이 어렵지 않음에도 어려워하는 이유/주식으로 돈 버는 법

2강 : 주식 매매의 기원/변곡점의 이해

3강 : 차트 분석과 트레이딩을 위한 책과 HTS 세팅 방법

4강 : 추세의 개념 이해 및 바스켓(관심 종목) 설정 방법

5강 : 지지선과 저항선을 찾아내는 것이 매매의 전부

6강 : 패턴매매기법의 이해 1 - 상승추세

7강 : 패턴매매기법의 이해 2 - 조정국면

8강 : MACD의 특성 이해

9강 : 이중바닥의 매수 타이밍

10강 : 이중바닥 직접 찾아보기

11강 : 매수 디버전스의 이해와 매수 타이밍

12강 : 미국 주식 등에서 매수 디버전스와 매수 타이밍

13강 : 전고점 돌파 후 지지선이 되는 매수 타이밍

14강 : 전고점 돌파 후 지지선이 되는 매수 타이밍(미국 주식 등)

15강 : 얕은 가격 조정인 P3의 개념과 매수 타이밍

16강 : 이중바닥과 60분봉을 결합한 실시간 매수 타이밍(한국)

17강 : 이중바닥과 60분봉을 결합한 실시간 매수 타이밍(미국 등)

18강 : 이동평균선/매수 디버전스와 60분봉을 결합한 실시간 매수 타이밍

아웃트로

*** 숨은 혜택 : 이 책의 표지 바코드 사진을 찍어서 보내주시면 매수의 정석 강의를 50% 할인해드립니다!

추세를 알면 돈이 보인다

추세는 한번 방향을 잡으면 계속 그 방향으로 나아가려는 관성의 법칙이 작용한다. 추세의 종류에는 상승추세·하락추세·비추세가 있는데, 패턴매매기법은 상승추세와 하락추세의 종목에 유효하다. 상승추세에서는 하락조정 시 우량주를 매수한 다음 장기보유하면 수익을 낼 수 있고, 하락추세에서는 선물옵션으로 수익을 낼 수 있고, 비추세에서는 패턴매매기법이 적합하지 않다. 따라서 매매를 하기 전에 먼저 추세의 유무를 정확히 판단하는 것이 중요하다. 같은 추세라고 해도 추세가 강한 종목을 선정하는 것이 중요하고, 추세가 애매모호하면 아예 매매를 하지 않는 것이 자산을 지키는 지름길이다. 추세를 신뢰하고 기존 추세에 순응해 매매하면 수익이 보장된다.

추세만 제대로 파악해도 결코 손해 보지 않는다

상승추세에서는 주식을 저점 매수해야 하며, 하락추세에서는 주식 투자는 삼가고 선물과 옵션 매도 포지션을 취해야 하며, 비추세에서는 추세가 생길 때까지 당분간 쉬는 것이 좋다.

장영한의 1분 카페 

- 주식 시장에서 추세만 제대로 파악해도 결코 손해 보지 않는다.
- 패턴매매기법은 상승추세와 하락추세가 확연한 주식 시장에서 유용한 매매 기법이다.
- 추세를 제대로 판단하기 위해서는 일봉 차트를 기준으로 최소한 1년 이상의 기간을 두고 판단해야 한다.

조우태의 Tip 

- 추세가 오랫동안 유지된다고 생각한다면, 오산이다.
- 시장은 늘 사람의 방심을 노린다.

추세만 제대로 파악해도 손해 볼 확률이 줄어든다. 시장은 상승추세, 하락추세, 비추세의 3종류로 구분된다(추세장, 횡보장, 변동성장으로도 구분 가능). 상승추세에서는 주식을 저점 매수해야 하며, 하락추세에서는 주식 투자는 삼가고 선물과 옵션 매도 포지션을 취해야 하며, 비추세에서는 추세가 생길 때까지 당분간 쉬는 것이 좋다. 패턴매매기법은 곧 추세매매기법이다. 따라서 패턴매매기법은 상승추세와 하락추세가 확연한 시장에서 유용하다.

추세를 제대로 판단하기 위해서는 주봉과 월봉 차트를 기준으로 10년 이상의 기간을 두고 지켜보는 것이 중요하다. 일부 투자자들은 고작 1~3개월가량의 기간을 두고 내일의 주가를 예측하곤 하는데, 이는 홀짝게임이나 다름없다. 그리고 매매를 시작할 때는 1년 기간의 차트를 보고 주봉 차트와 함께 지지 저항선상의 타이밍을 포착하는 것이 바람직하다.

상승추세의 특징은 이동평균선이 정배열되어 있고 주가의 저점과 고점을 꾸준히 높이며 상승하는 것이고, 하락추세의 특징은 이동평균선이 역배열되어 있고 주가의 고점과 저점을 꾸준히 낮추며 하락하는 것이다. 상승추세의 종목은 조정을 받더라도 추가로 상승할 가능성이 크고, 하락추세의 종목은 반등하더라도 추가로 하락할 가능성이 크다. 따라서 상승추세가 확연한 종목이 하락조정을 받을 때 저점 매수하는 것이 좋다.

상승추세라고 해서 계속 상승하는 것이 아니라 조정을 받으면서 다시 상승추세가 확장되고, 하락추세라고 해서 계속 하락하는 것이 아니라 반등을 주고서 다시 하락추세가 확장된다. 주식 투자로 수익을 내기 어려운 이유는 상승추세에서 하락조정을 받으면 '혹시 하락추세로 전환되는 것은 아닐까?' 하는 공포심과 하락추세에서 강한 반등이 일어나면 '혹시 바닥을 찍고 상승추세로 전환되는 것은 아닐까?' 하는 욕심 때문이다.

국내 주식 삼성중공업 일봉 차트

주가가 저점과 고점을 꾸준히 높이며 상승하는 상승추세 종목이다. 상승추세의 종목은 하락조정 시 저점 매수해야 한다.

국내 주식 LG화학 일봉 차트

주가가 저점과 고점을 꾸준히 낮추며 하락하는 하락추세 종목이다. 하락추세 종목이라고 생각되면 매매하지 않는 것이 상책이다.

미국 주식 코카콜라 유로퍼시픽 파트너스 일봉 차트

300 이동평균선 지지를 받고 추세를 확장한다.

일본 주식 다이킨공업 일봉 차트

어느 나라든 지수와 상관없이 추세가 생긴 종목들은 모두 비슷한 양상을 보여주고 있다.

상승추세에서는 우량주를 장기보유하는 투자자가 승리한다

**상승추세의 우량주는 하락조정을 받으면 다시 상승추세를 이어간다.
하지만 부실주는 급등하다가 하락하면 다시 고점을 돌파하지 못한다.**

장영한의 1분 카페

- 상승추세에서는 우량주를 장기보유하는 투자자가 결국 승리한다.

- 주식은 한번 매도하면 다시 재매수하기가 쉽지 않다.

- 상승추세에서는 상승은 강하고 조정은 약하며, 하락추세에서는 조정은 강하고 반등은 약하다.

- 우량주에 물려 있으면 본전을 회복할 수 있지만, 부실주에 물려 있으면 영영 본전을 찾을 수 없다.

- 오늘의 급등주는 내일의 급락주다.

상승추세에서는 우량주를 장기보유하는 투자자가 결국 승리한다. 많은 투자자들이 상승추세에서 주가의 저점과 고점을 정확히 예측해 수익을 극대화하려고 애쓰지만, 실제로는 그렇게 되지 않는다.

주식은 한번 매도하면 다시 재매수하기가 결코 쉽지 않다. 따라서 상승추세의 종목을 잘 매수했다면, 약간의 가격 조정과 기간 조정은 무시하고 추세를 믿으며 장기보유해야 한다. 일반 투자자들이 장기보유하기 힘든 것은 추세에 대한 믿음이 약하고, 이익실현의 욕구를 참지 못하기 때문이다.

상승추세에서는 상승은 강하고 조정은 약하기 때문에 상승추세의 약한 조정에 흔들리면 결코 큰 수익을 낼 수 없다. 코스닥의 세력주나 작전주는 단기간에 5배, 10배도 상승하지만, 일정 기간이 지나면 주가가 다시 원위치로 하락하거나 아예 상장폐지되기도 한다. 그러나 우량주는 단기적으로는 상승이 더디지만, 장기보유 시 그 어떤 투자 수단보다 고수익을 올릴 수 있다.

상승추세의 우량주는 하락조정을 받으면 다시 상승추세를 이어가지만, 부실주는 급등하다 하락하면 다시는 고점을 돌파하지 못한다. 그래서 우량주에 물려 있으면 본전을 회복할 수 있지만, 부실주에 물려 있으면 영영 본전을 찾을 수 없다.

일반 투자자들이 유가증권 시장의 업종 대표주와 우량주를 멀리하고 코스닥의 소형주, 세력주, 테마주 등에 관심을 갖는 이유는 주식 투자로 빨리 돈을 벌고 싶어 하기 때문이다. 그러나 자신의 실력은 전혀 감안하지 않은 채 마치 고수인 양 급등주, 테마주 등을 계속 매매하면 뱁새가 황새 따라가다 가랑이 찢어지듯 결국 큰 손실을 입게 된다. 오늘의 급등주는 내일의 급하락임을 절대 잊지 말아야 한다.

시장을 믿지 말고 원칙과 기준을 정립한 '나'를 믿고 매매해야 한다.

국내 주식 HD한국조선해양 주봉 차트

HD한국조선해양의 주봉 차트를 보면 뚜렷한 상승추세 속에서도 크고 작은 등락을 반복하며 움직이고 있다. 단기적으로 조정과 변동성이 나타나지만, 큰 흐름에서는 우상향을 유지해왔다. 이러한 종목에서는 단기 변동성에 흔들리지 않고 장기보유하는 투자자가 결국 승리한다.

상승추세의 전형적인 차트 모습이다.

하락추세에서는 고수도 의외로 속수무책일 수 있다

**상승추세의 종목을 비쌀 때 사서 더 비싸게 매도해보자.
리스크만 철저히 관리하면 매매하지 못할 이유가 없다.**

장영한의 1분 카페 

- 하락추세는 이동평균선이 역배열되어 있고 주가의 고점과 저점이 꾸준히 낮아지는 특징이 있다.

- 고수들도 하락추세에서는 수익을 내기가 만만치 않다.

- 하락추세에서 반등을 이용해 재빨리 수익을 내고 나오려는 것만큼 어리석고 탐욕스러운 행동도 없다.

- 주가는 상승하려는 힘보다는 하락하려는 힘이 훨씬 더 강하다.

조우태의 Tip 

- 하락추세에서는 감정이 아니라 근거를 찾아야 한다.

하락추세에서는 이동평균선이 역배열되어 있고 주가의 고점과 저점이 꾸준히 낮아지는 특징이 있다. 이때 하락은 강하며 반등은 약하다. 이런 까닭에 하락추세에서는 난다 긴다 하는 고수들도 속수무책일 수밖에 없다. 하락추세에서는 반등을 이용해 재빨리 수익을 내고 나오려는 것만큼 어리석고 탐욕스러운 것도 없다. 하락추세에서 가장 좋은 투자 전략은 무조건 쉬는 것이다. 아니면 하락추세 종목을 관심 종목에서 제외하고 매매하지 않는 것도 한 방법이다.

추세는 한번 정해지면 계속 그 방향으로 나아가는 특성이 있다. 따라서 하락추세의 종목을 바닥이라 확신하고 매수하는 것은 매우 위험한 행동이다. 바닥 밑에 지하실이 있고 지하실 밑에 지하 2층, 심지어 지하 3층까지 있을 수 있다. 상승추세로 완전히 전환된 것을 확인한 뒤에 매수해도 결코 늦지 않다. 설령 조금 비싸게 매수했다고 느껴지더라도 이것이 훨씬 더 안전하다.

주가가 많이 빠져 싸 보이는 하락추세 종목을 매매하면 평생 하수에서 벗어나지 못한다. "싼 게 비지떡이다"라는 말이 있듯이, 하락추세의 종목에서 감자(회사의 자본금을 감소하는 것)당하는 종목도 많이 나오고, 상장 폐지되는 종목도 많이 나온다.

역발상으로 상승추세의 종목을 비쌀 때 사서 더 비싸게 매도해보자. 리스크만 철저히 관리하면 매매하지 못할 이유가 없다. 바닥에서 너무 많이 올라 차마 매수하지 못하고 포기했는데, 이후 주가가 훨씬 더 상승하는 경우가 수없이 많다.

주가는 언제나 상승하려는 힘보다는 하락하려는 힘이 훨씬 더 강하기 때문에 단지 싸게 보인다는 이유만으로 저점 매수를 노리는 것은 돈을 잃는 가장 빠른 방법이다. 상승추세 종목만을 매매하고, 우량주만을 매매하는 등 조그마한 발상의 전환이 투자 인생을 바꿀 수 있다. 자신만의 원칙과 기준을 만들자!

제반 이동평균선들이 역배열되어 있고, 주가가 고점을 꾸준히 낮추는 전형적인 하락추세의 종목이다. 하락추세의 종목은 하락은 강하고, 변동은 약하기 때문에 고수들도 고수익을 내기가 만만치 않다.

주가가 새로운 저점을 만들기 시작하면 관심 종목에서 과감히 삭제하자.

박스권 장세에서는 수익이 언제나 제자리다

**박스권 장세에서의 매매는 대체로 데이 트레이딩으로 이어진다.
데이 트레이딩은 매매 속도가 빨라 일반 투자자들은 손실을 입을 가능성이 크다.**

장영한의 1분 카페 

- ➔ 비추세는 주가가 고점과 저점을 꾸준히 높이지 못하고, 일정한 박스 안에서 등락을 거듭하는 것을 말한다.

- ➔ 추세가 없다는 것은 아직 투자 주체가 없다는 뜻이다.

- ➔ 패턴매매기법은 추세매매기법이므로 비추세장에서는 어울리지 않는다.

- ➔ 비추세장에서는 주가가 언제 어디로 튈지 아무도 알 수 없다.

박스권 장세란 주가가 저점과 고점을 꾸준히 높이지 못하고 일정한 박스 안에서 등락을 거듭하는 것을 말하며, '수평추세·횡보추세·비추세'라고도 한다. 박스권 하단에서 매수, 박스권 상단에서 매도를 반복하며 조금씩 수익을 내다가도 주가가 박스권 하단을 강하게 붕괴시키고 하락추세로 전환되면, 손절매에 약한 일반 투자자들은 그동안에 벌었던 수익을 단 한 번에 날릴 가능성이 크다.

추세가 없다는 것은 방향이 없다는 것을 뜻하며, 방향이 없다는 것은 아직 투자 주체가 없다는 것을 뜻한다. 추세장에서는 투자자가 어느 정도 방향을 예측할 수 있지만, 비추세장에서는 주가가 언제 어디로 튈지 아무도 알 수 없다. 비추세장에서의 매매는 마치 나침반 없이 안개가 자욱한 바다를 항해하는 것과 별반 다르지 않다. 패턴매매기법은 추세매매기법이기 때문에 비추세장에서는 어울리지 않는다.

바람이 불어야 돛단배가 힘차게 나아가듯, 주식 시장도 추세라는 바람이 불 때 투자자는 그 흐름을 타고 수익을 얻을 수 있다. 박스권 장세에서의 매매는 데이 트레이딩(초단기간 내에 주가나 거래량 등의 기술적 지표에 의해 시세차익을 얻는 초단타매매기법)으로 이어지게 되고, 데이 트레이딩은 추세매매와 달리 매매 속도가 빨라 일반 투자자들은 손실을 입을 가능성이 크다. 수익률 대회에서 급등주매매, 초단타매매로 인한 높은 수익률은 일반 투자자들이 아닌 극소수 고수들의 몫이라는 사실을 명심해야 한다.

부자가 아닌데 부자인 양 돈을 펑펑 쓰면 결국 거지가 되듯 주식 시장에서도 고수가 아닌데 고수인 양 빠르고 위험한 매매를 즐기려 하면 결국 깡통을 차게 된다. 주식 투자자는 자신의 투자 환경과 실력을 객관적으로 판단해야 한다. 자신에게 맞지 않는 매매기법으로는 좋은 성적을 낼 수 없다.

전형적인 비추세 종목이다. 주가가 일정한 박스 안에서 움직이고 있다. MACD 또한 0선을 사이에 두고 등락을 반복하고 있는 모습이다. 추세가 없는 종목은 주가의 방향을 예측할 수 없기 때문에 수익을 내기가 만만치 않다.

미국 주식 린데 일봉 차트

비추세 종목 역시 관심 종목에서 빼야 된다.

차트 분석의 절반은 추세선을 그리는 것에 있다

일반적으로 추세선의 기간이 길수록 신뢰도가 높다.
또한 추세선의 각도가 가파를수록 추세 전환 가능성이 크다.

장영한의 1분 카페 

- 추세선이란 최소한 2개 이상의 저점 혹은 고점을 연결한 선을 말한다.

- 추세선 분석은 매매시점 및 추세 전환 시점을 포착하는 데 매우 유용하다.

- 추세선의 종류에는 상승추세선, 하락추세선, 평행추세선이 있다.

- 추세선은 이동평균선과 마찬가지로 지지와 저항의 역할을 한다.

- 추세선의 기간이 길수록 신뢰도가 높고 추세선의 각도가 가파를수록 추세 전환 가능성이 크다.

조우태의 Tip 

- 추세선은 단순한 선이 아니라, 시장의 방향을 읽는 기준선이다.

추세선이란 최소한 2개 이상의 저점 혹은 고점을 연결한 선을 말하며, 매매시점 및 추세 전환 시점을 포착하는 데 매우 유용하기 때문에 차트 분석의 절반이라고 해도 과언이 아니다. 추세선의 종류에는 상승추세의 의미 있는 저점을 서로 이은 '상승추세선', 하락추세의 의미 있는 고점을 서로 이은 '하락추세선', 보합국면 중 의미 있는 저점을 서로 이은 '평행추세선'이 있다.

추세선은 이동평균선과 마찬가지로 지지와 저항 역할을 한다. 즉, 상승추세에서 저점과 저점을 이은 상승추세선은 지지 역할을 하고, 하락추세에서 고점과 고점을 이은 하락추세선은 저항 역할을 한다. 따라서 상승추세선에서는 저점 매수를 고려해야 하고, 하락추세선에서는 고점 매도를 고려해야 한다. 추세선을 돌파하는 강력한 힘이 발생할 경우에는 추세 전환 가능성도 있으므로 주목해야 한다.

오른쪽 페이지의 차트는 동아쏘시오홀딩스의 일봉 차트다. 상승추세의 의미 있는 저점을 서로 이은 상승추세선을 지지하는 모습, 상승추세선을 강하게 붕괴시키면서 하락추세로 전환된 모습, 반등 시 하락추세선이 저항의 역할을 하는 모습 등이 잘 나타나 있다.

추세선은 누구나 쉽게 그릴 수 있지만, 그 중요성은 어느 기술적 분석보다 뒤떨어지지 않는다. 일반적으로 추세선의 기간이 길수록 신뢰도가 높고, 추세선의 각도가 가파를수록 추세 전환 가능성이 크다.

추세선은 자주 그리다 보면 저절로 요령이 생기므로 처음부터 완벽하게 그려야겠다고 생각할 필요는 없다. 의미 있는 저점을 서로 이은 상승추세선에서 매수했는데, 주가가 더 이상 하락하지 않고 상승할 때, 상승추세선 이탈을 손절로 지정했는데 이후 주가가 계속 하락할 때, 하락추세선을 강하게 돌파하는 종목을 유심히 지켜보다가 눌림목에서 매수했는데 수익이 날 때의 기쁨은 이루 말할 수 없다.

상승추세의 의미 있는 저점을 서로 이은 것을 '상승추세선', 하락추세의 의미 있는 고점을 서로 이은 것을 '하락추세선', 보합국면 중 의미 있는 저점을 서로 이은 것을 '평행추세선'이라고 한다.

스스로 차트에서 추세선을 그려보며 직접 지지와 저항을 찾아보자.

일본 주식 브릿지스톤 일봉 차트

제대로 알고 있는 차트 지식이라도 직접 응용해볼 줄 알아야 한다.

매매는 교육과 공부가 아닌 훈련으로 완성된다

**트레이딩에서 살아남는 유일한 길은 트레이닝뿐이다.
트레이닝 없이 쌓은 주변 지식은 사상누각에 불과하다.**

장영한의 1분 카페

- 10권의 책을 읽고 자랑스러워하지 말고, 열 번이든 스무 번이든 스스로 매매해보는 것이 더 현명한 일이다.

- 기법으로 돈을 버는 것이 아니고 자신의 경험이 축적되고, 그 자신감으로 돈이 벌리는 것이다.

- 앞일을 알려주는 기법이나 정보는 없다. 자신만의 원칙과 기준을 빨리 확립시키는 사람이 돈을 번다.

올림픽에 출전해 금메달을 딴 운동선수들을 보면, 대개 어린 시절부터 그 종목을 자연스럽게 접하고 피나는 후천적 노력을 통해 세계 최정상의 자리에 오른 경우가 많다. 그들이 오직 자신이 하는 운동에 대한 해박한 이론적 지식과 분석만으로 그 위치에 도달한 것은 아닐 것이다. 굳이 멀리서 찾지 않더라도 우리 자녀들이 악기나 그림을 배울 때를 생각해보자. 선생님이 각종 이론을 다 가르쳐주지는 않는다. 아이들은 악기나 붓을 직접 잡고 레슨을 통해서 배운다. 이론이 아닌 실전의 영역에서 배운다.

주식 투자도 이러한 것들과 별반 다를 게 없는데 왜 우리는 이론 공부에 더 치중을 하고 있는 것일까? 학벌 위주의 사회에서 살아남기 위해 열심히 공부했었던 자신의 과거 경험이 주식 시장에 입문해서도 똑같은 강박관념으로 작용하는 것은 아닐까? 시중에 나와 있는 책들을 보라. 보조지표는 그저 보조지표일 뿐인데, 그 지표 하나를 설명하고 활용하기 위해 몇백 페이지의 지면을 할애한다.

일목균형표, 볼린저밴드 등 보조지표 하나를 마스터하기 위해서만도 몇 권의 책을 봐야 한다. 주식 투자의 고전이나 위대한 트레이더들의 지침서 또한 넘쳐난다. 마치 사법고시 합격수기처럼 독자들이 공감하며 읽기만 하면, 성공적인 투자자가 될 수 있을 것 같은 착각을 불러일으킨다. 그러나 이제는 책이나 비법 강의를 통해 성공할 수 있다는 생각을 버려야 한다. 주식 투자를 본격적으로 시작하면, 주요 경제 지표를 분석하고 애널리스트의 리포트를 꼼꼼히 읽으며 국내 경제 뉴스뿐만 아니라 국제적 이슈까지 챙긴다. 그런데 이처럼 학구열을 불태우며 연구해서 주식 투자를 하는데 왜 정작 돈은 못 버는 것일까? 가끔 애널리스트들의 한계에 대한 기사가 나오는데, 공감을 하며 웃을 수밖에 없다.

머릿속에 쌓인 수많은 지식이 주식 투자를 할 때는 오히려 방해가 된다. 알 필요도 없는 지식과 분석 내용들은 이제 과감히 버리고 외면하자.

주식 시장은 보이지 않는 전쟁터다. 기관과 외국인뿐만 아니라 우리와 같은 개인 투자자까지 자금이라는 무기를 들고 치열한 공방을 벌이는 곳이다. 그렇다면 이 전쟁터에 나가 싸우고, 또 이기기 위해서는 어떻게 해야 할까? 제식훈련 교본을 달달 외우고 있어야 할까? 유격훈련 매뉴얼을 밑줄 그으며 공부하고 있어야 할까? 갓 입대한 신병들이 진정한 군인으로 거듭나기 위해서는 신병교육대에서 훈련을 받아야 한다. 훈련을 통해 몸으로 배우고 느끼고 경험해 전투에 임할 수 있는 최소한의 소양을 쌓는 것이다.

축구에서 세트 플레이를 열 번 훈련한 사람과 1만 번 한 사람의 차이는 무엇일까? 매매 역시 마찬가지다. 이제 주식 투자를 이론이 아닌 실전으로 접근하자. 여러분은 이미 총성 없는 전쟁터 한가운데에 투입되어 있다. 지금 우리에게 필요한 것은 바로 트레이닝, 즉 훈련이다.

주식 책을 읽는 것은 이 책으로 마지막이 되자. 무엇보다 중요한 것은 실전, 즉 실제로 돈을 버는 것이다. 전쟁에서 살아남고 성공하기 위해서는 반드시 트레이닝을 받아야 한다. 트레이닝을 성공적으로 마치기 위해서는 아이들이 받는 악기나 미술 레슨처럼 훌륭한 교관을 만나야 한다.

올바른 가르침과 반복된 경험은 좋은 매매습관을 몸에 익히게 하고, 주식 시장에 보다 쉽고 효율적으로 접근할 수 있는 새로운 길을 제시해줄 것이다. 거듭 강조하지만 트레이닝에서 살아남는 유일한 길은 트레이닝뿐이다. 트레이닝 없이 쌓은 주변 지식은 사상누각에 불과하다. 훈련을 감당할 자신이 없으면 지금이라도 트레이딩을 중단하라.

PART 03

지지와 저항 안에
매매시점이 있다

지지와 저항의 역할을 하는 요소에는 이동평균선, 이중(삼중)바닥, 전고점, 전저점, 갭, 의미 있는 가격대 등이 있다. 이러한 지지와 저항의 요소를 정확히 알아야 투자 전략을 제대로 수립할 수 있고, 의미 있는 저점에 손절을 놓을 수 있다. 지지와 저항은 주가의 상승과 하락에 따라 그 역할이 수시로 바뀐다. 예를 들어, 주가가 전고점을 돌파하면 저항이 지지로 바뀌고, 주가가 이동평균선을 붕괴시키면 지지에서 저항으로 바뀌므로 단순한 암기는 아무런 도움이 되지 않는다. 추세를 정확히 판단하고 지지와 저항을 십분 활용해 매매하면 어렵지 않게 주식 투자에서 수익을 낼 수 있다. 다만 추세가 강하게 형성될 경우 지지선과 저항선은 언제든지 쉽게 돌파될 수 있다는 사실을 인정하고 손절매를 100% 실천해야 한다. 이를 익히면 청소년들도 충분히 주식 투자가 가능하며, 실제로 청소년 버핏 투자 스쿨을 수료한 중고등학생들은 이미 미국 주식 매매도 하고 있다.

이동평균선을 통해 주식 시장의 추세를 파악할 수 있다

이동평균선은 일정 기간 동안의 주가를 모두 합해 해당 기간으로 나눠 산출한다. 또한 이동평균선은 일정 기간 동안 매수한 투자자들의 평균 매수단가를 나타낸다. 컴퓨터가 존재하지 않았을 당시에는 추세선이라는 것을 직접 손으로 일일이 그려가며 지지선과 저항선을 파악하려 했다.

장영한의 1분 카페 

- 이동평균선이란, 일정 기간의 주가를 평균화해 선으로 이은 것이다.

- 이동평균선을 일정 기간의 주가를 모두 합해 해당 기간으로 나눠 산출한다.

- 주가가 이동평균선 위에 놓여 있으면 지지 역할, 주가가 이동평균선 아래에 놓여 있으면 저항 역할을 한다.

- 이동평균선이 여러 개가 함께 모여 있을 때 지지와 저항의 힘이 더 강하다.

조우태의 Tip 

- 이동평균선은 추세의 방향을 말해준다. 선을 거스르면 손실이, 선을 따라가면 기회가 있다.

이동평균선이란 일정 기간 동안의 주가를 평균화해 선으로 이은 것을 말한다. 하루 동안의 주가 움직임을 보면 등락이 심해 주가가 상승하는지, 하락하는지 판단하기 힘들다. 그러나 이동평균선으로 나타내면 비록 매일의 주가를 즉각 반영하지는 못해도 보다 큰 측면에서 추세를 파악하기 쉽고, 여유로운 매매를 하는 것이 가능하다.

이동평균선은 일정 기간 동안의 주가를 모두 합해 해당 기간으로 나눠 산출한다. 예를 들어 75일 이동평균선은 75일간의 주가를 모두 합해 75로 나눈 값을 선으로 이은 것이다. 이동평균선은 지지와 저항 역할을 하는데 주가가 이동평균선 위에 놓여 있으면 지지 역할, 주가가 이동평균선 아래에 놓여 있으면 저항 역할을 한다. 따라서 주가가 이동평균선 위에 있을 경우에는 하락 시 이동평균선에서 매수를 고려해야 하고, 주가가 이동평균선 아래에 있을 경우에는 반등 시 이동평균선에서 매도를 고려해야 한다.

이동평균선은 통상 단기보다 중기, 중기보다 장기 이동평균선이 지지와 저항의 힘이 강하다. 또한 2개의 이동평균선보다 3개의 이동평균선이 함께 모여 있을 때 지지와 저항의 힘이 더 강하고, 3개의 이동평균선보다 4개의 이동평균선이 함께 모여 있을 때 지지와 저항의 힘이 더 강하다.

패턴매매기법에서는 15, 33, 75, 150, 300일 이동평균선 중에서 3개 이상이 한곳에 수렴한 것을 '패턴 1(기간 조정)'이라고 하는데 이는 이동평균선의 특징을 십분 이용한 것이다.

이동평균선은 일정 기간 동안 매수한 투자자들의 본전 가격을 나타낸다. 상승추세에서 주가가 이동평균선까지 하락조정을 받으면 본전 가격을 지키려는 매수세가 유입되고, 하락추세에서 주가가 이동평균선까지 강하게 반등하면 본전 가격에라도 팔려는 매도세가 출회된다.

동그라미는 이동평균선의 지지를 받고 상승하는 모습, 네모는 이동평균선의 저항을 받고 하락하는 모습이다. 주가가 이동평균선 위에 놓여 있을 때는 지지 역할, 이동평균선 아래에 놓여 있을 때는 저항 역할을 한다.

일본 주식 이토추 일봉 차트

일본 주식에서도 이동평균선은 좋은 지지와 저항선이다.

모든 급등주는 반드시 전고점을 돌파한다

전고점은 쉽게 돌파하기 어려우며 저항 역할을 한다.
주가가 전고점을 강하게 돌파하면 반대로 지지 역할을 하게 된다.

장영한의 1분 카페 

- 주가가 바닥에서 큰 폭으로 상승하면 고점을 찍고 다시 하락조정을 받게 되는데, 이때 형성된 고점을 '전고점'이라고 한다.
- 주가가 전고점 아래에 있으면 저항 역할, 주가가 전고점을 돌파하면 지지 역할을 한다.
- 전고점과 이동평균선이 서로 맞물리면 아주 좋은 매수 타이밍이다.
- 전고점이 여러 개일수록, 기간이 길수록, 봉우리가 클수록 지지와 저항의 힘이 강하다.

조우태의 Tip 

- 전고점을 찾고 싶다면 차트를 넓게 봐라.
- 큰 흐름을 봐야 진짜 고점이 어디였는지 알 수 있다.

주가가 바닥에서 큰 폭으로 상승하면 고점을 찍고 다시 하락조정을 받는데, 이때 형성된 고점을 '전고점'이라고 한다. 주가의 고점에서는 항상 대량의 거래가 이루어지며 결국 많은 투자자들이 고점에 물려 있는데, 이들은 주가가 다시 상승해 본전 가격이 되면 팔려고 한다. 이러한 이유로 전고점은 쉽게 돌파하기 어려우며 저항의 역할을 한다.

그러나 이러한 매물을 모두 소화하고 주가가 전고점을 강하게 돌파하면, 전고점은 더 이상 저항이 아닌 지지 역할을 하게 된다. 주도 세력은 전고점에 물려 있는 일반 투자자들의 매물을 모두 소화하기 위해 엄청난 자금을 투입했기 때문에 주가가 전고점 아래로 하락하는 것을 허락하지 않고 추가로 매수해 주가를 상승시킨다. 이에 전고점을 돌파한 주식을 신고가 종목이라고 부르며, 신고가 종목은 더 이상 위에 매물이 없기 때문에 급등하게 된다.

일반적으로는 1개보다는 2개의 전고점이, 짧은 기간보다는 오랜 기간의 전고점이, 봉우리가 작은 전고점보다는 봉우리가 큰 전고점이 더 강한 저항 역할을 한다. 그 저항을 뚫는 강한 흐름이 발생했다면, 앞으로 그 종목은 급등할 가능성이 크기 때문에 매일 주가를 꼼꼼히 체크해야 한다.

전고점을 돌파한 신고가 종목은 아주 강한 주가의 흐름으로 이어진다. 이런 이유로 많은 고수들이 신고가 매매기법을 사용하고 있으며, 많은 투자자들이 이 매매기법을 배우기 위해 노력하고 있다. 패턴매매기법에서는 전고점과 15일 이동평균선의 지지, 전고점과 33일 이동평균선의 지지를 나타내는 '패턴 3(얕은 가격 조정)'으로 이러한 신고가 종목의 매수 타이밍을 포착하고 있다. 대부분의 큰 시세는 전고점 돌파 후에 나온다는 사실을 기억해야 한다.

2024년 2월, 전고점과 15일 이동평균선이 지지를 받고 패턴 3을 완성해 기존 추세를 강하게 확장시켰다. 이와 같이 주가가 전고점을 돌파하면 저항의 역할을 하던 전고점은 지지의 역할로 바뀌게 된다.

전고점 돌파 후 전고점에서 지지받고 강하게 분출하는 사례다.

어느 나라의 차트든 지지·저항선은 유용한 매매수단이다.

이중·삼중바닥과 전저점은 주식을 싸고 안전하게 살 수 있는 좋은 기회다

전저점이 지지되는 종목은 향후 주가 흐름이 양호하다.
저점에서 매수 후 장기보유하면 큰 수익을 올릴 수 있다.

장영한의 1분 카페

- 전저점이 붕괴되지 않고 지지되는 종목은 향후 주가 흐름이 양호하다.
- 전저점이 지켜지면 그 지점은 지지 역할, 전저점이 붕괴되면 그 지점은 저항 역할을 한다.
- 지점이 여러 개일수록, 기간이 길수록, 변곡점이 클수록 지지와 저항의 힘이 강하다.
- 전저점과 이동평균선, 전저점과 의미 있는 가격대가 맞물리면 지지 가능성이 보다 높다.
- 전저점에서 매수 시 손절매를 반드시 지정해야 한다.

조우태의 Tip

- 많은 사람들이 이중바닥이라는 용어를 잘 안다. 하지만 그것 하나를 근거로 믿고 매수에 나섰다가 실패하는 경우가 대부분이다.

하락을 지속하던 주가가 어느 지점에 오게 되면 더 이상 밀리지 않고 상승하다가 재차 하락해 처음 지점에서 더 이상 밀리지 않고 상승하게 되는데, 이처럼 앞에 놓여 있는 저점을 '전저점'이라고 한다. 하락하던 주가가 전저점을 붕괴시키지 않고 지지에 성공하려면 매도세를 이기는 강한 매수세가 유입되어야 하는데, 이러한 이유로 전저점이 지지되는 종목은 향후 주가 흐름이 양호하다.

전저점이 지켜지면 그 지점은 지지의 역할을 하고, 전저점이 붕괴되면 그 지점은 저항의 역할을 한다. 전저점 또한 전고점과 마찬가지로 저점이 여러 개일수록, 기간이 길수록, 저점의 변곡점이 클수록 지지 강도가 강하다. 전저점이 지지되지 않았다는 것은 아직 바닥이 확인되지 않았다는 것을 뜻하며, 전저점이 지지되었다는 것은 매수세력이 등장해 바닥이 확인되었다고 해석할 수 있다.

다음 페이지의 삼영무역과 같은 경우 전저점이 발생해서 상승했다. 만약 다시 전저점까지 하락할 때 세력이 물량을 털고 나오지 않았다면, 전저점은 붕괴되지 않고 지지될 가능성이 크다. 그러나 전저점 하나의 지지요소보다는 전저점과 이동평균선, 또는 전저점과 의미 있는 가격대가 맞물리면 지지 가능성이 더 높아진다. 전저점이 반드시 지지된다는 보장은 없으므로 매수 시 바로 손절매를 지정해야 한다.

전저점은 주로 '패턴 2'의 매매기법에서 활용된다. 패턴 2는 MACD가 0선 아래까지 하락하는 깊은 가격 조정을 받고 다시 추세를 확장하는 것을 말한다. 깊은 가격 조정을 받았지만, 아직 상승추세가 유효하고, 전저점과 이동평균선이 서로 맞물린다면 패턴 2의 매매기법으로 저점 매수할 수 있는 아주 좋은 기회다. 이렇게 전저점에서 매수 후 장기보유하면 큰 수익을 올릴 수 있다.

국내 주식 삼영무역 일봉 차트
002810
삼영무역
2025/12/24
16,100 ▼ 180 -1.11% 12,297 80.60% 0.07% 199백만 최우선 16,110 16,100 시 16,280 고 16,330 저 16,070 매수 매도
삼영무역 종가 단순 15 33 75 150 300
LC:27.88
HC:-12.83
최고 18,470 (07/10)
최저 12,590 (04/09)
전저점
MACD 시그널
2025/02 04 05 06 07 08 09 10 11 12 12/24

전저점이 발생해 단기간에 급격하게 상승하는 모습을 보이고 있다.

미국 주식 코파트 일봉 차트

조우태의 Tip 

➔ 전저점과 이중바닥은 비슷해 보이지만, 차이가 있다. 전저
점을 기준으로 왼쪽, 오른쪽 추세선을 각각 그려보면 2개
의 삼각형이 만들어진다. 여기서 오른쪽 삼각형의 모양이
더 크다면 그 지점이 바로 전저점이다.

일본 주식 이토추 일봉 차트

전반적으로 상승추세를 이어가지만 중간에 큰 조정을 거치며 반등이 나타났다. 그러나 300일 이동평균선에서 지지를 받고 이중바닥 패턴 2를 형성한 뒤 다시 상승 흐름으로 전환했다.

도대체 위험(손절)관리를 어떻게 해야 할까?

**주식 매매는 예측일까? 관리일까? 매수 후 보유는 나만 알고 있는 기술일까?
열 번 죽었다가 깨어나도 30초 뒤의 일을 알 수 있을까? 계룡산에서 30년 도를 닦으면
1분 뒤의 일을 알 수 있을까? 한번 곰곰이 답을 생각해보자.**

장영한의 1분 카페 

- 손절은 마음속이 아니라 HTS에 기계적으로 두어야 한다.
- 손절은 매매의 일부다. 절대 피할 수 없다. 피할 수 없다면 즐겨야 한다.

조우태의 Tip 

- 손절은 실패가 아니라, 생존 기술이다.
- 고집은 계좌를 무너뜨리고, 손절은 계좌를 지킨다.

주식 매매에 있어 손실 포지션을 정리하는 행위를 '손절', 즉 '스톱 로스(Stop Loss)'라고 한다. 이는 장래에 더욱 큰 손실이 발생할지도 모르는 자신의 포지션을 스스로 반대매매를 통해 손실을 확정시키고 시장에서 탈출하는 행위다. 대부분의 개미 투자자들은 이러한 손절을 실행하지 못해 손실이 장기화되거나 하염없는 기다림으로 인해 새로운 기회를 스스로 박탈해버리고 만다. 자신의 모든 자금이 손실이 나는 종목에 투입되었기 때문에 새로운 매매 기회가 없어지게 되어, 좋은 투자 기회가 온다고 하더라도 잡을 수 없게 된다.

주식 매수를 한 모든 사람은 필연적으로 주식 가격이 산 가격보다 떨어지는 위험(risk)에 노출된다. 이러한 다운 사이드, 즉 가격 하락 리스크를 스스로 통제하는 습관이 들지 않으면 가격 하락 위험에 지속적으로 노출되어 손실이 늘어나게 된다. 필자는 훈련을 받으러 오는 제자들에게 제일 먼저 손절

을 HTS에 습관적으로 설정해 기계적으로 매매하도록 한다. 그렇게 하락 리스크를 스스로 봉쇄하게 되면, 그다음에는 가격이 상승할 가능성만을 열어두게 된다. 즉, 다운 사이드는 철저히 봉쇄하고, 가격 상승 가능성은 활짝 열어야 한다. '혹시 나는 거꾸로 매매하고 있지는 않았을까?' 대부분은 실제로 반대로 매매하고 있다. 매매를 하는 사람에게 손절은 생명선이다. 말 그대로 목숨과도 같은 것이다.

매매자가 위험관리를 할 줄 모른다는 것은, 방패 없이 전장에 나가는 병사와 같은 형국이다. 손절을 모르는 자는 머니게임에서 결코 성공할 수 없으며, 욕심만 앞세운 채 누구나 할 수 있는 '매수 후 보유(= Buy and Hold)'를 고집한다. 매수 후 보유는 기술이라고 부르기에도 애매한, 누구나 할 수 있는 행위다. 누구나 다 할 수 있는 것에서 조금 더 잘하고 덜 잘하는 차이가 과연 얼마나 되겠는가? 결국 50보, 100보 차이일 뿐이다. 매수 후 보유만 하는 트

- 손절은 마음속에 두는 것이 아니라 HTS에 기계적으로 두어야 한다.

- 손절은 매매의 일부다. 절대 피할 수 없다. 피할 수 없다면 즐겨야 한다.

레이더는 절대 돈을 벌지 못한다. 손절을 모르는 사람이나 손절을 알지만 가슴속에만 손절을 모시고 있는 사람은 지금 시장을 떠나는 것이 현명하다. 욕심만 앞세운다고 돈이 벌린다면 이 세상 사람 누구나 매매로 성공할 것이다. 증권회사에 계좌를 개설한 개미들 중 95% 이상이 깨져나가고 있다. 나머지 5% 중에서도 1개월 생활비를 벌 정도로 매매를 잘하는 사람은 일부에 불과하다. 선물이나 외환 거래에서는 99%가 마이너스 상태다.

여러분은 5% 안에 들거나 혹은 1% 안에 들려고 얼마나 노력하고 있는가? 스스로를 진단했을 때 이 물음에 자신 있게 답할 수 있는 사람이라면 성공할 가능성이 있다.

냉정하게 생각해보자. 나는 어느 정도인가? 그리고 현명하게 결단을 내리자. 욕심만 부리고 있다면 여기서 그만두어야 한다. 그에 상응하는 노력을 하고 열정이 있다면 손절을 100% 지켜야 한다. 손절은 트레이더를 살리는 생명선이자 목숨이라는 것을 항상 기억하기 바란다.

갭이 발생하면 강한 힘이 분출된다

**일반적으로 상승 갭은 지지 역할을 하고, 하락 갭은 저항 역할을 한다.
갭은 크기가 클수록, 강력한 지지선이나 저항선을 돌파할수록 강하다.**

장영한의 1분 카페 

- 갭이란 전일보다 주가가 급등하거나 급락하면서 발생하는 차트상의 빈 공간을 말한다.

- 일반적으로 상승 갭은 지지 역할, 하락 갭은 저항 역할을 한다.

- 갭은 크기가 클수록, 강력한 지지선이나 저항선을 돌파할수록 강하다.

- 수일 안에 바로 채워지는 보통 갭은 주가에 큰 영향을 주지 못한다.

- 갭이 강할수록 채워지는 기간이 오래 걸리거나 아예 채워지지 않는 경우도 있다.

갭(Gap)이란 전일보다 주가가 급등하거나 급락함으로써 발생하는 차트상의 빈 공간을 말한다. 일반적으로 호재가 있을 경우 주가는 갭 상승하며 시작되고, 악재가 있을 경우 주가는 갭 하락하며 시작한다. 해당 종목에 주가가 상승할 만한 호재가 있다면 동시호가부터 높은 가격에라도 매수하려는 수요가 몰리기 때문에 시가는 상승해서 시작된다. 반대로 악재가 있다면 동시호가부터 낮은 가격이라도 매도하려 하기 때문에 시가는 하락해서 시작된다.

갭은 지지와 저항의 역할을 하는데 일반적으로 상승 갭은 지지 역할을 하고, 하락 갭은 저항 역할을 한다. 갭은 크기가 클수록, 강력한 지지선이나 저항선을 돌파할수록 강하다. 따라서 상승추세에서는 강력한 저항선을 돌파하는 상승 갭을 주시해야 하고, 하락추세에서는 강력한 지지선을 붕괴시키는 하락 갭을 주시해야 한다.

대부분의 보통 갭은 얼마 되지 않아 바로 채워지지만, 갭이 강할수록 채워지는 기간이 오래 걸리고 아예 채워지지 않는 경우도 있다. 수일 안에 채워지는 갭은 대부분 보통 갭이며, 이러한 갭은 주가에 큰 영향을 주지 못한다. 그러나 추세를 전환시키거나 강력한 지지선과 저항선을 돌파하는 갭은 향후 주가의 흐름에 많은 영향을 끼치기 때문에 이러한 돌파 갭이 발생한 종목은 항상 주목해야 한다.

주가의 저점에서 갭 하락한 이후 바로 갭 상승하는 경우가 있고, 주가의 고점에서 갭 상승한 이후 바로 갭 하락하는 경우가 있다. 이를 '아일랜드 갭'이라고 하는데 이러한 갭이 발생하면 시세가 전환될 가능성이 크다. 예를 들어 다음 페이지의 네이처셀 일봉 차트를 보면, 2025년 3월 상승 갭이 출현해 4월에 33일 이동평균선과 패턴 3이 맞물리며 단기간에 상승했다.

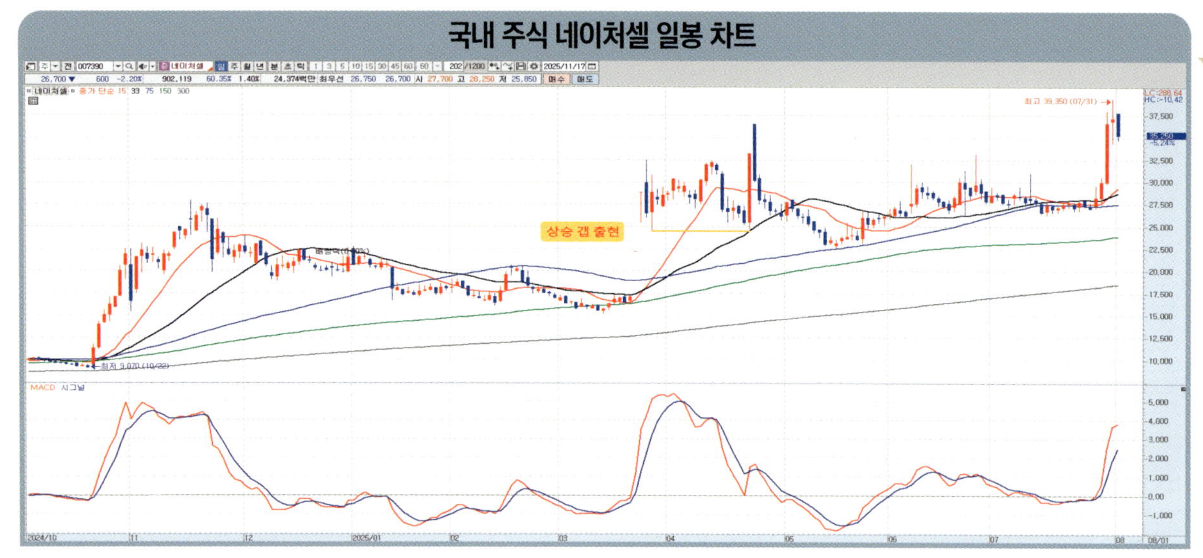

2025년 3월에 상승갭 출현, 그 후 4월에 패턴 3이 출현하며 단기간에 강하게 상승했다.

갭 하락하면서 2024년 8월에 급락했는데, 2025년 2월과 3월에 갭 상단이 저항의 역할을 하는 모습을 한눈에 알 수 있다.

의미 있는 가격대만 제대로 알아도 돈이 된다

**의미 있는 가격대와 전고점 또는 이동평균선이 맞물리면 그 가격대의 지지와 저항은 강하다.
의미 있는 가격대가 지지와 저항의 역할을 하는 것은 투자자들의 심리에서 비롯된다.**

장영한의 1분 카페

- 5만 원, 10만 원, 50만 원, 이렇게 딱 떨어지는 가격대를 '의미 있는 가격대'라고 한다.

- 주가가 의미 있는 가격대 위에 있으면 지지 역할, 의미 있는 가격대 아래에 있으면 저항 역할을 한다.

- 의미 있는 가격대가 전고점이나 이동평균선과 맞물리면 지지와 저항은 더욱 강해진다.

- 추세가 아주 강하게 형성될 경우에는 지지나 저항도 무용지물이다.

- 의미 있는 가격대가 지지와 저항의 역할을 하는 이유는 투자자들의 심리 때문이다.

주가는 아무런 규칙 없이 상승하거나 하락하는 듯 보이지만 종종 의미 있는 가격대에서 지지를 받거나 저항을 받곤 한다. 가령 삼성전자 100만 원, POSCO 40만 원, 현대차 20만 원, 현대중공업 10만 원처럼 딱 떨어진 가격대를 '의미 있는 가격대'라고 하는데 주가가 의미 있는 가격대 밑에 있으면 저항 역할을 한다. 추세가 아주 강하게 형성될 경우에는 지지와 저항이 무용지물이지만, 일반적인 주가의 흐름에서는 의미 있는 가격대 부근에서 지지를 받거나 저항을 받는 경우가 많기 때문에 아주 유용하다.

종합주가지수도 이와 마찬가지다. 종합주가지수 3,000포인트, 3,100포인트, 4,000포인트처럼 이렇게 딱 떨어지는 가격대는 모두 의미 있는 가격대인데, 이러한 의미 있는 가격대만 제대로 알아도 어느 지점에서 지지를 받고, 저항을 받을지 일반 투자자들도 충분히 예측할 수 있다. 만일 의미 있는 가격대와 전고점 또는 의미 있는 가격대와 이동평균선이 맞물리면 그 가격대의 지지와 저항은 더욱 강하다. 의미 있는 가격대 하나만으로도 주가가 어느 지점에서 지지와 저항을 받을 가능성이 있는지 알 수 있는데, 이런 가격대에서 패턴이 예상되면 그만큼 성공 확률이 높아진다.

의미 있는 가격대가 지지와 저항의 역할을 하는 것은 투자자들의 심리에서 비롯되었다고 볼 수 있다. 예를 들어, 10,000원짜리 제품을 9,900원으로 100원밖에 낮추지 않았는데 상대적으로 저렴하게 느끼는 것도 바로 이러한 심리 때문이다. 투자자들의 매수와 매도 심리가 강하게 작용하는 의미 있는 가격대에서 많은 거래가 이루어지기 마련이고, 이 때문에 지지와 저항의 역할을 하는 것이다.

국내 주식 매일유업 주봉 차트

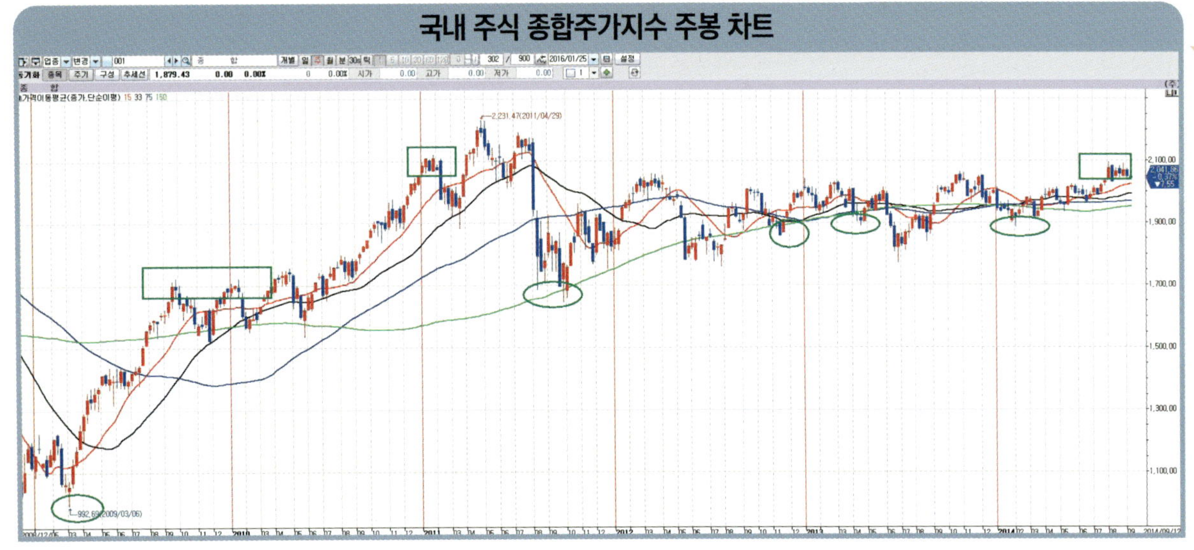국내 주식 종합주가지수 주봉 차트

피보나치 수열을 이용해 주가의 되돌림 지점을 알 수 있다

**엘리어트가 피보나치 수열과 황금비율을 주가의 파동에 처음 적용했다.
피보나치 수열은 종합주가지수 분석 및 주가의 되돌림 지점을 파악하는 데 유용하다.**

장영한의 1분 카페 

- ➔ 피보나치 수열은 선행하는 두 숫자의 합이 다음 합의 수치가 되는 신비한 수열이다.

- ➔ 엘리어트가 피보나치 수열과 황금비율을 주가파동에 처음 적용했다.

- ➔ 피보나치 수열로 어느 정도 되돌림 가격을 알 수 있는데, 특히 상승파동의 38.2%, 50%, 61.8%가 중요하다.

- ➔ 피보나치 수열은 깊은 가격 조정인 패턴 2에서 매우 유용하다.

- ➔ 이동평균선, 전고점, 의미 있는 가격대 등과 같은 지지선과 피보나치 수열을 함께 적용하면 저점 매수 성공 확률이 높아진다.

'피보나치 수열'이란 이탈리아의 피보나치 수학자가 숫자의 관계를 정립한 것이다. 오래전부터 건축에 적용되어 왔으며, 엘리어트(Ralph Nelson Elliott)가 이를 주식 투자에 적용하면서 널리 알려지기 시작했다.

피보나치 수열은 '1, 1, 2, 3, 5, 8, 13, 21, 34, 55…'와 같이 선행하는 두 숫자의 합이 다음 숫자가 되는 신비한 수열로, 처음 몇 개의 숫자 외에 인접하고 있는 두 숫자의 비율은 1대 1,1618이 된다. 이 비율을 '황금분할'이라고 한다.

엘리어트가 피보나치 수열과 황금비율을 주가의 파동에 처음 적용했다. 피보나치 수열은 상승파동의 38.2%, 50%, 61.8%에서 다시 추세를 확장한다는 내용으로, 전 세계의 지수 및 종합주가지수와 개별 종목, 그리고 주가의 되돌림 지점을 파악하는 데 매우 유용하다.

피보나치 수열은 대개 깊은 가격 조정인 패턴 2의 매매기법에서 아주 유용하다. 특히 상승파동의 50%, 61.8%에서 조정을 받고 다시 기존 추세를 확장하는 경우가 많다. 그러나 단순히 피보나치 수열 하나만으로 주가의 지지와 저항을 예측하기보다는 이동평균선·전고점·전저점·의미 있는 가격대 등과 함께 적용하면 저점 매수의 성공 확률이 그만큼 높아진다.

주가가 하락조정을 받을 때 피보나치 수열을 적용해 어느 지점에서 다시 되돌림이 나올지 예측하고 매매를 준비하는 것과 그렇지 않은 것은 천양지차다. 가령 예측했던 지점을 붕괴시켜 손절당하더라도 사전에 어느 이동평균선에서 지지할 가능성이 있는지, 전고점이나 전저점과 맞물리지 않는지, 피보나치 수열을 사용해 상승파동의 몇 % 조정에서 다시 되돌림이 나올지 꼼꼼히 체크하는 투자자는 실패할 이유가 없다.

Quiz

2015년 5월에는 또 다른 지지 요인이 있습니다. 무엇일까요?

정답을 적어서 메일로 보내주시는 분께는 '매수의 정석' 온라인 강의를 70% 할인해드립니다.
rocem_official@naver.com

2주(40시간) 터틀식 주식 창업 과정(청소년/부모 동반 가능)

스스로 매매 포인트를 찾아내게 합니다. 스스로 종목을 선정할 수 있게 합니다.

매수 후 유리한 변동성이 펼쳐질 때 이익실현과 위험을 줄이는 노력을 최선을 다해 스스로 하게끔 합니다.

"주식을 전혀 모르는데, 저도 잘할 수 있을까요?"

중학생 이상부터 펀드 매니저까지 차트를 배워 실전매매를 하는 것이 가능합니다.

실전매매 체험과 **수료 후 약 '3 달' 정도는 실전매매 상황을 공유하고 매매일지를 통해**

전업 투자자로 성장할 수 있도록 만들어드립니다.

국내 유일의 도제식 오프라인 전업 투자자(터틀 트레이더) 과정입니다. 상담이 필요합니다.

문의 : 로셈트레이딩아카데미(www.rocemacademy.com) 02-780-1764

이동평균선으로 주도 세력의 마음을 읽는다

이동평균선은 일정 기간 동안의 주가를 평균화해 선으로 이은 것을 말한다. 컴퓨터가 나오기 이전에는 이동평균선의 역할을 추세선이 대신했다. 하루하루의 주가 흐름은 불규칙적이고 변동성이 심하지만, 이동평균선으로 나타내면 주가의 추세를 한눈에 알 수 있기 때문에 실전매매에 매우 유용하다. 따라서 이동평균선의 기본 개념인 골든크로스·데드크로스, 정배열·역배열, 지지·저항, 수렴·발산 등을 반드시 숙지해야 한다. 항상 기본기를 확실히 다져야 실전매매에서 다양하게 응용할 수 있다는 사실을 명심해야 한다. 패턴매매기법에서는 15, 33, 75, 150, 300 이동평균선을 사용한다. 다양한 이동평균선을 사용하는 것보다는 자신이 사용하고 있는 이동평균선을 정확히 파악해 실전매매에서 수익으로 연결하는 것이 더 중요하다.

이동평균선은 추세를 보여준다. 그러므로 추세를 파악하는 것으로 트레이닝은 시작된다

전통적으로 추세를 파악하고 활용하기 좋은 방법 중 하나가 이동평균선을 사용하는 것이다. 이동 평균선은 추세선의 발전된 형태다.

장영한의 1분 카페 

➔ 추세 파악은 10년치 주봉 차트로 하라.

➔ 상승추세의 기업만 골라내서 매매하라.

조우태의 Tip

➔ 이동평균선은 추세의 방향을 말해준다. 선을 거스르면 손실이, 선을 따라가면 기회가 있다.

시장은 상승장(추세), 하락장(추세), 그리고 횡보장의 3가지 종류가 있다. 시장에 오르는 힘이 지속적으로 작용하면 상승추세, 그 반대의 경우는 하락추세, 상승도 하락도 아닌 시장을 보합 또는 횡보장이라고 한다.

우리가 흔히 이야기하는 상승 또는 하락추세의 정의는 무엇이고, 시장에서는 과연 어떤 모양을 보고 상승추세인지, 하락추세인지를 이야기하는 것일까?

어느 차트를 보고 이 종목이 상승추세인지 하락추세인지를 묻는다면, 보는 사람마다 각기 기준이 다르다. 그렇기 때문에 같은 차트를 놓고도 상승과 하락추세에 대한 이해가 다를 것이고, 그에 따라서 매매하는 행태도 확연히 차이가 난다.

시장에 흔히 통용되는 간단한 개념조차도 그 정의를 모르고 있고, 설령 알고 있더라도 실제 매매에 응용할 때는 사람마다 해석이 달라지고 있다. 출발점은 같을지 몰라도 시간이 지남에 따라 그 차이는 엄청나게 벌진다. 필자는 일봉 차트를 볼 때 약 1년의 흐름이 한 화면에 들어오도록 한다. 그리고 추세를 판단하는 기준은 일봉이 아니라 주봉 차트를 기준으로 상승과 하락을 구분한다. 추세는 곧 힘이다. 시장에서 작용하는 힘이다. 그 힘을 구분할 줄 아는 데서부터 필자에게 훈련을 받으려고 하는 입문생들의 훈련이 시작된다. 기본이 바로 서게 하는 훈련이다.

여기에 추세를 파악해보는 예제를 제시하고 있으니 관심 있게 보길 바란다. 추세를 파악하는 기준이 명확하지 않기 때문에 특정 종목의 추세를 단정적으로 정의하는 것은 애매할 때가 있다. 그런 경우는 논의에서 제외하면 된다. 누구나 봐서 오른다(내린다) 생각이 들면 상승(하락)추세지만, 보는 이로 하여금 고개를 갸우뚱하게 만드는 차트는 일단 매매에서 제외시키면 된다. 굳이 분석하겠다고 차트와 씨름할 필요가 전혀 없다.

우리는 추세가 강한 종목만을 골라서 거래만 하면 된다.

그렇다면 왜 추세가 살아 있는 종목을 거래해야 할까? 종목에 상승의 힘이 작용하고 있다고 가정하면(하락은 반대의 경우), 일방적이고 지속적인 상승만 있는 것이 아니다. 사람도 일을 계속하려면 적당한 휴식을 취한 뒤 더 능률이 오르듯, 시장도 상승의 힘을 계속해서 이어나가기 위해서는 적당한 휴식을 취해야 한다. 이른바 '조정국면'이 필요하다. 조정국면에는 2가지 종류가 있다. 하나는 기간(시간) 조정이고, 다른 하나는 가격 조정이다. 시장이 휴식 국면을 경험하고 나면 그다음에는 어떻게 될까? 시장은 힘을 충분히 비축하고 난 후 다시 상승방향으로 뻗어나간다. 흔히 말하는 '관성의 법칙'이 작용한다. 기존 힘의 방향대로 움직이려고 하는 경향이 있는 것이다. 이러한 논리는 필자가 30여 년 동안 시장을 보면서 정립해온 일종의 '나만의 믿음'이다.

예전부터 이러한 믿음과 논리로 시장에서 매매해왔고, 지금도 같은 믿음과 논리로 증권사관학교에서 이를 전파하고 체화시키고 있다. 26세인 첫째 호철이도 19세부터 주식 교육을 시켜 가업으로 매매를 하게 했고, 책도 집필했으며, 투자자산운용사 시험에도 합격해 캐나다 자산운용사로 취직도 하게 했다. 이제는 돈과 투자에 관심 있는 다른 청소년들에게도 같은 과정을 진행하고 있다.

필자는 패턴매매기법을 이용해 상승추세의 종목들을 골라놓고, 그 종목들이 조정을 받은 뒤 조정국면이 끝나간다고 판단되는 지점에서 지지선을 찾아 매수에 가담하는 단순한 전략을 트레이닝시킨다. 하지만 결코 단순하지 않은 논리가 숨어 있다. 그리고 지켜야 할 원칙들도 제법 많다.

전통적으로 추세를 파악하고 활용하기 좋은 방법 중 하나가 이동평균선을 사용하는 것이다. 이동평균선은 추세선의 발전된 형태다.

추세선을 그리는 이유는 간단하다. 추세선과 가격이 맞닿은 부분에서 매수하려는 심리 때문이다. 이동평균선과 가격이 일치하는 지점에서 매매 행위를 하려는 경향을 이용하는 것이다. 추세가 있는 종목만 매매하려고 하는 그 이유를 충분히 이해했으면, '지지와 저항'을 찾는 과정으로 넘어가자. 지지와 저항을 공부하기 전에 반드시 유념해야 할 것은 추세가 살아 있는 종목에서 지지와 저항을 찾아야 한다는 점이다. 지지와 저항에만 몰입하다 보면 추세라는 대전제를 망각할 때가 있다. 이를 간과하고 지지와 저항만 찾아 매매하면 낭패를 보게 된다.

상승추세의 예제 차트 - 국내 주식 한화에어로스페이스 주봉 차트

하락추세의 예제 차트 - 국내 주식 카카오 주봉 차트

시장은 믿을 수 없다. 손절만이 살길이다.

지지와 저항을 찾는 훈련은 매매의 모든 것이다

'지지'는 어떤 가격대에 진입했을 때 매수를 생각하는 투자자가 기꺼이 매수에 참여하고,
보유자는 청산하는 것을 보류하는 지점을 의미한다.
반대로 '저항'은 매수를 생각하는 투자자는 매수하기를 원치 않고 보유자는 기꺼이 매도하려는 가격대다.

장영한의 1분 카페

- 컴퓨터가 나오기 이전부터 지지, 저항선을 찾아 수십 년간 매매가 이루어졌다.
- 나만이 아는 정보나 뉴스는 없다.

조우태의 Tip

- 주변 사람에게 종목을 물어볼 시간에, 지지와 저항을 찾는 훈련을 하자. 답은 차트에 있다.

주식, 외환 혹은 선물·옵션을 시작하려는 사람들은 참 고민이 많다. 어떤 책을 읽어야 하고, 어떻게 시작해야 하는지 막막하다. 학교가 있는 것도 아니고, 믿을 만한 경제 방송이나 전문가도 없다. 언론이 주는 정보로 인해 낭패를 보는 경우도 너무나 많다. 개인 투자자들은 족집게 과외선생을 원하는 것이 아니라 고기를 잡는 방법을 알고 싶어 한다. 모든 매매 행위는 지지와 저항을 '스스로' 찾아내는 과정이고, 자기가 찾아낸 지지와 저항을 신뢰하고 매매하는 것이 중요하다. 책을 통한 잡다한 공부나 예측을 바탕으로 한 지표 찾기보다는 스스로 지지와 저항을 찾아내는 훈련을 반복해서 몸으로 체득하는 과정이 반드시 선행되어야 한다.

필자가 운영하는 증권사관학교에서는 2주 동안 이런 과정을 훈련시킨다. 그 후에는 지지와 저항을 신뢰하게끔 스스로 검증하게 한다. 그 누구에게도 의지하지 않고 본인의 실력으로 신뢰할 수 있는 확률을 만들고 매매할 수 있을 때까지 훈련시킨다. 이러한 트레이닝 과정을 수행하다 보면 고기 잡는 방법을 스스로 터득해 매매 자신감을 얻게 된다.

일반적으로 '지지'는 어떤 가격대에 진입했을 때 매수를 생각하는 투자자가 기꺼이 매수에 참여하고, 보유자는 청산하는 것을 보류하는 지점을 의미한다. 반대로 '저항'은 매수를 생각하는 투자자는 매수하기를 원치 않고, 보유자는 기꺼이 매도하려는 가격대다. 트레이딩은 사람이 하기 때문에 시장 전반에는 매매자의 '심리'가 많이 녹아 있다. 그러한 심리가 응집된 곳들이 차트에서는 지지와 저항의 가격대로 표출되는 것이다.

이동평균선, 전저점, 전고점, 갭, 의미 있는 가격대 등 여러 수단을 통해 지지와 저항을 파악할 수 있다. 지지와 저항대를 정확하게 알아야 투자 전략을 제대로 수립하고 손절가를 설정할 수가 있다.

- 지지와 저항은 어려운 수학공식이 아니다.
- 과거 차트에서 지지와 저항을 찾는 훈련부터 시작하라.
- 돈은 하루아침에 벌리는 것이 아니다.

여기서 유의해야 할 점이 있다. 우선 전고점이나 전저점, 그리고 의미 있는 가격대가 반드시 지지와 저항으로 작용하지는 않을 수도 있다는 점이다. 그리고 지지와 저항은 주가의 상승과 하락에 따라 그 역할이 수시로 바뀐다는 점이다. 그러므로 단순하게 암기하기보다는 추세를 정확하게 판단하고 지지와 저항을 잘 활용하려고 주의 깊게 관찰해야 한다. 지지와 저항을 섣부르게 예측하지 말고, 유연한 사고를 통해 지지와 저항을 잘 활용할 생각만 하면 된다. 생각과 다른 움직임을 보이면, 즉각적인 손절로 대응하면 된다.

주식 시장에서 100%는 없다. 오직 본인의 경험과 신뢰만으로 방법을 찾고, 본인만의 원칙과 기준을 세워 스스로 시장을 헤쳐나가야 한다.

명심하라! 아무도 여러분들을 도와주지 못한다. 길은 스스로 찾아내야 한다.

전저점이 지지선의 역할을 하다가 붕괴되고 나서는 저항선으로 역할이 전환
되었음을 알 수 있다.

2024년 12월 갭 상단 가격대에서 지지가 되어 다시 상승추세를 이어가는 모습이다. 갭에서 지지와 저항선이 형성된 사례다.

이동평균선으로 수익을 극대화할 수 있는 방법을 연구하라

어느 이동평균선 수치를 사용해도 지지하는 종목은 반드시 있다.
자신이 사용하고 있는 이동평균선으로 수익을 극대화하는 방법을 연구해야 한다.

장영한의 1분 카페 

- 패턴매매기법에서는 15, 33, 75, 150, 300 이동평균선을 사용한다.
- 15(빨강), 33(검정), 75(파랑), 150(연두), 300(회색) 이렇게 이동평균선의 색상을 통일시키는 것이 좋다.
- 해외 선물 딜러들은 15, 33, 75, 150, 300 이동평균선을 즐겨 사용한다.
- 수익으로 연결시켜주는 이동평균선이 가장 좋은 이동평균선이다.

조우태의 Tip 

- 이동평균선의 설정은 단순한 취향이 아니라, 분석의 기준이다.

일반적으로 증권회사나 투자자들이 사용하는 이동평균선의 수치는 5, 20, 60, 120일 이동평균선이다. 이 외에 3, 10, 35, 40, 75, 90, 150, 200, 240, 300, 480 이동평균선을 사용하는 투자자들도 적지 않다. 그러나 패턴매매기법에서는 15, 33, 75, 150, 300 이렇게 5개의 이동평균선만 사용해 매매한다.

15, 33, 75, 150, 300의 이동평균 수치는 해외 선물 딜러들이 즐겨 사용하는 이동평균선으로, 개수가 많지 않고 각각의 이동평균선이 2배 정도의 비율이기 때문에 상·하위의 차트 연계 분석에 효과적이다. 특히 33일 이동평균선은 외국인들이 사용하는 35일 이동평균선과 거의 일치하며, 75일과 150일 이동평균선은 60일과 120일 이동평균선을 붕괴하며 다시 상승하는 주가의 속임수 현상을 방지하는 장점이 있다.

일부 투자자들은 이동평균선을 7개 이상 사용하기도 하는데, 이동평균선을 많이 사용할 경우 봉차트가 잘 보이지 않고, 여러 이동평균선의 지지와 저항으로 인해 투자에 오히려 혼란을 빚을 수 있다. 어떤 수치의 이동평균선이 최선인지를 두고 설전이 벌어지기도 하는데, 이는 결코 중요한 사항이 아니다. 자신이 사용하고 있는 이동평균선을 제대로 파악해 수익을 꾸준히 올리면 그 이동평균선이 최고라고 할 수 있다.

유가증권 시장과 코스닥에 상장되어 있는 종목들을 모두 합하면 무려 3,000개가 넘는다. 업종과 종목별로 서로 등락폭이 다를 수 있기 때문에 어느 이동평균선 수치를 사용해도 지지하는 종목은 반드시 있다. 따라서 이동평균선 수치에 너무 연연해하기보다는 자신이 사용하고 있는 이동평균선으로 어떻게 하면 수익을 극대화할 수 있는지 분석하고 연구하는 것이 훨씬 더 중요하다.

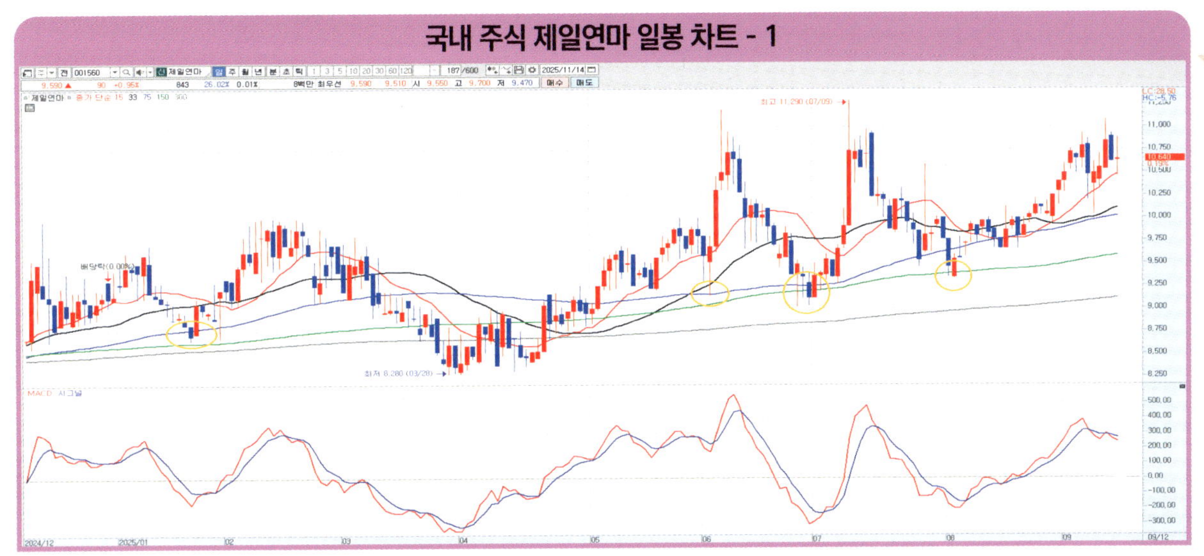

동그라미는 패턴매매기법에서 사용하고 있는 15, 33, 75, 150, 300일 이동평균선에서 지지하고 다시 상승하는 모습이다.

5, 20, 60, 120일 이동평균선을 사용했는데, 이동평균선을 약간 붕괴시킨 이후에 다시 상승하고 있음을 알 수 있다.

골든크로스와 데드크로스, 천국과 지옥의 갈림길이다

통상 골든크로스는 매수 신호로 사용하며, 데드크로스는 매도 신호로 사용한다.
골든크로스와 데드크로스를 정확히 이해하면 주식 투자를 하는 데 많은 도움이 된다.

장영한의 1분 카페 

- 단기 이동평균선이 중기 혹은 장기 이동평균선을 아래에서 위로 교차하는 것을 '골든크로스'라고 한다.

- 단기 이동평균선이 중기 혹은 장기 이동평균선을 위에서 아래로 교차하는 것을 '데드크로스'라 한다.

- 통상 골든크로스는 매수 신호로 사용하고, 데드크로스는 매도 신호로 사용한다.

- 골든크로스와 데드크로스를 매매 신호로 적용하기 전에 먼저 추세에 대해 명확히 판단하고, 이동평균선 수치를 적절히 사용해야 한다.

주가가 상승함에 따라 단기 이동평균선이 중기 혹은 장기 이동평균선을 아래에서 위로 교차하는 것을 '골든크로스'라고 하며, 주가가 하락함에 따라 단기 이동평균선이 중기와 장기 이동평균선을 위에서 아래로 교차하는 것을 '데드크로스'라고 한다. 통상 골든크로스는 매수 신호로 사용하며, 데드크로스는 매도 신호로 사용하는데, 골든크로스와 데드크로스를 정확히 이해하면 주식 투자를 하는 데 많은 도움이 된다.

골든크로스와 데드크로스는 어떤 이동평균선 수치를 사용하느냐, 어느 시간 단위의 차트를 적용하느냐(주봉·일봉·분봉), 현재 추세가 상승추세냐, 하락추세냐에 따라 매매 신호를 다르게 해석할 수 있다. 따라서 단순히 골든크로스는 매수 신호, 데드크로스는 매도 신호로 인식하며 매매 시 엇박자가 나기 쉽고, 심지어 손실을 볼 수도 있으므로 유의해야 한다.

골든크로스와 데드크로스는 주가에 후행하기 때문에 크로스 시점을 매매 신호로 보기 전에 먼저 추세를 명확히 판단하고, 적절한 이동평균선의 수치를 파악해야 한다. 예를 들어, 상승추세에서 5일 이동평균선이 20일 이동평균선을 붕괴시키는 데드크로스 시점은 매도시점이 아닌 매수시점이 될 수 있고, 하락추세에서 5일 이동평균선이 20일 이동평균선을 상향 돌파하는 골든크로스는 매수시점이 아닌 매도시점이 될 수 있다.

패턴매매기법에서는 골든크로스와 데드크로스를 매매시점으로 이용하지 않는다. 가장 빠른 15일 이동평균선도 주가의 흐름을 빨리 반영하지 못하기 때문이다. 다만 장기 이동평균선의 지지를 받는 상승추세에서 단기 이동평균선이 중기 이동평균선을 데드크로스시키는 시점은 매수시점이 될 수 있고, 장기 이동평균선의 저항을 받는 하락추세에서 단기 이동평균선이 중기 이동평균선을 골든크로스시키는 시점은 매도시점이 될 수 있다.

동그라미는 15일 이동평균선이 75일 이동평균선을 상향 돌파하는 골든크로스이고, 네모는 15일 이동평균선이 75일 이동평균선을 붕괴시키는 데드크로스다. 통상 골든크로스는 매수 신호, 데드크로스는 매도 신호로 사용한다.

미국 주식 골드만삭스 일봉 차트

데드크로스와 골든크로스가 공존하는 모습이다.

골든크로스·데드크로스 당시 가격의 움직임을 잘 관찰해보자.

역배열 종목에 쪽박이 도사리고 있다

상승추세에서는 이동평균선이 정배열되어 있고, 하락추세에서는 이동평균선이 역배열되어 있다.
따라서 정배열 종목은 가까이하고, 역배열 종목은 가급적 멀리해야 한다.

장영한의 1분 카페 

→ 위에서부터 단기·중기·장기 이동평균선 순서로 배열되어 있는 것을 '정배열'이라고 한다.

→ 위에서부터 장기·중기·단기 이동평균선 순서로 배열되어 있는 것을 '역배열'이라고 한다.

→ 정배열은 주로 상승추세에서 나타나며, 역배열은 주로 하락추세에서 나타난다.

→ 정배열 종목만을 매매하는 것이 안전하다.

조우태의 Tip 

→ 정배열이라고 무조건 오르는 법은 없고, 역배열이라고 무조건 떨어지는 법도 없다. 시장은 늘 예외를 만든다.

주가가 상승하면 단기 이동평균선이 중기 이동평균선을, 중기 이동평균선이 장기 이동평균선을 골든크로스하게 된다. 이러한 과정으로 인해 위에서부터 단기·중기·장기 이동평균선 순서로 배열된 상태를 '정배열'이라고 한다. 반대로 주가가 하락하면 단기 이동평균선이 중장기 이동평균선을, 중기 이동평균선이 장기 이동평균선을 데드크로스하게 되는데, 이러한 과정으로 인해 위에서부터 장기·중기·단기 이동평균선 순서로 배열된 상태를 '역배열'이라고 한다.

일반적으로 상승추세에서는 이동평균선이 정배열되어 있고, 하락추세에서는 이동평균선이 역배열되기 때문에 정배열 종목은 가까이하고, 역배열 종목은 가급적 멀리해야 한다. 물론 역배열이라고 해서 반드시 하락추세인 것은 아니고, 역배열에서 바닥이 만들어지는 경우도 적지 않다. 하지만 역배열 종목으로는 수익을 내기가 만만치 않고, 자칫 잘못하면 하락 추세로 전환될 위험을 안고 있다.

일부 투자자들은 이동평균선이 완전히 역배열되어 있어 추세가 애매모호하거나 하락추세인데도 자신이 알고 있는 모든 증권지식을 동원해 상승추세라고 주장하며 매수에 가담하곤 한다. 그러나 이러한 노력은 그럴듯해 보일 뿐, 부질없고 어리석기 짝이 없는 일이다. 유가증권 시장이나 코스닥에 정배열되어 있는 좋은 종목이 수없이 많기 때문이다.

정배열에서 역배열로 전환될 만큼 주가가 깊은 하락조정을 받는 데는 반드시 이유가 있다. 일반적으로 주가가 하락하는 것은 호재보다 악재가 많을 때다. 기본적 분석으로 접근하는 투자자들은 기업 내용에는 전혀 문제가 없는데 주가가 하락하면 매수 기회라고 본다. 그러나 기술적 분석으로는 회사에 호재가 있는지, 악재가 있는지 알 수 없기 때문에 상승추세가 확연한, 정배열된 우량주만을 매매하는 것이 안전하다.

확연한 상승추세임을 알 수 있다. 위에서부터 15, 33, 75, 150, 300일 이동평균선 순서로 배열되어 있는 것을 '정배열'이라고 한다.

확연한 하락추세임을 알 수 있다. 위에서부터 300, 150, 75, 33, 15일 이동평균선 순서로 배열되어 있는 것을 '역배열'이라고 한다.

미국 주식 오토매틱 데이터 프로세싱 일봉 차트

패턴 1 발생 이후 상승추세가 지속 중이다.

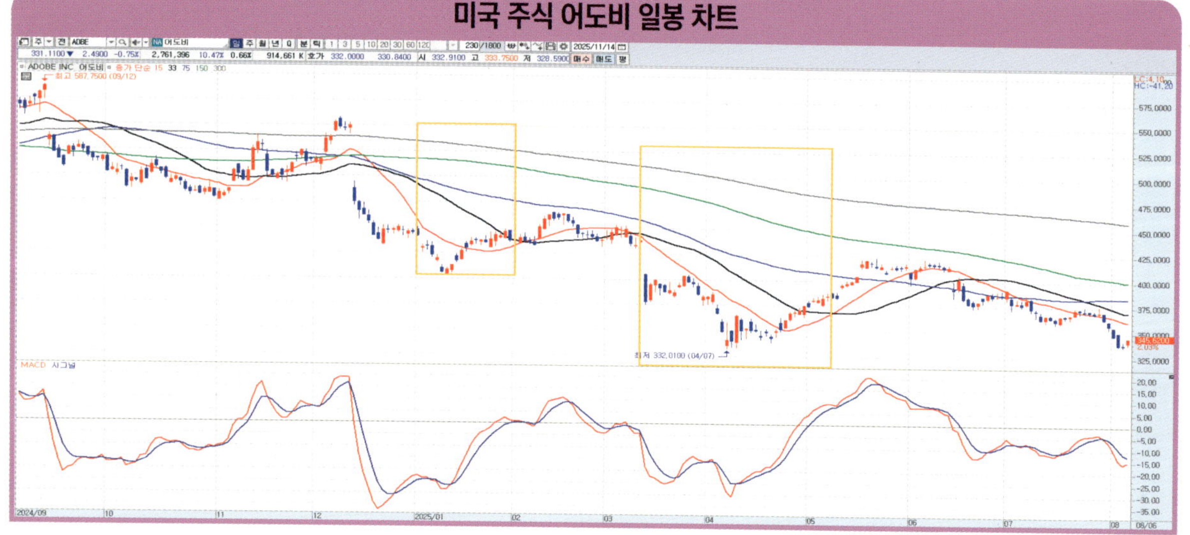

미국 주식 어도비 일봉 차트

역배열로 더 강한 하락추세가 지속 중이다.

이동평균선만 파악해도 매매 타이밍을 잡을 수 있다

이동평균선만으로도 주가가 어느 지점에서 지지를 받고 저항을 받을지 쉽게 파악할 수 있다.
특히 추세선, 전고점, 전저점 등과 함께 분석하면 보다 정확한 매매 타이밍을 포착할 수 있다.

장영한의 1분 카페

- 이동평균선은 지지와 저항의 역할을 하므로 이동평균선에서 매매 타이밍을 포착해야 한다.

- 상승추세에서 이동평균선까지 주가가 하락조정을 받게 되면 저점 매수 타이밍을 노려야 한다.

- 추세선, 전고점, 전저점, 의미 있는 가격대, 갭 등과 함께 지지 여부를 판단한다.

- 주가가 급등하거나 급락하면 지지선과 저항선은 힘 없이 붕괴되거나 돌파당하기 마련이다.

이동평균선은 일정 기간 매수한 투자자들의 평균단가, 즉 본전 가격이므로 상승추세에서 주가가 이동평균선까지 하락조정을 받게 되면 매수세가 유입될 가능성이 크다. 반대로 하락추세에서 주가가 이동평균선까지 반등하면 매도세가 출회될 가능성이 크다. 이처럼 이동평균선이 지지와 저항의 역할을 하므로, 이동평균선에서 매매 타이밍을 포착해야 한다.

상승추세에서는 대부분 주가가 이동평균선 위에 놓여 있다. 이때 아래에 놓여 있는 이동평균선은 지지의 역할을 하므로 이동평균선까지 주가가 하락조정을 받게 되면 저점 매수 타이밍을 포착해야 한다. 반대로 하락추세에서는 대부분 주가가 이동평균선 아래에 놓여 있다. 이때 위에 놓여 있는 이동평균선은 저항의 역할을 하므로 이동평균선까지 주가가 반등하면 고점 매도 타이밍을 포착해야 한다.

이동평균선만으로도 주가가 어느 지점에서 지지를 받고, 어느 지점에서 저항을 받을지 쉽게 파악할 수 있다. 특히 추세선, 전고점, 전저점, 의미 있는 가격 대, 갭 등과 함께 분석하면 보다 정확한 매매 타이밍을 포착할 수 있다.

많은 투자자들이 주가가 하락할 때는 아래에 저점이 여러 개 놓여 있기 때문에 절대로 저점을 깨고 하락할 리 없다고 생각하고, 주가가 상승할 때는 위에 고점이 여러 개 놓여 있기 때문에 절대로 고점을 뚫고 상승할 리 없다고 생각하는 경향이 있다. 그러나 주가가 급등하거나 급락하는 강한 추세장이 형성되면 이동평균선은 쉽게 돌파당한다. 따라서 이동평균선에서 무조건 지지하고 저항을 받을 것이라는 편견은 버리는 것이 좋다.

동그라미는 이동평균선의 지지를 받고 다시 상승하는 모습, 네모는 이동평균선의 저항을 받고 다시 하락하는 모습이다. 따라서 주가가 이동평균선까지 하락하면 매수, 이동평균선까지 반등하면 매도를 고려해야 한다.

이격도는 주가와 이동평균선 간의 이격을 객관적으로 보여준다

**주가의 높고 낮음에 따라 MACD선의 수치는 천차만별로 달라진다.
그러나 이격도는 이격의 축소와 확대 정도를 보다 객관적으로 알려준다.**

장영한의 1분 카페 

- 주가와 이동평균선의 이격은 축소되었다가 다시 확대된다.
- 주가의 움직임은 단기 이동평균선이 가장 빠르게 반영되며, 그다음은 중기 이동평균선, 마지막으로 장기 이동평균선 순으로 반영된다.
- 조정국면에서 매매 타이밍을 포착해야 하며, 이격이 확대되어 있을 경우 추격 매수는 삼가는 것이 좋다.
- 이격도는 주가와 특정 이동평균선 간의 이격을 객관적으로 나타내는 지표다.

주가가 추세를 확장하면 단기·중기·장기 이동평균선의 차이가 점차 확대되고, 하락조정을 받으면 이동평균선의 차이가 점차 축소된다. 주가가 추세를 확장하면 가장 먼저 단기 이동평균선이, 마지막으로 장기 이동평균선이 주가를 반영한다. 이처럼 기간별로 이동평균선이 주가를 반영하는 속도에 서로 차이가 있기 때문에 상승과 조정이 발생하면 발산과 수렴을 하는 것이다.

주가는 상승추세일 때도 계속 상승하지 않고 상승과 조정을 반복하며 추세를 확장한다. 그렇다면 왜 이런 현상이 발생하는 것일까? 그 이유는 주가의 상승이 과다하면(이동평균선 발산, 이격 확대) 저점 매수는 줄어들고 고점 매도는 증가해 하락조정을 받게 되며, 주가가 하락조정을 받게 되면(이동평균선 수렴, 이격 축소) 고점 매도는 줄어들고 저점 매수는 증가해 주가가 다시 상승하기 때문이다.

실제 패턴매매기법에서는 사용하지 않지만, 이격도를 설명하기 위해 다음 페이지의 HMM 일봉 차트에서는 MACD가 아닌 이격도를 보조지표로 사용했다. 이격도는 주가와 특정 이동평균선 간의 이격이 어느 정도 비율인지를 나타내는 지표다. 수치를 75일로 적용했는데 주가와 75일 이동평균선이 서로 일치하면 100%가 되고, 다시 상승추세를 확장하면 이격 또한 점차 확대되고 있음을 쉽게 확인할 수 있다.

MACD선은 단기 이동평균선과 장기 이동평균선을 뺀 수치를 차트상에 나타내는 것이기 때문에 주가의 높고 낮음에 따라 MACD선의 수치는 천차만별로 달라진다. 다시 말해, 삼성전자의 MACD선과 하이닉스의 MACD선의 수치는 두 종목의 주가에 큰 차이가 나기 때문에 비슷하지 않다. 그러나 이격도는 수치가 아닌 백분율로 나타내기 때문에 이격의 축소와 확대 정도를 보다 객관적으로 알려준다.

동그라미는 주가와 75일 이동평균선과의 이격이 축소된 모습이고, 네모는 주가와 75일 이동평균선과의 이격이 점차 확대된 모습이다. 이동평균선과 주가는 멀어지면 가까워지고, 가까워지면 멀어지는 특성이 있다.

스스로 종목을 선정하는 것도 중요한 트레이닝 과정이다

종목 선정의 문제는 개인 투자자들에게 가장 큰 숙제이지만
패턴매매기법의 원칙을 이해한다면 충분히 해결할 수 있다.

장영한의 1분 카페 

→ 상승추세이면서 거래량이 많은 종목들을 선별해보라.

→ 선별한 종목들만을 가지고 스스로 지지와 저항선을 찾아내고 그곳에서 수없이 많은 모의매매로 실력을 갖춰야 한다.

조우태의 Tip 

→ 가격이 낮고 거래량은 적은 종목은 피해라. 유동성이 없으면, 빠져나올 방법도 없다.

→ 스스로를 믿어라. 만약 믿지 못하겠다면, 아직 시장에 나설 때가 아니다.

필자는 증권사관학교에서 개미 투자자 및 교육생들에게 대형 우량주만을 매매하게끔 트레이닝한다. 개미들은 시장이 주는 정보를 완벽히 알지 못한다. 그렇기 때문에 기업 정보에 그리 민감하게 대응하지 않아도 되는 우량주를 매매하게끔 훈련시킨다. 우량주매매를 하면 이처럼 정보에서 자유로워질 수 있다.

- 상승추세 종목
- 일평균 거래량 50만 주 이상인 종목
- 가격대가 1만 원 이상인 종목

중소형주나 거래량이 적은 주식들은 내부 정보에 의해 주가가 급변동하는 경향이 있다. 작전 세력에 의해서도 가격이 충분히 왜곡될 수 있다. 반면 대형 우량주는 어느 한 세력에 의해 주가가 조종될 수 없기 때문에 비교적 안전하고 내 실력에

의해 수익을 실현할 확률이 높아진다. 절대로 요행을 바라고 중소형주나 작전주를 매매해서는 안 된다. 개미들이 어려워하는 것은 종목 선정이다. 그래서 앞에서 제시한 조건들을 충족한 종목들을 스스로 찾아내면서 필자와의 눈높이를 맞춰나가자. 3가지 조건이 교과서에 수록될 만한 절대적인 기준은 아니나 교육생들에게는 필히 지켜야 할 원칙 중 하나로 트레이닝을 시키고 있다. 또한 매매가 가능하다고 찾아낸 종목들을 모두 매매할 수는 없다. 내가 가진 돈은 한정되어 있기 때문이다. 그래서 일차적으로 조건을 충족한 종목들을 다시 한번 심사해야 한다. 나름대로 최고의 종목이라고 스스로 생각하는 종목만을 선별해내야 한다. 두 종목을 계속 비교해서 하나를 탈락시키는 '배틀 방식'으로 최고의 종목을 스스로 골라내어 투자해야 한다.

물론 내가 탈락시킨 종목이 다른 사람에게는 이상형이 될 수도 있다. 그리고 탈락시킨 종목이 더

- 상승추세이면서 거래량이 많은 종목들을 선별해보라.
- 선별한 종목들만을 가지고 스스로 지지와 저항선을 찾아내고, 그곳에서 수없이 많은 모의매매로 실력을 갖춰야 한다.

상승할 수도 있다. 그것은 어쩔 수 없다. 하지만 필자와 증권사관학교에서 이러한 훈련을 하다 보면 대부분의 교육생들의 눈이 90% 이상은 비슷해진다. 우량한 대형주, 그리고 거래량이 풍부한 상승추세의 주식만을 골라서 조정국면의 후반에 진입하게 된다.

또한 같은 업종의 종목이라도 가격이 싼 종목보다는 업종 대표주를 거래하는 것이 좋다. 업종 내의 모든 종목들이 하락하는 국면에서도 대표주는 덜 하락하기 쉽고, 상승하는 국면이 오면 그 업종을 리드하며 시세를 분출하는 경우가 많다. 아무튼 주봉 차트의 추세를 확인하고, 보다 견조하게 조정받은 종목을 우선적으로 선별하는 훈련을 반드시 거쳐야 한다.

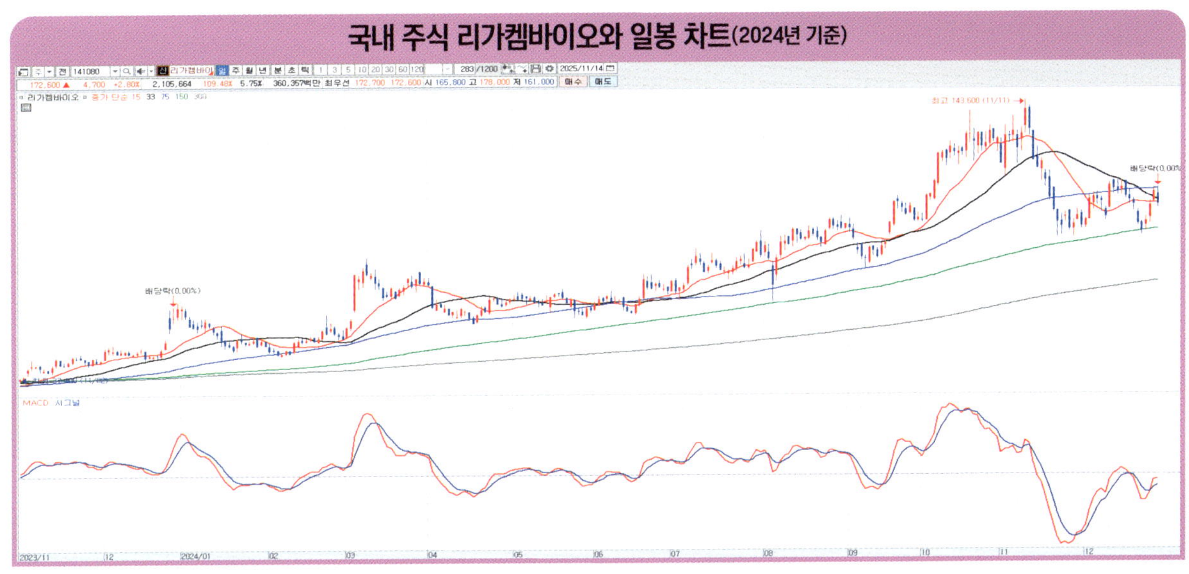

리가켐바이오는 패턴 1을 거쳐
상승추세를 이어갔다.

LG 이노텍은 전저점을 깨면서
하락 추세를 보였다.

리가켐바이오는 계속해서 상승추세를 이어가고 있다.

LG 이노텍은 손실이 났다. 상승추세의 종목을 항상 우선순위에 두어야 한다는 것을 다시 한번 살펴볼 수 있었다.

MACD는 보조지표 중 최고의 선물이다

MACD는 이동평균선의 수렴과 확산을 나타내는 보조지표로, 추세를 잘 반영하는 대표적인 추세지표다. MACD는 상승추세에서는 주로 0선 위에서, 하락추세에서는 주로 0선 아래에서 움직이는 특징이 있다. 일반적으로 MACD의 수치는 12(단기), 26(장기), 9(시그널)를 사용한다. 그러나 패턴매매기법에서는 MACD의 후행성을 극복하고 보다 탄력적으로 주가를 반영할 수 있도록 5(단기), 20(장기), 5(시그널)를 사용한다. 다른 보조지표뿐만 아니라 MACD에서도 매우 유용하게 적용되는 시그널은 디버전스(divergence)다. 디버전스는 주가와 보조지표가 서로 다른 시그널을 보여주는데 상승추세에서는 매수 디버전스, 하락추세에서는 매도 디버전스로 진입 가능하다.

MACD만 알아도 주식 매매가 쉬워진다

MACD 보조지표에는 MACD선, SIGNAL선, MACD 오실레이터 등이 있다.
다른 보조지표와 함께 사용하면 더욱 좋은 매수시점을 잡을 수 있다.

장영한의 1분 카페 

→ MACD는 이동평균선의 수렴과 발산을 나타내는 보조지표로, 이동평균선과 서로 잘 어울리는 대표적인 추세지표다.

→ MACD는 MACD선이 SIGNAL선을 골든크로스할 때 매수, MACD선이 SIGNAL선을 데드크로스할 때 매도, 또는 오실레이터 막대가 0선 아래에서 길이가 짧아지면 매수, 0선 위에서 길이가 짧아지면 매도, 디버전스를 활용해 매수와 매도, MACD로 추세만 판단하고 다른 보조지표를 사용해 매매하는 등 다양한 방법이 있다.

조우태의 Tip 

→ MACD는 단순한 보조지표가 아니라, 시장의 숨결을 읽는 지표다.

'MACD'는 '이동평균선(Moving Average)의 수렴(Convergence)과 발산(Divergence)'을 뜻하는 단어로, 단기 이동평균선과 장기 이동평균선의 이격이 확대되는 시점을 매매 타이밍으로 연결하는 대표적인 추세지표다. 단기 이동평균선과 장기 이동평균선은 주가의 움직임에 의해 언젠가는 수렴하고, 이렇게 수렴한 이동평균선은 다시 발산하는 원리를 이용해 MACD가 만들어졌다.

MACD 보조지표에는 MACD선, SIGNAL선, MACD 오실레이터 등이 있다. MACD선은 단기 이동평균선에서 장기 이동평균선을 뺀 값을 선으로 나타낸 것이고, SIGNAL선은 n일의 MACD 이동평균선을 나타낸 것이다. 일반적으로 MACD 보조지표의 수치로는 12(단기 이동평균선), 26(장기 이동평균선), 9(시그널)를 사용하고 있다. 하지만 패턴매매기법에서는 이 수치를 5(단기 이동평균선), 20(장기 이동평균선), 5(시그널)로 설정해 사용하고 있으니 참고하기

바란다.

오른쪽 페이지에 나오는 KODEX 삼성그룹의 일봉 차트를 보면, 단기 이동평균선이 장기 이동평균선 위에 놓여 있을 때는 단기 이동평균선에서 장기 이동평균선 가격을 뺀 수치가 플러스 값을 지니기 때문에 MACD선은 0선 위에서 움직인다. 한편 단기 이동평균선이 장기 이동평균선 아래에 놓여 있을 때는 단기 이동평균선에서 장기 이동평균선 가격을 뺀 수치가 마이너스 값을 지니기 때문에 MACD선은 기준선인 0선 아래에 위치하게 된다.

이와 같이 MACD 보조지표 수치 5, 20, 5를 적용하는 것은 추세를 판단하는 데는 매우 유용하다. 하지만 후행성을 띠고 있으므로 MACD만으로 매매하기보다는 스토캐스틱이나 볼린저밴드 등 다른 보조지표와 함께 사용해야 한다.

MACD는 단기 이동평균선이 장기 이동평균선 위에 있을 때 0선 위에 위치
하고, 단기 이동평균선이 장기 이동평균선 아래에 있을 때 0선 아래에 위치
한다. 또 단기와 장기 이동평균선이 크로스할 때 0선에 위치한다.

미국 주식 아메리칸 엑스프레스 일봉 차트

차트는 3월 300일 이동평균선까지 깊은 가격 조정을 받았지만, 매수 디버전스가 발생해 추세는 다시 상승추세로 바뀌었다.

일본 주식 도쿄일렉트론 일봉 차트

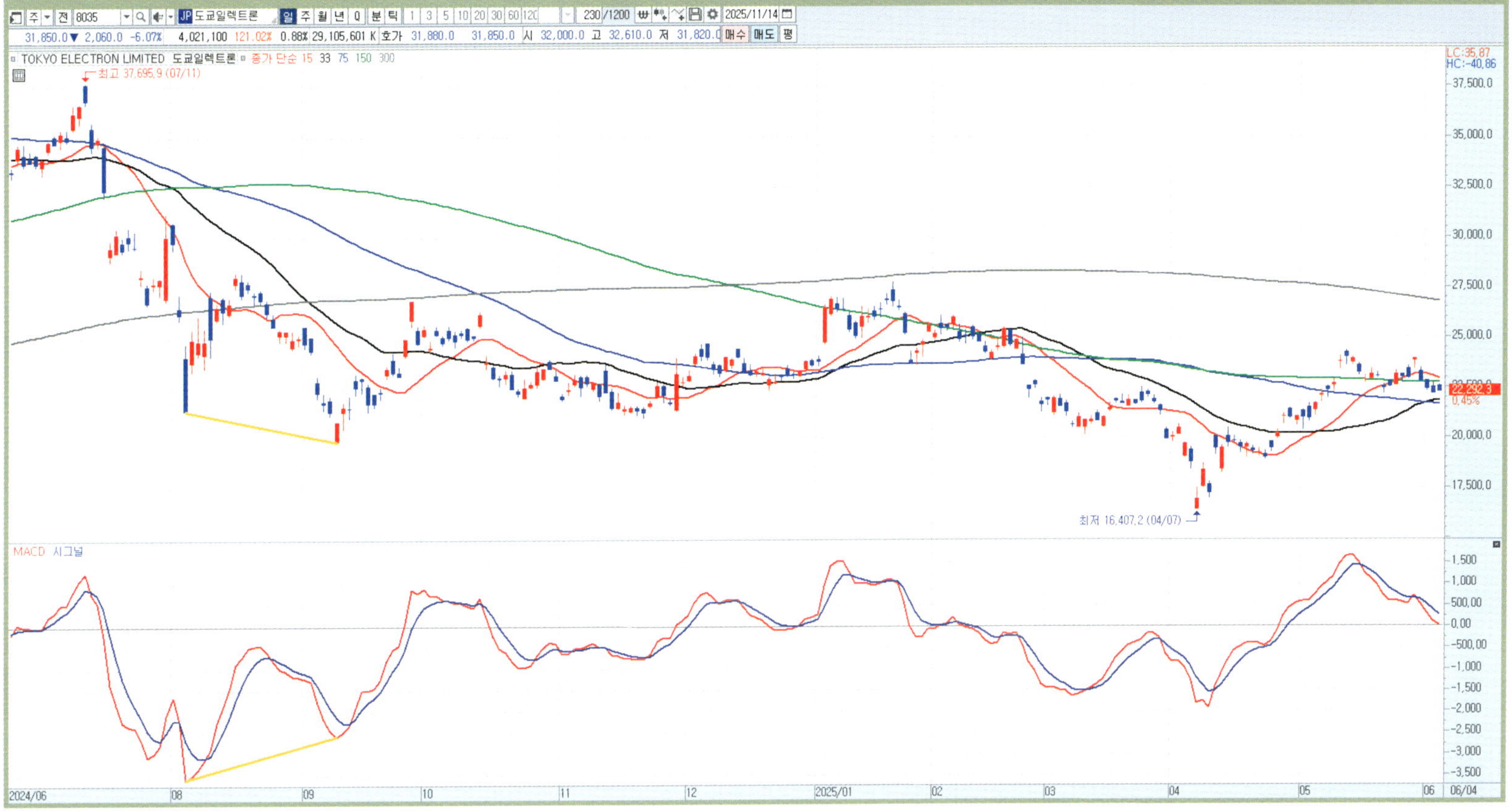

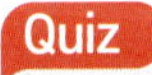

Quiz

차트에 표시된 직선을 무엇이라고 하나요?

정답 : 매수 디버전스

패턴매매기법에서는 MACD의 수치에 5, 20, 5를 적용한다

패턴매매기법에서는 기존의 12, 26, 9를 5, 20, 5로 변경해 실전매매에 적용하고 있다.
MACD는 수치를 약간만 변경하면 단 하나의 지표로도 실전매매에 효과적으로 이용할 수 있다.

장영한의 1분 카페

- 패턴매매기법에서는 5(단기 이동평균선), 20(장기 이동평균선), 5(시그널)로 수치를 변경해 실전에 적용하고 있다.

- 5, 20, 5로 MACD 수치를 변경하면 주가의 움직임을 탄력적으로 반영할 수 있다.

- 디버전스를 잘 활용하면 매매 타이밍을 포착하는 데 매우 효과적이다.

- 보조지표 하나만 제대로 알아도 수익을 내는 데 전혀 문제가 없다.

MACD는 수치를 약간만 변경하면 주가의 흐름을 탄력적으로 반영할 수 있어 굳이 다른 보조지표와 함께 사용하지 않아도 실전매매에 효과적으로 이용할 수 있다. 패턴매매기법에서는 기존의 12, 26, 9를 5, 20, 5로 변경해 실전매매에 적용하고 있다. 이렇게 수치를 변경하면 장점인 추세 파악이 가능해지고, 스토캐스틱처럼 주가의 흐름도 보다 민감하게 반영할 수 있다. 또한 이격도처럼 장·단기이동평균선의 이격 역시 쉽게 파악할 수 있다.

오른쪽 페이지의 두산퓨얼셀 일봉 차트를 살펴보면 기존의 12, 26, 9를 5, 20, 5로 수치를 변경해 적용하고 있다. 단기 이동평균선이 장기 이동평균선 위에 놓여 있을 때는 단기 이동평균선에서 장기 이동평균선 값을 뺀 수치가 플러스 값을 지니므로 MACD선은 0선 위에서 움직인다. 반대로 단기 이동평균선이 장기 이동평균선 아래에 놓여 있을 때는 그 차이가 마이너스 값이 되므로 MACD선은 0선 아래에서 움직인다.

단기 이동평균선과 장기 이동평균선이 교차하는 시점은 단기 이동평균선에서 장기 이동평균선 가격을 빼면 0이 되기 때문에 MACD선은 기준선인 0선에 위치하게 된다. 패턴매매기법 수치는 일봉 차트에서도 효과적이지만, 특히 분봉 차트에서 디버전스를 이용해 매매 타이밍을 포착하는 데 매우 유용하다. 더욱이 보조지표를 1개만 사용하기 때문에 여러 보조지표 신호에서 오는 혼란을 막을 수 있다.

많은 투자자들이 볼린저밴드, MACD, 스토캐스틱, 이격도 심리선 등 다양한 지표들을 차트상에 놓고 매매를 하는데, 이러한 지표들을 정확히 이해하지 못할 경우 수많은 지표에서 나오는 신호에 혼동할 수 있다. 많은 지표를 사용하는 것보다는 단 하나의 지표라도 제대로 이해해서 실전에 적용하는 것이 훨씬 중요하다.

MACD는 5일 이동평균선이 20일 이동평균선 위에 있을 때는 0선 위에 위치하고, 5일 이동평균선이 20일 이동평균선 아래에 있을 때는 0선 아래에 위치한다. 또 5일 이동평균선과 20일 이동평균선이 서로 크로스할 때는 0선에 위치한다.

미국 주식 아마존닷컴 일봉 차트

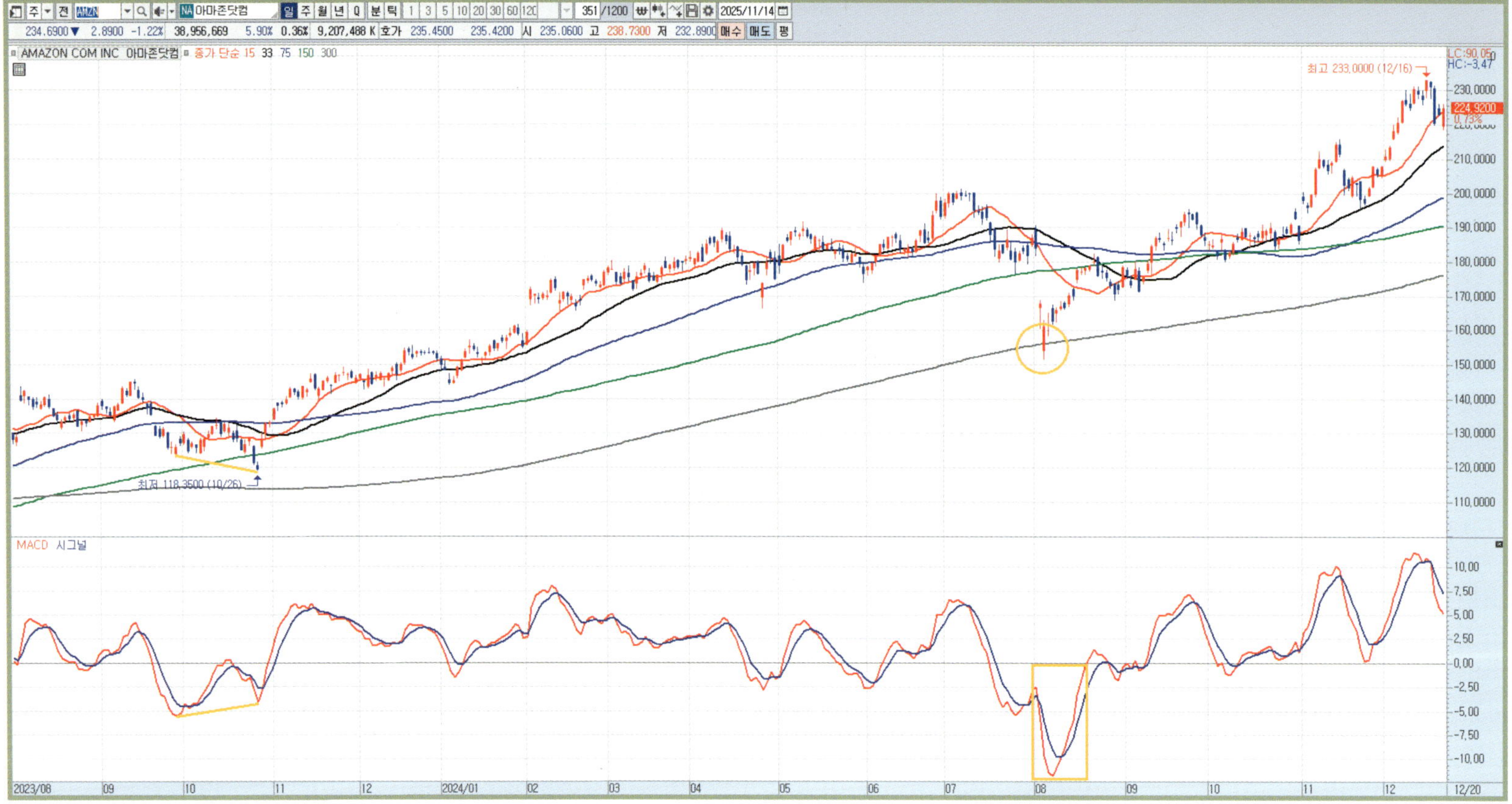

2023년 10월에는 매수 디버전스, 2024년 8월에는 300일 이동평균선과 패턴 2가 발생해 상승추세를 이어갔다.

조우태의 Tip

- 300일 이동평균선의 지지를 받은 곳을 보면, 매수 디버전스가 발생했다고 착각할 수 있지만, 가격 변곡이 내려갈 때 MACD는 오히려 상승하는 언밸런스 현상이 일어나야 비로소 매수 디버전스라고 할 수 있다.

MACD가 0선 위에 위치하는 종목만을 매매하라

상승추세에서는 MACD가 주로 0선 위에 위치한다.
하락추세에서는 MACD가 주로 0선 아래에 위치한다.

MACD는 상승추세에서는 주로 0선 위에 위치하고, 하락추세에서는 주로 0선 아래에 위치한다. 비추세 구간에서는 0선을 기준으로 위아래로 계속 등락한다. 상승추세에서는 주로 단기 이동평균선이 장기 이동평균선 위에 위치하기 때문에 단기 이동평균선에서 장기 이동평균선을 뺀 수치인 MACD선은 플러스 값을 지니므로 기준선인 0선 위에 위치하게 된다. 하락추세에서는 이와 정반대의 흐름이 나타난다.

비추세에서는 주가가 이동평균선을 사이에 두고 오르내리기 때문에, MACD선 또한 0선을 기준으로 위아래 등락을 반복하게 된다. 주가가 계속 상승하면 단기 이동평균선과 장기 이동평균선의 이격이 점차 확대되어 MACD선은 0선에서 점점 상승하게 된다. 반대로 하락하면 단기 이동평균선과 장기 이동평균선의 이격이 점차 확대되어 MACD선은 0선에 서 점점 하락하게 된다.

그러나 MACD가 0선 위에 위치하고 있다고 해서 무조건 상승추세이고, MACD가 0선 아래에 위치하고 있다고 해서 무조건 하락추세인 것은 아니다. 따라서 MACD 보조지표 하나만 보고 추세를 판단하는 것은 무리가 있다.

정확성을 기하기 위해서는 1년가량의 주가 및 이동평균선과 함께 총체적으로 판단하는 것이 좋다. MACD는 0선 아래에 놓여 있는데 여전히 상승추세인 종목도 있고, MACD가 0선 위에 놓여 있는데도 여전히 하락추세인 종목도 있기 때문이다.

패턴매매기법에서는 상승추세의 절반을 훼손하지 않는 정도라고 판단되면, 깊은 가격 조정을 저점 매수의 좋은 기회로 삼고 매매에 임한다. 다만 추세가 조금이라도 애매모호하다고 판단되면 아예 매매하지 않는 것이 좋다.

이동평균선이 정배열되어 있고, 주가가 저점과 고점을 높이는 상승추세의 종목이다. MACD는 주로 0선 위에서 등락하고 있다.

이동평균선이 역배열되어 있고, 주가가 꾸준히 하락하는 하락추세의 종목이다. MACD는 주로 0선 아래에서 등락하고 있다.

미국 주식 아메리칸 엑스프레스 일봉 차트

미국 S&P 500 ESG SPDR ETF 일봉 차트

MACD 수치를 변경하면 단기매매도 충분히 가능하다

일봉 차트에서 추세가 확연한 가운데 패턴 3이 예상될 경우 주식 투자를 하는 것이 좋다.
하지만 전업 투자자라면 레버리지가 높은 개별 주식 선물에 투자하는 것도 좋은 방법이다.

장영한의 1분 카페 

- MACD 보조지표는 중장기 투자에 유용하다.

- 일봉 차트에서 투자 전략을 수립하고 60분봉 차트에서 매매시점을 포착해야 한다.

- 전업 투자자는 패턴매매기법을 활용해 주식 선물 매매하는 것도 가능하다.

- 큰 수익을 올릴 수 있으면 큰 손실도 입을 수 있다는 사실을 명심해야 한다.

조우태의 Tip 

- MACD 수치를 5, 20, 5로 변경하면 단기매매에서도 이득을 볼 수 있다.

원래 MACD 보조지표는 중장기 투자에 유용하다. 그러나 그 수치를 변경해 분봉 차트에 적용하면, 일반 투자자들이 선호하는 스윙 투자에서도 충분히 활용할 수 있다. 예를 들어 주식에서 패턴 3이 예상될 경우, 60분봉 차트를 활용해 주식 선물에 진입하면 3~5일 내에 비교적 큰 수익을 기대할 수 있다. 다만 주의해야 할 사항은 먼저 일봉 차트에서 추세를 정확히 판단하고, 어느 가격에서 어떤 전략으로 매매할 것인지 기준을 세워야 한다는 것이다. 일봉 차트를 배제한 채 분봉 차트로만 매매한다면 데이 트레이딩의 유혹에 빠지기 쉽다.

2008년에 개별 주식 선물이 증권 시장에 처음 도입된 이후, 현재까지도 많은 투자자들의 관심과 사랑을 받고 있다. 특히 선물옵션은 접근하기가 쉽지 않고, 주식으로 매매하기에는 수익이 양에 차지 않아 고민하던 일반 투자자들 중에 주식 선물로 눈을 돌리는 투자자가 점차 증가하고 있다.

전업 투자자나 빠른 매매가 가능한 투자자들은 패턴매매기법으로 개별 주식 선물 매매를 하는 것이 가능하다. 일봉 차트에서 추세가 확연한 가운데 패턴 3이 예상된다면 주식에 투자하는 것도 좋지만, 전업 투자자라면 레버리지가 높은 개별 주식 선물에 투자하는 것도 좋은 방법이다. 그러나 큰 수익을 올릴 수 있으면 큰 손실도 입을 수 있다는 점을 항상 명심해야 한다. 고수익 뒤에는 항상 고위험이 도사리고 있다는 것을 잊지 말아야 한다.

패턴 3이 발생하고 다시 상승하는 추세다.

2025년 1월, 300일 이동평균선 지지를 받고 계속 상승 중이다.

디버전스로 상승추세에서는 저점 매수, 하락추세에서는 고점 매도가 가능하다

디버전스를 잘 활용하면 상승추세에서는 저점 매수, 하락추세에서는 고점 매도도 가능하다.
무엇보다 추세와 일치하는 방향으로 매매하는 것이 가장 안전하고 효과적인 방법이다.

장영한의 1분 카페 

- 디버전스란, 주가와 보조지표가 서로 다르게 움직이는 것을 말한다.

- 매수 디버전스란, 주가의 저점은 낮아지는데 MACD의 저점은 같거나 높아지는 현상으로, 상승추세에서 매수 타이밍을 포착하는 데 유용하다.

- 매도 디버전스란, 주가의 고점은 높아지는데 MACD의 고점은 같거나 낮아지는 현상으로, 하락추세에서 매도 타이밍을 포착하는 데 유용하다.

- 상승추세에서는 매수 디버전스, 하락추세에서는 매도 디버전스만 활용하는 것이 바람직하다.

- 매수 디버전스는 여러 차례 발생할 수도 있다.

디버전스(Divergence)란, 주가와 보조지표가 서로 다르게 움직이는 것을 말하며, MACD·Stochastic·RSI·Sonar·Trix 등 많은 보조지표에서 발생하는 아주 중요한 신호다.

디버전스에는 2가지 유형이 있다. 주가의 저점은 낮아지지만 보조지표의 저점은 같거나 높아지는 것을 '포지티브 디버전스(Positive Divergence, 상승 또는 강세 다이버전스, 매수 디버전스)', 주가의 고점은 높아지지만 MACD 보조지표의 고점은 같거나 낮아지는 것을 '네거티브 디버전스(Negative Divergence, 하락 또는 약세 디버전스, 매도 디버전스)'라고 한다.

일반적으로 상승추세에서 주가의 저점은 낮아지지만 MACD의 저점은 비슷하거나 높아지는 매수 디버전스가 발생하면 앞으로 주가가 상승할 가능성이 크고, 하락추세에서 주가의 고점은 높아지지만 MACD의 저점은 비슷하거나 낮아지는 매도 디버전스가 발생하면 앞으로 주가가 하락할 가능성이 크다.

이러한 디버전스 현상은 일봉 차트뿐만 아니라 분봉 차트에서도 동일하게 적용된다. 디버전스를 잘 활용하면 상승추세에서는 저점 매수, 하락추세에서는 고점 매도도 가능하다.

그러나 반드시 기억해야 할 것은 상승추세에서는 가급적 매도 디버전스를 무시하고 매수 디버전스를 적극적으로 활용해 고점 매도가 아닌 저점 매수를 노려야 하고, 하락추세(선물옵션)에서는 가급적 매수 디버전스는 무시하고 매도 디버전스를 적극적으로 활용해 저점 매수가 아닌 고점 매도를 노려야 한다는 사실이다. 결국, 추세와 일치하는 방향으로 매매하는 것이 가장 안전하고 효과적인 방법이다.

국내 주식 DI 동일 일봉 차트
주 전 001530 DI동일 일 주 월 년 분 초 틱 1 3 5 10 20 30 60 120 168/1200 2025/11/14
17,250 ▼ 420 -2.38% 100,053 268.84% 0.51% 1,724백만 최우선 17,290 17,230 시 17,670 고 17,670 저 17,090 매수 매도
DI동일 종가 단순 15 33 75 150 300
최고 50,500 (12/27)
LC:62.71
HC:-14.46
50,000
47,500
45,000
43,200
1.69%
배당락 (4.30%)
40,000
37,500
35,000
32,500
30,000
27,500
최저 26,550 (06/02)
MACD 시그널
4,000
3,000
2,000
1,000
0.00
-1,000
-2,000
-3,000
2024/12
2025/01
02
03
04
05
06
07
08
08/14

2025년 6월에 발생한 매수 디버전스는 좋은 매수 타이밍이다.

2022년 10월에 발생한 매수 디버전스는 좋은 매수 타이밍이다.

롱숏/페어트레이딩(통계적 차익거래)
―시장의 변동성과 관계없는 투자 방법

두 종목의 스프레드만 취하는 투자가 투자로, 시장의 방향과 상관없이 언제든 투자 가능하다.

(세 번의 온·오프라인 강의로 실전 투자가 가능한 국내 유일의 www.rocemacademy.com 참조)

주식 종목들을 보면 유사·동일업종들은 주가의 흐름이 비슷하게 나타나는 경향이 있다. 현대/기아, 삼성전자/SK하이닉스, SK텔레콤/KT, 신한지주/하나금융지주 등 유사·동일업종 내 종목들은 업황에 영향을 받아 주가의 흐름이 비슷하다. 그런데 단기적으로는 수급의 불균형 등이 발생하면서 방향은 같을지라도 주가가 일시적으로 상이하게 발생하기도 하는데, 일시적으로 업종 내 저평가된 종목과 고평가된 종목이 발생하게 된다.
이런 일시적 불균형 상태에 있는 두 종목을 이용하면 일종의 차익거래(Arbitrage)를 할 수 있는데, 불균형 상태에서 균형 상태로 갈 때 차익을 얻을 수 있다. 즉, 불균형 상태에서 저평가된 종목을 매수하고, 동시에 고평가된 종목을 매도한 후 균형 상태에 이르렀을 때, 반대로 매매하면 차익을 얻을 수 있다는 논리다.

PART 06

급등의 신호탄, 패턴 1의 기본부터 익히자

이동평균선은 수렴하면 발산하는 특징이 있다. 패턴 1은 이동평균선 3개 이상이 한곳에 수렴하는 현상을 말한다. 상위 차트의 패턴 1이 하위차트의 패턴 1보다 강하고, 이동평균선이 4개 수렴할 때가 3개 수렴할 때보다 더욱 강하다. 패턴 1은 기간 조정인데 상승추세에서 패턴 1이 발생하면 기존 추세인 상승추세가 확장되고, 하락추세에서 패턴 1이 발생하면 기존 추세인 하락추세가 확장된다. 따라서 항상 추세에 순응해 매매하는 것이 중요하다. 주식 투자에서는 주봉 차트와 일봉 차트에서의 패턴 1을 매매타이밍을 간주하며, 선물옵션에서는 60분봉, 30분봉, 15분봉, 5분봉 차트의 패턴 1을 매매타이밍으로 간주한다. 그리고 상위 차트와 하위 차트가 동시에 수렴하면 더욱 좋은 신호다.

이동평균선이 수렴하면(기간 조정) 강력한 힘이 분출된다

상승추세에서 이동평균선이 수렴하면, 기존 추세인 상승추세를 확장할 가능성이 크다.
하락추세에서 이동평균선이 수렴하면, 기존 추세인 하락추세를 확장할 가능성이 크다.

장영한의 1분 카페 

- 이동평균선을 수렴하면 발산하고, 발산하면 다시 수렴한다.

- 이동평균선이 수렴하는 기간 조정을 받으면 다시 기존 추세를 확장하게 된다.

- 15, 33, 75, 150일 이동평균선 중에서 3개 이상이 한곳에 수렴하는 현상을 '패턴 1'이라고 한다.

- 패턴 1은 손절이 패턴 2와 3에 비해 깊지만 상승 시 고수익을 안겨준다.

- 주식 투자는 예측의 영역이 아니라 철저히 대응의 영역이다.

- 패턴 1은 매매하기 이전에 추세가 확연한지, 차트가 깔끔한지, 탄력은 괜찮은지, 조정을 건조하게 받았는지 등을 꼼꼼히 체크해야 한다.

이동평균선은 모이면(수렴) 흩어지고(발산), 흩어지면 다시 모이는 특징이 있다. 그런데 기간 조정을 받아야 수렴을 하므로 기간 조정 후에는 위든 아래든 반드시 강한 시세가 분출된다. 상승추세에서 이동평균선이 수렴하면 기존 추세인 상승추세를 확장할 가능성이 크고, 하락추세에서 이동평균선이 수렴하면 기존 추세인 하락추세를 확장할 가능성이 크다. 이러한 이동평균선의 특징을 이용해 만든 매매기법이 '패턴 1'이다.

패턴 1이란 15, 33, 75, 150, 300일 이동평균선 중에서 3개 이상이 한곳에 수렴하는 현상을 말한다. 이동평균선 3개보다는 4개가 수렴하는 것이 더욱 좋고, 하위 차트에서의 패턴 1보다 상위 차트에서의 패턴 1이 더욱 강하다. 주식 투자는 일봉 차트가 기준 차트이기 때문에 분봉패턴 1로는 매매하지 않는다. 그러나 레버리지가 높은 선물옵션 투자에서는 60분봉, 30분봉, 15분봉, 5분봉, 패턴 1로 진입 가능하다.

오른쪽 페이지의 대한제분 차트를 보면, 2025년 4월, 패턴 2 이후이동평균선 3개가 동시에 수렴하는 패턴 1이 발생하며 급등한 것을 볼 수 있다. 상승추세의 종목에서 깊은 가격 조정인 패턴 2 이후에 기간 조정인 패턴 1이 발생하면 좋은 매수 타이밍이다. 결국 대한제분은 패턴 1을 완성한 바로 다음 날 강한 시세를 분출하며 기존의 상승추세를 이어나갔다.

매수 타이밍은 패턴 1이 발생한 2025년 4월 양봉이고, 손절매는 당일 저가 이탈가격에 설정하면 된다. 또한 주가가 예상대로 상승할 시에는 손절매를 상향시키는 위험관리가 중요하다. 투자는 처음부터 끝까지 예측의 영역이 아닌 대응의 영역이기 때문이다. 패턴 1은 일봉으로 매수하기 때문에 손절매가 다소 깊지만, 추세대로 상승할 시에 고수익을 안겨주는 장점이 있다.

2025년 4월, 패턴 2 발생 이후 이동평균선 3개 이상이 한곳에 수렴하는 패턴 1을 만들고 기존 추세를 강하게 확장시키고 있다. 패턴 1로 매수했다면 단기간에 큰 수익을 올릴 수 있다.

미국 주식 오토매틱 데이터 프로세싱 일봉 차트

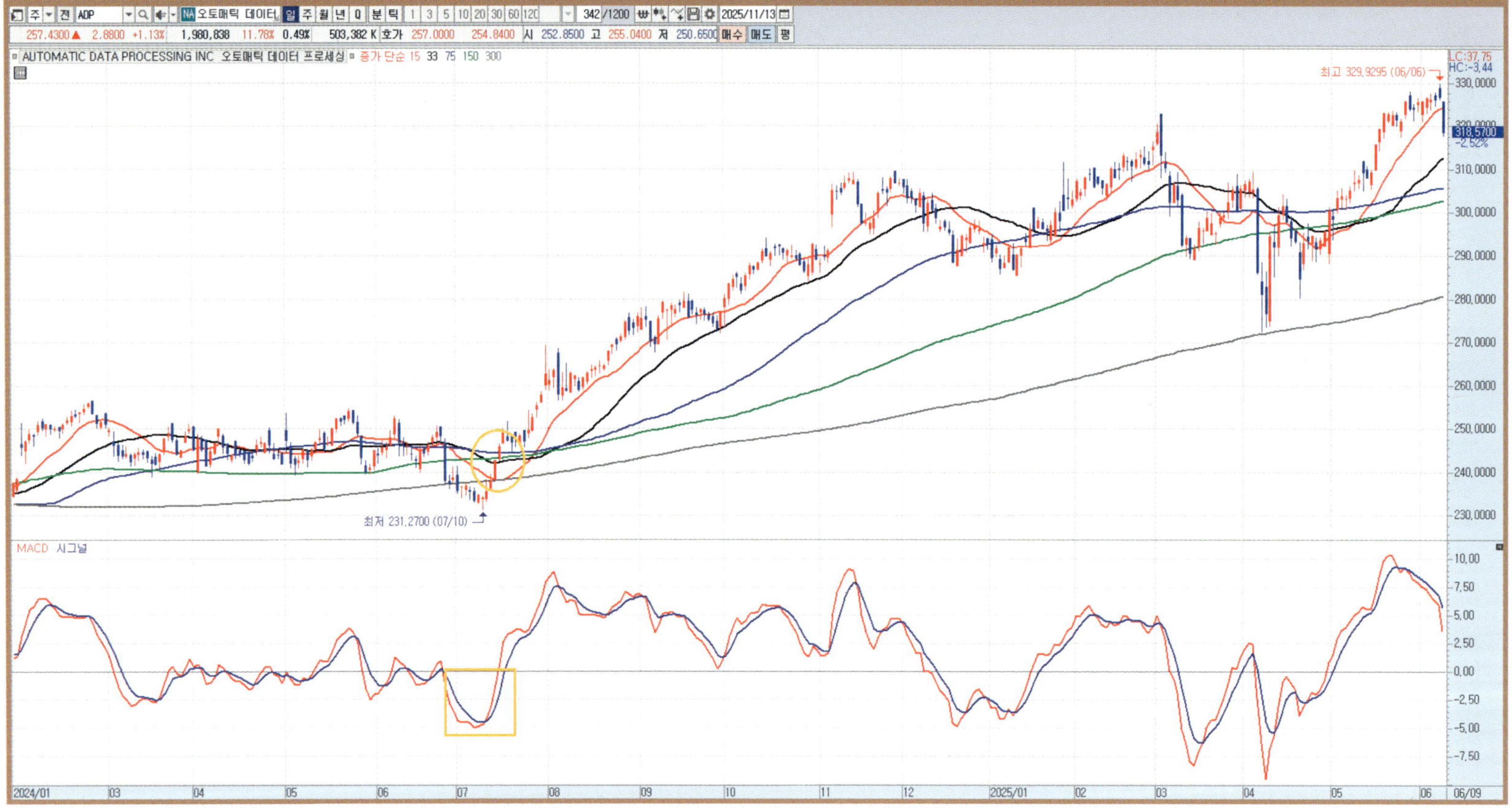

2024년 7월에 발생한 패턴 1의 위력이다.

조우태의 Tip

- 150일 이동평균선은 주요 지지선으로 작용하며, 이 구간에서 주가는 상승 전환할 가능성이 크다.

상승추세선에서 패턴 1이 발생하면 주가는 상승한다

기간 조정인 패턴 1은 대부분 깊은 가격 조정인 패턴 2 이후에 발생한다.
패턴 1, 2, 3은 서로 다른 매매기법이 아니라 서로 보완해주는 매매기법이다(조정국면의 후반부에 진입시점을 알려주는 기법).

장영한의 1분 카페

- ➡ 조정국면은 가격 조정과 기간 조정으로 분류한다.

- ➡ 패턴 2와 패턴 3은 가격 조정이고, 패턴 1은 기간 조정이다.

- ➡ 상승추세에서 패턴 1이 발생하면 기존 추세인 상승추세를 확장하고, 하락추세에서 패턴 1이 발생하면 기존 추세인 하락추세를 확장한다.

- ➡ 패턴 1은 깊은 가격 조정인 패턴 2 이후에 발생한다.

- ➡ 패턴 1, 2, 3은 서로 다른 매매기법이 아니라 서로 보완해주는 매매기법이다.

- ➡ 패턴 1은 패턴 2와 패턴 3에 비해 발생 빈도수가 많지는 않지만, 매매 타이밍을 정확히 포착할 경우 단기간에 고수익을 안겨준다.

추세장이라고 해도 반드시 쉬어가는 국면, 즉 조정국면이 이어진다. 조정국면은 가격 조정과 기간 조정으로 분류하는데, 패턴 2와 패턴 3은 가격 조정이고 패턴 1은 기간 조정이다. 상승추세에서 패턴 1이 발생하면 기존 추세인 상승추세를 확장하고, 하락추세에서 패턴 1이 발생하면 기존 추세인 하락추세를 확장한다.

상승추세에서 이동평균선이 수렴한다는 것은, 이미 깊은 가격 조정과 오랜 기간 조정을 받아 더 이상 주가가 밀리지 않는 상태를 의미한다. 이는 주식을 저가에 매수할 수 있는 좋은 기회다. 그러나 시장에서 100% 적중하는 매매기법은 단 한 가지도 없기 때문에 예상과 다른 움직임을 보일 때는 미련 없이 손절매를 단행해야 한다.

다음 페이지에 나오는 노루홀딩스의 일봉 차트를 보면, 조용하던 흐름이 패턴 2를 기점으로 흔들리기 시작하더니, 이어서 패턴 1까지 형성되며 본격적인 상승추세로 전환되었다. 그러다 주가는 75일 이동평균선 근처까지 떨어졌지만, 재차 패턴 2가 발생하며 상승추세를 다시 이어갔다. 이 경우 2025년 4월, 주가가 이동평균선 지지를 받으며 3개의 이동평균선을 동시에 돌파할 때가 매수 타이밍이며, 손절매는 이동평균선 아래로 지정하면 된다.

기간 조정인 패턴 1은 대부분 깊은 가격 조정인 패턴 2 이후에 발생한다. 따라서 패턴 2에서 매수하지 못했다면 그 종목에서 패턴 1이 만들어지는지 매일 주시해야 한다. 패턴 1, 2, 3은 서로 다른 매매기법이 아니라 서로 보완해주는 매매기법이기 때문이다.

2025년 4월, 패턴 2 이후 이동평균선 3개 이상이 한곳에 수렴하는 패턴 1
을 만들고 강하게 추세를 확장했다.

종목이 달라도 추세가 생긴다면 같은 패턴이 이어진다.

하락추세에서 패턴 1이 발생하면 주가는 하락한다

하락추세에서 패턴 1이 발생했다고 저점 매수를 하면 큰 손실로 이어질 가능성이 크다.
하락추세의 패턴 1은 주식 투자가 아닌 선물옵션 투자에서만 가능한 매매기법이다.

장영한의 1분 카페 

- 하락추세에서 패턴 1이 발생하면 주가는 다시 하락한다.
- 선물옵션은 하락추세에서도 수익을 낼 수 있다.
- 추세는 전환될 확률보다 이어질 확률이 더 높다.
- 주식 투자에서는 상승추세에 놓여 있는 종목만을 매매해야 한다.
- 주가의 저점은 알 수 없기 때문에 저점을 잡으려고 하는 것은 어리석은 생각이다.

하락추세라고 해서 주가가 마냥 하락하는 것은 아니다. 반드시 쉬어가는 국면, 즉 조정국면을 거치는데 하락추세에서 패턴 1이 발생하면 주가는 다시 하락하게 된다. 이런 까닭에 하락추세에 있는 종목에 패턴 1이 발생했다고 해서 저점 매수를 하면 큰 손실로 이어질 가능성이 크다. 하락추세의 패턴 1은 주식 투자가 아닌 선물옵션 투자에서만 가능한 기법이다.

대다수의 일반 투자자들이 범하는 가장 큰 실수는 하락추세 종목이 신저가를 기록하거나 큰 폭으로 하락하면, 이제 주가가 바닥을 찍고 추세 전환할 것이라 생각하고 과감히 매수하는 것이다. 하지만 추세는 전환될 확률보다 이어질 확률이 더 높기 때문에 아무리 가격메리트가 있어 보여도 절대 매수해서는 안 된다. 어떤 매매기법을 구사하든 상승추세의 종목만을 매매하는 것이 가장 안전하다.

상승추세에서의 조정은 저점 매수의 좋은 기회이며, 하락추세에서의 상승은 추세 전환이 아닌 기술적 반등일 가능성이 크므로 오히려 물려 있는 주식을 매도할 수 있는 좋은 기회다. 이동평균선은 한번 역배열로 전환되면 정배열로 전환하는 데 오랜 기간이 걸리고, 주가 위에 놓여 있는 이동평균선들은 저항의 역할을 하기 때문에 바닥을 잡으려는 행동은 무모하다.

간혹 최저점에 매수했다고 자랑하는 투자자들이 있는데, 계속 최저점에서 매수할 수 있는 능력이 있다면 가히 칭찬받을 만하겠지만, 저점에 매수하려다가 결국 손절매로 자주 털려 자신감마저 상실하게 되는 경우가 더 많다.

매번 최저점에서 매수하는 것은 불가능한 일이다. 불가능한 일에 정력을 쏟기보다는 실현 가능한 일에 집중하는 것이 더 현명하다.

하락추세에서 이동평균선 3개 이상이 한곳에 수렴하는 데드크로스 패턴 1
이 발생하며 다시 기존 추세인 하락추세를 확장하고 있다. 이렇게 하락추세
에서 데드크로스 패턴 1이 발생하면 다시 하락하게 되므로 매수해서는 안
된다.

미국 주식 크래프트 하인즈 일봉 차트
KRAFT HEINZ CO 크래프트 하인즈
최고 36,5300 (09/05)
최저 24,9700 (10/07)
MACD 시그널

추세의 개념이 얼마나 중요한지 보여주는 차트다.
만약 손절을 놓지 않았다면 어떻게 되었을까?

데드크로스 후에는 골든크로스가 이어진다

골든크로스는 매수 신호, 데드크로스는 매도 신호로 판단하는 것이 바로 크로스 분석이다.
이동평균선 2~3개를 사용해 골든크로스와 데드크로스 시점을 진입과 청산시점으로 정한다.

주가가 하락하면 단기 이동평균선이 중기와 장기 이동평균선을 순차적으로 붕괴시키는 데드크로스가 발생한다. 반대로 주가가 상승하면 단기 이동평균선이 중기와 장기 이동평균선을 순차적으로 상향 돌파하는 골든크로스가 발생한다. 주가가 저점에서 상당폭 상승하면 차익실현으로 인해 주가는 하락하게 되고, 주가가 고점에서 상당폭 하락하면 저점 매수로 인해 주가는 상승하게 되는데, 그 결과 데드크로스와 골든크로스가 발생한다.

상승추세에서 장기 이동평균선의 보호를 받고 있는 가운데 단기 이동평균선이 중기 이동평균선을 데드크로스하는 시점은 저가에 종목을 매수할 수 있는 좋은 기회다. 상승추세에서 깊은 가격 조정을 받은 이후에는 다시 상승추세를 확장할 가능성이 크기 때문이다. 따라서 상승추세에서 단기 이동평균선이 중기 이동평균선을 데드크로스하는 하락조정이 발생하면 지지선에서 매수 타이밍을 포착해야 한다.

다음 페이지에 나오는 삼양식품의 일봉 차트와 같이, 주가가 장기 이동평균선인 150일 이동평균선의 보호를 받고, 누가 봐도 아직 상승추세가 유효하다고 판단되는 시점에서 주가가 깊은 가격 조정을 받게 되면 주식을 싸게 살 수 있다. 그러나 패턴매매기법을 충분히 습득하지 않은 상태에서 하락조정을 받고 있는 주가를 매수하는 것은 매우 위험하다. 모의 투자나 소액 투자로 경험을 쌓은 다음에 정식으로 투자해도 결코 늦지 않는다.

골든크로스는 매수 신호, 데드크로스는 매도 신호로 판단하는 것이 바로 크로스 분석이다. 크로스 분석은 이동평균선 2~3개를 사용해 골든크로스와 데드크로스 시점을 진입과 청산시점으로 정한다. 그러나 이떤 수치를 적용하느냐에 따라 성과가 달라진다.

2024년 11월 말에 패턴 1과 150일 이동평균선 지지를 받아 더 이상 하락하지 않고 상승하는 추세다. 데드크로스 이후에는 골든크로스가 이어지는 모습이다.

미국 주식 에어비앤비 일봉 차트

상승추세에서 15일 이동평균선의 데드크로스는 단기 하락일 경우가 많다.

데드크로스 패턴 1은 각별히 조심해야 한다

패턴 1을 예상하고 매수했는데 주가가 하락할 경우에는 손절매하는 것이 좋다.
손절매하면 다음에 이어지는 좋은 매수 타이밍을 포착할 수 있기 때문이다.

장영한의 1분 카페

- 단순히 이동평균선의 모습과 배열로만 주가를 예측하는 것은 옳지 않다.
- 서로 다른 주가의 파동으로도 이동평균선의 배열과 형태가 비슷하게 나타날 수 있다.
- 주가가 제때 상승하지 못하면 데드크로스가 발생한다.
- 패턴 1을 예상하고 매수했는데 예상과 달리 주가가 하락할 경우에는 주저 없이 손절매를 단행해야 한다.
- 주가, 이동평균선, MACD 보조지표를 종합적으로 분석해야 한다.

조우태의 Tip

- 데드크로스와 패턴 1의 조합은 매우 위험하다. 그러나 손절할 줄 안다면, 그 어떤 위험도 두려울 게 없다

상승추세에서 이동평균선 수렴 후 상승하면 기간 조정은 주도 세력의 매집 과정으로 해석할 수 있고, 이동평균선 수렴 후 하락하면 기간 조정은 주도 세력의 물량 처분으로 해석할 수 있다. 즉 귀에 걸면 귀걸이, 코에 걸면 코걸이인 셈이다. 따라서 단순히 이동평균선의 배열이나 형태로만 주가를 분석하는 것은 옳지 않다. 이동평균선은 서로 다른 주가의 파동으로도 비슷한 배열이나 형태가 나타날 수 있기 때문이다. 결국 이동평균선의 배열과 형태도 중요하지만, 현재 매수하고자 하는 종목의 추세가 확연한지, 차트는 깔끔한지, 주가는 탄력적인지, 하락조정은 견조한지 등을 종합적으로 분석한 후에 매수 결정을 내리는 것이 좋다.

주가가 제때 상승하지 못하면 단기 이동평균선의 각도는 횡보하지만, 중장기 이동평균선은 여전히 상승하기 때문에 데드크로스가 발생한다. 따라서 상승해야 할 시점에서 상승하지 못한 종목은 조심해야 한다.

패턴 1을 예상하고 매수했는데 예상과 달리 주가가 하락할 경우에는 주저 없이 손절매를 단행하는 것이 좋다. 손절매를 하면 다음에 이어지는 좋은 매수 타이밍을 포착할 수 있기 때문이다.

오른쪽 페이지에 나오는 대원강업은 패턴 1을 형성한 후 상승추세로 전환하지 못하고 데드크로스가 발생하면서 급락했다. 데드크로스는 추세 전환의 신호로, 발생이 임박할 때는 반드시 주의 깊게 관찰해야 한다.

여러 지표를 사용해 차트를 분석하면 매수할 만한 종목이 눈에 띄지 않고, 한 가지 지표로만 차트를 분석하면 현명한 판단을 내리지 못한다. MACD 보조지표는 이동평균선으로 만든 것이고, 이동평균선은 주가로 만들었기 때문에 MACD에만 의존하기보다는 추세와 파동의 강약 등도 고려해야 한다.

국내 주식 대원강업 일봉 차트

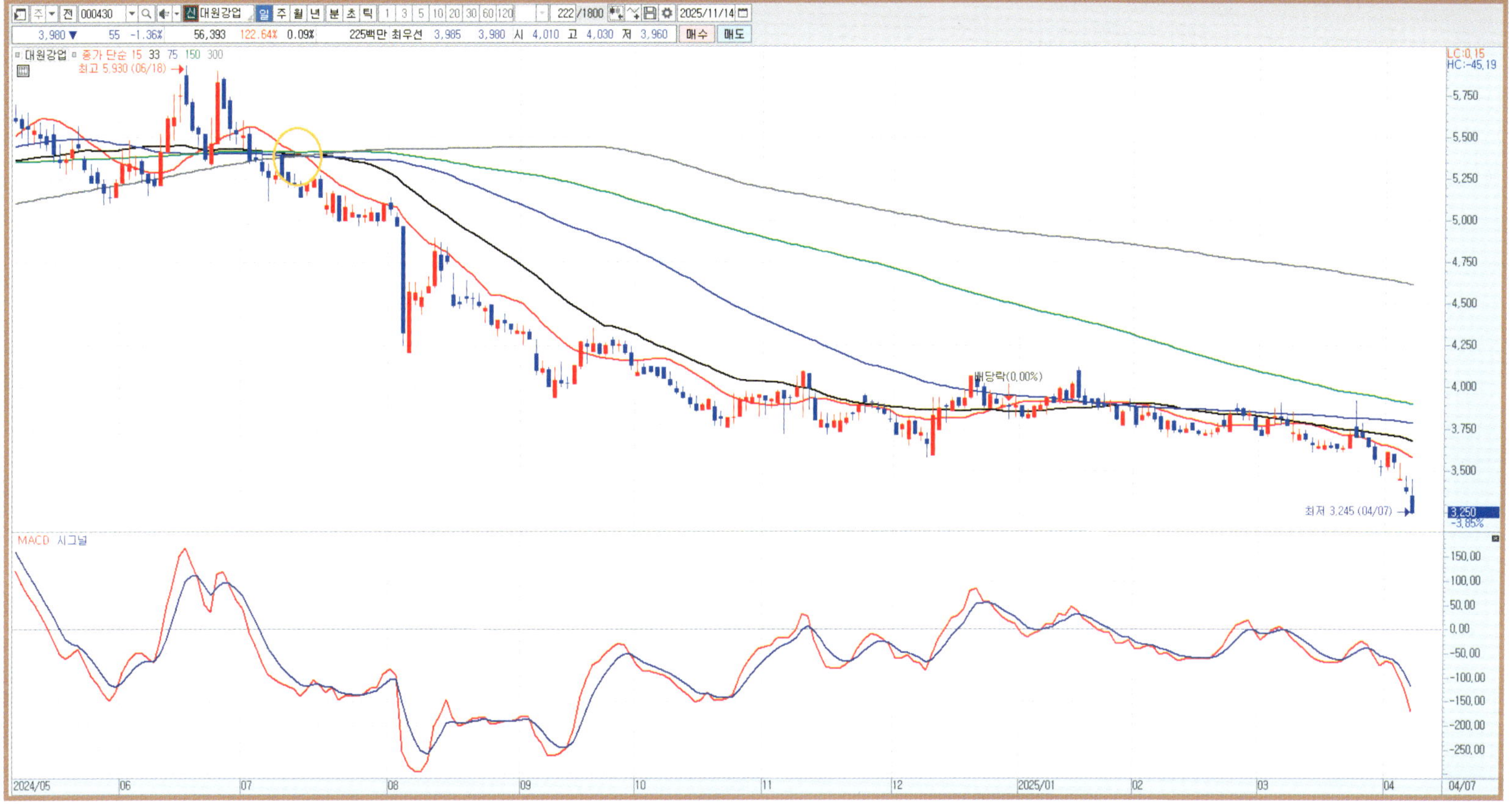

2024년 7월 데드크로스가 발생한 뒤, 주가는 단기간에 급락하며 깊은 가격 조정을 받았다.

조우태의 Tip

- 데드크로스에 이어 역배열이 발생했다면, 이미 하락 흐름이 강화된 상태로 판단해야 한다.

데드크로스, 패턴 1이 출현할 때는 보수적으로 매매에 접근하자.

태극무늬 패턴 1은 가볍게 상승한다

가격 조정을 받고서도 기간 조정 없이 바로 상승추세를 확장하는 경우도 있다.
하지만 '패턴 2 + 패턴 1 + 패턴 3'으로 이어지는 사례가 특히 많다.

장영한의 1분 카페 

- ➜ 단 한 번에 매수 타이밍을 포착하기는 어렵다.
- ➜ 손절매로 털리더라도 시나리오가 여전히 유효하면 다시 시도하는 것이 좋다.
- ➜ 깊은 가격 조정을 받고도 기간 조정 없이 바로 상승하는 경우도 있다.
- ➜ 깊은 하락조정과 상승추세의 확장은 '패턴 2+패턴 1+패턴 3'으로 이어진다.

주가가 저점 대비 상당폭 상승하면 다시 가격 조정과 기간 조정을 거친다. 이러한 과정이 마무리되면 다시 상승추세를 확장하게 되지만, 아직 매집이 충분치 않거나 고점 매물을 한 번에 소화하기 힘들 경우에는 주가가 다시 원래의 위치로 하락하게 된다. 그럼에도 불구하고 저점이 사수되고 주가가 다시 상승하면 15일 이동평균선이 S자 모양의 태극무늬를 형성하며 상승추세를 확장하는데, 이것이 바로 '태극무늬 패턴 1'이다.

다음 페이지에 나오는 CS홀딩스의 경우, 2025년 1월 깊은 가격 조정인 패턴 2를 만들고, 2월 패턴 1을 만들며 7만 6,000원이라는 고점 돌파를 시도했지만, 결국 실패하고 6만 8,000원까지 다시 하락했다. 그러나 더 이상 그 가격을 붕괴시키지 않고, 15일 이동평균선이 태극무늬 형태를 만들며 기존 추세인 상승추세를 강하게 확장했다. CS홀딩스는 2025년 1월에 300일 이동평균선에서 패턴 2가 발생했고, 이후 패턴 3으로 이어지면서 여러 차례 좋은 매수 기회를 제공했다.

설령 패턴 2를 놓치더라도 패턴 1의 매수 기회가 있고, 패턴 1을 놓치더라도 패턴 3의 매수 기회가 있다. 따라서 '앞으로도 좋은 기회는 얼마든지 있다'라는 여유로운 자세를 갖는 것이 중요하다.

주가가 깊은 가격 조정을 받으면 패턴 2가 발생하고, 기간 조정을 거치면 패턴 1이 발생하며, 추세 확장 후 잠시 눌리며 상승하면 패턴 3이 발생한다. 깊은 가격 조정을 받고도 기간 조정 없이 바로 상승추세를 확장하는 경우도 있다. 하지만 이와 같이 '패턴 2 + 패턴 1 + 패턴 3'으로 이어지는 사례가 특히 많으므로 하락하고 상승하는 과정에서 패턴들이 어떻게 완성되는지 꼼꼼히 체크하는 것이 좋다.

'매수의 정석' 온라인 강의에서는 일봉 지지선에서 60분봉의 정확한 매수 타이밍이 매뉴얼대로 설명되어 있으므로 실전 차트 매수 타이밍을 자세히 익히고 싶은 분들은 참고하기 바란다.

국내 주식 CS홀딩스 일봉 차트
CS홀딩스
종가 단순 15 33 75 150 300
최고 102,100 (06/12)
배당락(0.00%)
패턴 1
최저 63,300 (12/09)
MACD 시그널
2024/11
2025/01
02
03
04
05
06
06/16

상승추세에서 깊은 가격 조정인 패턴 2와 기간 조정인 패턴 1을 형성하며
다시 상승추세를 확장했다. 깊은 하락조정을 받고 상승하는 과정에서 '패턴
2 + 패턴 1 + 패턴 3'과 같은 상승추세를 지속하는 경우가 많다.

패턴 2 이후 패턴 1이 위와 같은 형태를 보일 때도 있기 때문에 추세를 믿고 계속 지켜봐야 한다.

크로스 패턴 1이 출현하면 패턴 3을 기다리자

크로스 패턴 1이 발생한 이후에는 패턴 3으로 이어질 가능성이 크다.
패턴 3에서 매수해도 수익이 적지 않으므로 무리한 추격 매수는 삼가는 것이 좋다.

장영한의 1분 카페 

- 주가의 움직임을 반영하는 속도의 차이가 나기 때문에 이동평균선의 크로스가 발생한다.

- 이동평균선이 모여 있지만 수렴 형태가 아닌 교차 형태를 띠는 것을 '크로스 패턴 1'이라고 한다.

- 크로스 패턴 1은 주가가 이동평균선 한참 위에 놓여 있기 때문에 매수를 하거나 손절을 놓기가 쉽지 않다.

- 크로스 패턴 1이 발생하면 다음에 이어지는 패턴 3을 공략하는 것이 좋다.

- 어떠한 매매기법이라도 매매기준을 정확히 세우고 리스크를 제대로 관리하면 수익으로 연결시킬 수 있다.

주가가 상승하거나 하락하면 단기 이동평균선이 가장 빨리 움직임을 반영하고, 그다음은 중기 이동평균선이, 마지막으로 장기 이동평균선이 주가의 움직임을 반영한다. 또 주가가 하락하면 15일 이동평균선은 바로 주가를 반영하며 하락하지만, 33일과 75일 이동평균선은 상승 각도만 약간씩 둔화될 뿐 여전히 상승한다. 결국 주가가 하락하면 15일 이동평균선이 33일과 75일 이동평균선을 데드크로스하게 되고, 주가가 다시 상승하면 15일 이동평균선이 33일과 75일 이동평균선을 골든크로스하게 된다.

이러한 과정에서 기간 조정을 충분히 받은 수렴 형태가 아닌 교차 형태를 띠는 패턴 1이 발생하는데, '크로스 패턴 1'이 바로 그것이다. 크로스 패턴 1은 다른 패턴 1과 달리 주가가 이동평균선 한참 위에 놓여 있기 때문에 매수하기가 쉽지 않다. 패턴 1의 매수 타이밍은 주가가 이동평균선을 강하게 돌파하는 시점인데, 주가가 이동평균선보다 훨씬 위에 놓여 있기 때문에 매수도 어렵고 손절 가격을 지정하는 것도 어렵다. 따라서 크로스 패턴 1이 발생하면 다음 기회를 노리는 것이 좋다.

오른쪽 페이지에 나오는 보성파워텍의 경우, 2025년 1월 고점을 형성한 이후 주가가 깊은 가격 조정을 받았다. 하지만 75일 이동평균선 아래에서 쌍바닥 패턴 2를 형성한 이후 크로스 패턴 1을 완성하며 급등했다.

158페이지의 미국 주식 존슨 앤드 존슨 역시 이중바닥 형성 후 크로스 패턴 1을 보이며 상승한 사례다. 설령 패턴 2를 놓쳤다고 해도 패턴 3에서 매수가 가능하다. 크로스 패턴 1이 발생한 이후에는 패턴 3으로 이어질 가능성이 크고, 패턴 3에서 매수해도 결코 수익이 적지 않기 때문에 무리한 추격 매수는 삼가는 것이 현명하다.

국내 주식 보성파워텍 일봉 차트

이중바닥을 형성하고 크로스 패턴 1을 만들며 추세를 강하게 확장시켰다.

조우태의 Tip

➔ 크로스 패턴 1과 함께 패턴 2, 이중바닥이 발생했다.

시세의 초입단계 패턴 1은 추세 전환의 신호다

**시세의 초입단계 패턴 1은 추세가 아직 정해지지 않은 상태다.
따라서 상승추세로 전환된 이후 패턴 3이나 패턴 2에서 매수하는 것이 안전하다.**

장영한의 1분 카페 

- 이동평균선은 상승추세, 하락추세, 비추세에서도 기간 조정을 받으면 수렴한다.
- 시세의 초입단계 패턴 1은 추세가 아직 정해지지 않았기 때문에 매수하지 않는 것이 바람직하다.
- 항상 추세가 전환된 것을 확인하고 매수하는 것이 안전한 투자 방법이다.
- 방향을 전혀 예측하지 못하고 매매하면 좋은 결과가 나올 수 없다.
- 강하게 상승하고 약하게 하락하면 다시 상승할 가능성이 크고, 강하게 하락하고 약하게 상승하면 다시 하락할 가능성이 크다.

조우태의 Tip 

- 대부분의 상승추세는 패턴 1에서 시작된다.

이동평균선은 추세와 관계없이 오랫동안 기간 조정을 받으면 당연히 수렴하고, 이후에는 위든 아래든 발산하는 특징이 있다. 하락추세를 지속하던 주가가 더 이상 하락하지 않는 오랜 박스권에서 패턴 1을 완성하면 추세 전환에 성공하게 되는데, 이를 '시세의 초입단계 패턴 1'이라고 한다.

시세의 초입단계 패턴 1은 추세가 아직 정해지지 않은 상태이기 때문에 매수하지 않는 것이 바람직하다. 시세의 초입단계 패턴 1은 추세가 완전히 상승추세로 전환된 이후 패턴 3이나 패턴 2에서 매수하는 것이 안전하다. 이동평균선이 수렴한 당시에는 추세가 전환될지 계속 횡보할지 알 수 없고, 추세가 없기 때문에 위로 발산할지 아래로 발산할지 그 방향을 예측하기 힘들다. 방향을 전혀 예측하지 못하면 좋은 결과를 기대하기 힘들다.

시세의 초입단계를 맞추는 것은 바닥을 잡는 것과 동일하다. 거듭 강조하지만 주가의 바닥과 고점을 예측하는 것은 불가능한 일이다. 바닥이라 생각하고 매수했는데 주가가 계속 하락하는 경우도 많고, 주가가 하방경직을 보이면서 오를 것 같다가 다시 하락하는 경우도 많다. 주식은 추세가 완전히 상승추세로 전환 된 이후 견고한 조정을 받게 되면 그때 매수해도 결코 늦지 않는다.

주가는 강하게 상승하고 약하게 하락하면 다시 상승할 가능성이 크고, 강하게 하락하고 약하게 상승하면 다시 하락할 가능성이 크다. 주가가 강하게 상승하면 차익실현 물량이 쏟아지는데, 그럼에도 불구하고 견고하게 조정을 받는다는 것은 그만큼 매수세가 강하다는 뜻이므로 추가로 상승할 가능성이 크다. 또 주가가 강하게 하락하면 저점 매수 물량이 유입되는데, 그럼에도 불구하고 반등이 약하다는 것은 그만큼 매도세가 강하다는 뜻이므로 추가로 하락할 가능성이 크다. 하지만 추세가 이미 상승세로 이어져가고 있는 종목에서 또 다시 이동평균선이 수렴하는 패턴 1의 형태를 보인다면 상승쪽의 관성의 법칙을 믿고 매수하는 것은 나쁘지 않다.

2025년 2월 패턴 1이 발생하고 300일 이동평균선 지지를 받고 상승했지만 이제는 추세가 아직 상승세인지 판단이 서지 않았을 때는 매수를 보류하는 것도 나쁘지 않다.

2024년 3월에 발생한 패턴 1 이후 8월에 패턴 3이 출현했다. 2025년 1월까지 매수 디버전스가 발생해 150일 이동평균선 근처까지 조정을 받은 주가는 다시 상승했다.

주봉과 일봉 차트가 동시에 수렴하면 적극적으로 매수하라

주봉과 일봉, 일봉과 60분봉 차트에서 동시에 수렴하면 신뢰도가 높다.
즉 주봉 차트, 일봉 차트, 분봉 차트가 똘똘 뭉쳐야 보다 강한 상승의 시너지가 나온다.

장영한의 1분 카페

- 주봉 차트와 일봉 차트가 동시에 수렴하면 보다 강한 에너지가 분출된다.

- 선물옵션에서 60분봉, 30분봉, 15분봉, 5분봉 차트가 동시에 수렴하면 성공 확률이 높다.

- 기간 조정인 패턴 1은 깊은 가격 조정인 패턴 2 이후에 발생한다.

- 일봉 차트와 60분봉 차트에서 동시에 패턴 1이 발생하면 신뢰도가 높다.

조우태의 Tip

- 차트를 볼 때는 항상 일봉 차트와 주봉 차트를 함께 봐야 한다.

- 일봉 차트는 단기매매의 타이밍을 잡는 데 유용하고, 주봉 차트는 중장기 흐름을 판단하는 기준이 된다.

대부분 일봉 차트에서만 패턴 1이 발생하지만 종종 주봉 차트와 일봉 차트에서 동시에 패턴 1이 발생하는 경우도 있다. 이렇게 주봉 차트와 일봉 차트가 동시에 수렴하는 패턴 1이 발생하면 일봉 차트에서만 발생할 때보다 훨씬 더 강한 상승의 시너지가 생겨난다. 왜냐하면 그만큼 기간 조정을 제대로 받았기 때문이다. 따라서 항상 주봉 차트와 일봉 차트를 같이 체크할 필요가 있다.

선물 투자에서는 60분봉(통화선물)과 30분봉(코스피, 국채선물)이 기준 차트가 되는데, 간혹 60분봉, 30분봉, 15분봉, 5분봉 등 무려 4개의 차트가 동시에 수렴하는 경우가 있다. 패턴 1의 출현 빈도수는 적지만 성공 확률이 매우 높다. 이러한 패턴을 찾아내기 위해서는 부지런히 차트를 체크해야 한다.

오른쪽 페이지에 나오는 현대엘리베이터의 주봉 차트를 보면 2024년 8월에 이동평균선 3개가 한곳에 수렴하는 패턴 1이 발생했다. 그런데 흥미로운 사실은 현대엘리베이터의 일봉 차트에서도 2024년 8월에 패턴 1이 발생하며 상승추세를 확장하고 있다는 것이다. 일봉 차트만 보면 매수를 결정하기 쉽지 않을 수도 있지만, 이처럼 일봉 차트와 주봉 차트를 동시에 체크하면 보다 확신을 갖고 매매에 임할 수 있다.

패턴 2와 패턴 3은 60분봉 차트에서 매수 타이밍을 포착하지만, 패턴 1은 일봉 차트에서 매수 타이밍을 포착한다. 그런데 때로는 일봉 차트와 60분봉 차트에서 동시에 패턴 1이 발생하기도 한다. 일봉 차트만 수렴한 것보다 일봉 차트와 60분봉 차트가 동시에 수렴한 형태의 매매 타이밍이 보다 더 정확하다. 즉 주봉 차트, 일봉 차트, 분봉 차트가 한마음 한뜻으로 똘똘 뭉쳐야 보다 강한 상승의 시너지가 나온다.

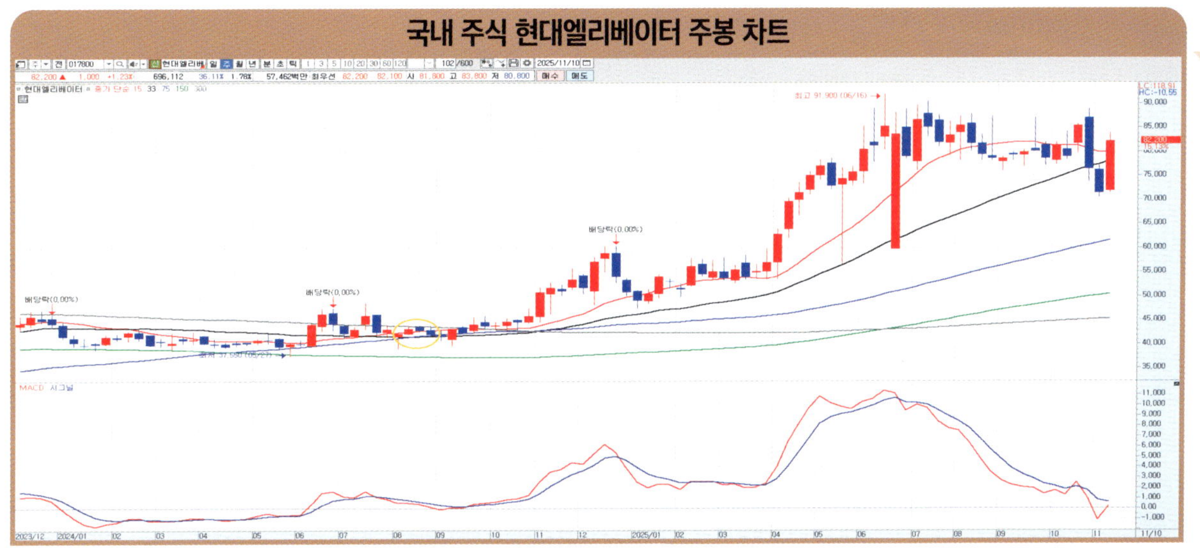

주봉 차트에서 이동평균선 3개가 한곳에 수렴하는 패턴 1이 발생했다.

주봉 차트에서 패턴 1이 발생했을 당시 일봉 차트에서도 패턴 1이 발생했다. 주봉 차트와 일봉 차트가 동시에 수렴하면 좋은 매수 타이밍이다.

미국 주식 테이크 투 인터랙티브 소프트웨어 주봉 차트

미국 주식 테이크 투 인터랙티브 소프트웨어 일봉 차트

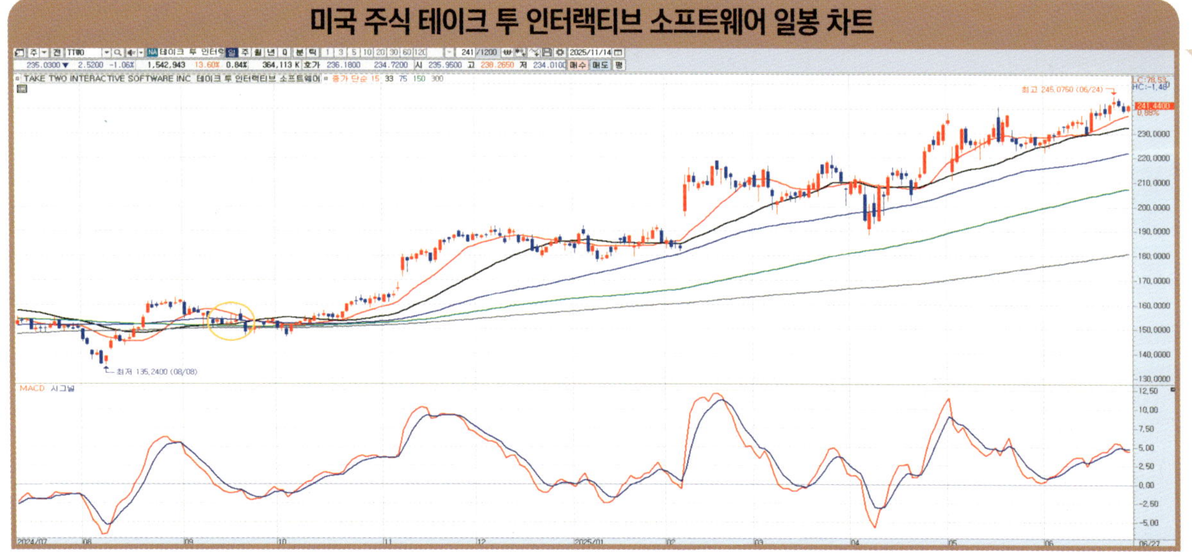

이동평균선 3개 수렴은 패턴 1의 필수조건이다

패턴매매기법에서 패턴 1은 15, 33, 75일 이동평균선이 무조건 같이 모여 있어야 한다.
충분한 기간 조정을 갖고, 이동평균선이 제대로 수렴해야만 패턴 1의 파워가 강해진다.

장영한의 1분 카페

- 패턴 1은 15, 33, 75일 이동평균선이 무조건 같이 수렴해야 한다.
- 최근 주가의 상승과 하락파동이 불규칙하고 불안정하면 이동평균선의 배열과 형태도 불규칙하고 불안정하게 변한다.
- 충분한 기간 조정을 거치고, 이동평균선이 제대로 수렴해야 패턴 1의 파워가 강해진다.
- '오늘 수익을 냈느냐?'보다 '오늘 원칙대로 매매했느냐?'가 더 중요하다.

주가는 이동평균선 2개만 수렴해도 상승할 수 있고, 15, 33, 150일 이동평균선과 같은 형태로 수렴해도 상승할 수 있다. 하지만 패턴매매기법에서는 15, 33, 75, 150, 300일 이동평균선 중에서 15, 33, 75일 이동평균선은 무조건 같이 모여 있어야 한다는 것을 패턴 1의 필수조건으로 삼고 있다. 그 이유는 충분한 기간 조정을 거치고, 이동평균선이 제대로 수렴해야만 패턴 1의 파워가 강해지기 때문이다.

이동평균선은 주가의 그림자와 같다. 만약 최근 주가의 상승과 하락파동이 규칙적이고 안정적이면, 이동평균선의 배열과 형태도 규칙적이고 안정적이다. 반대로 최근 주가의 상승과 하락파동이 불규칙하고 불안정하면, 이동평균선의 배열과 형태도 불규칙하고 불안정하게 변한다. 따라서 최근 주가의 파동이 규칙적이고 이동평균선의 형태가 안정적인 종목을 선정해야 한다.

다음 페이지에 나오는 하이브의 일봉 차트를 보면 2025년 4월, 이동평균선 3개가 수렴하는 형태의 패턴 1을 보이고 추세를 확장하고 있다. 또한 7월, 10월에 150일 이동평균선의 지지를 받으며 추세가 다시 확장했다.

이렇게 한번 추세가 생성된 종목들은 비슷한 양상의 가격 조정과 기간 조정인 패턴 1을 계속 반복하며 기존 추세를 확장해나간다.

15, 33, 75일 이동평균선이 동시에 모여야 한다.

조우태의 Tip

➔ 150일 이동평균선의 지지를 받으며 주가가 상승하는 모습을 확인할 수 있다.

일본 주식 간사이전력 일봉 차트

2024년 3월, 패턴 1이 발생했다.

이동평균선 4개가 수렴하면 시세는 어디까지 튈지 모른다

이동평균선 4개가 동시에 수렴하면 아주 강한 시세가 분출된다.
상승추세에 놓여 있는 종목에서 패턴 1이 발생하면 과감히 매수해야 한다.

장영한의 1분 카페 

- 이동평균선 4개가 동시에 수렴하는 패턴 1이 발생하면 강한 시세가 분출된다.

- 이동평균선 4개가 수렴했다는 것은 이미 가격 조정과 기간 조정을 충분히 받았다는 뜻이다.

- 패턴 1은 자주 발생하지 않기 때문에 매수 타이밍을 놓치면 안 된다.

- 상승추세에서도 깊은 가격 조정을 받고 기간 조정을 받으며 다시 추세를 확장한다.

- 패턴매매기법은 국내뿐만 아니라 해외 상품에도 동일하게 적용된다.

조우태의 Tip

- 이동평균선 4개가 수렴하는 패턴 1은, 단기적으로 횡보하더라도 중기 이후 강한 추세 전환으로 이어질 가능성이 크다.

이동평균선 3개만 제대로 수렴해도 위든 아래든 강한 힘이 분출된다. 그런데 이동평균선 4개가 동시에 수렴하면 충분한 기간 조정을 받아서 아주 강한 시세가 분출된다. 150일 이동평균선은 6개월 이상의 장기 이동평균선이다. 150일 이동평균선마저 함께 수렴했다는 것은 이미 가격 조정과 기간 조정을 6개월 혹은 그 이상 받았다는 뜻이다.

상승추세가 확연한 종목이 이미 깊은 가격 조정을 받은 상황에서 오랫동안 바닥을 다진다면 주가는 당연히 상승할 수밖에 없다. 주가 1만 원 이상, 일평균 거래량 50만 주 이상의 상승추세에 놓여 있는 종목에서 충분한 가격 조정과 기간 조정을 받아 이동평균선 4개가 동시에 수렴하는 패턴 1이 발생하는 상황이라면 머뭇거리지 말고 과감히 매수해야 한다.

오른쪽 페이지의 삼성화재우의 경우, 2024년 9월에 고점을 찍은 이후 주가가 33일과 75일선을 차례로 붕괴시키며 150일 이동평균선까지의 아주 깊은 가격 조정을 받았다. 그러나 150일 이동평균선에서 기존 추세를 확장하는 매수 디버전스를 보인 뒤, 4개의 이동평균선이 동시에 수렴하는 패턴 1과 300일 이동평균선의 수렴이 겹치면서 주가가 전고점을 훌쩍 뛰어넘는 아주 강한 상승세를 나타냈다.

첫 번째 매수 타이밍은 150일 이동평균선에서 지지하는 매수 디버전스, 패턴 2이며, 두 번째 매수 타이밍은 이동평균선 4개가 수렴하는 패턴 1이고, 세 번째 매수 타이밍은 강하게 발산하는 주가가 300일 이동평균선에서 지지하며 다시 추세를 확장하는 패턴 2이다. 상승추세에서 깊은 가격 조정을 받고, 기간 조정을 받은 후 다시 기존 추세를 계속 확장하는 것을 알 수 있다.

국내 주식, 해외 주식, 국내 선물, 해외 선물은 거래 시간과 레버리지가 서로 다르지만, 그 외에는 크게 다르지 않다. 즉, 매매기법 한 가지를 완성하면 동일한 방법으로 모든 상품을 거래할 수 있다.

2024년 11월에 150일 이동평균선에서 매수 디버전스를 완성하고, 2025년 2월에 패턴 1이 발생했지만 가격 조정을 받고, 2025년 4월에 300일 이동평균선에서 지지를 받고 강하게 추세를 확장했다.

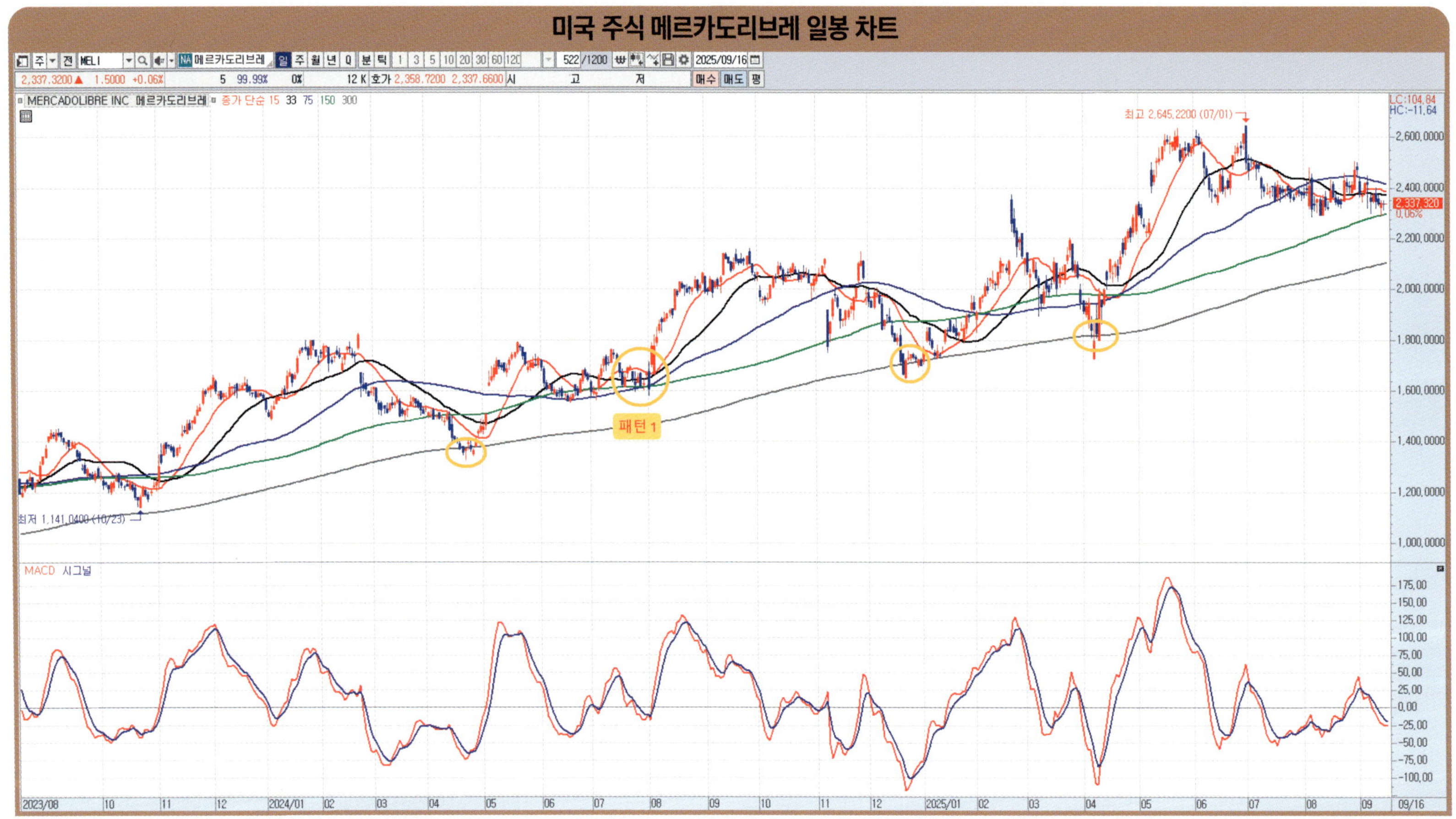

패턴 1과 300일 이동평균선 지지를 보이며 기존 추세를 확장하고 있다.

분봉 차트의 패턴 1로 선물옵션에서 수익을 얻을 수 있다

선물옵션에서는 5분봉, 15분봉, 30분봉, 60분봉 차트에 모두 패턴 1이 적용된다.
이때 하위 차트에서 상위 차트로 갈수록 발산하는 힘이 강하게 작용한다.

장영한의 1분 카페 

- 선물과 옵션 투자에서는 분봉 차트에서의 패턴 1로 매매할 수 있다.
- 주봉 차트, 일봉 차트, 분봉 차트는 서로 유기적인 관계를 맺고 있다.
- 매매기법 한 가지를 주봉 차트, 일봉 차트, 분봉 차트에 동일하게 적용할 수 있다.
- 하위 차트에서 상위 차트로 갈수록 패턴 1의 파워가 강하다.
- 상위 차트와 하위 차트의 관계를 정립시키면 투자에 많은 도움이 된다.

조우태의 Tip

- 분봉 차트를 무시하는 순간, 타이밍을 잃는다.
- 일봉은 방향을 보여주지만, 분봉은 그 방향으로 들어가는 문을 보여준다.

주식 투자에서는 주봉 차트와 일봉 차트의 패턴 1로 매매를 구사할 수 있지만, 레버리지가 높은 선물과 옵션 투자에서는 분봉 차트를 통해 패턴 1로도 매매를 구사할 수 있다. 만일 주봉 차트, 일봉 차트, 분봉 차트가 서로 다른 패턴과 흐름을 보인다면 투자자들은 상당한 혼란에 빠질 것이다. 하지만 주봉 차트, 일봉 차트, 분봉 차트는 서로 유기적으로 관련을 맺고 있다.

주봉 차트의 패턴이 일봉 차트에서도 동일하게 적용되며, 일봉 차트의 패턴이 분봉 차트에서도 동일하게 적용된다. 따라서 주가가 상승하고 하락하는 이치와 패턴을 발견해 매매기법을 완성시키면 주봉 차트, 일봉 차트, 분봉 차트에서 모두 동일하게 적용할 수 있다. 다만 주봉 차트와 같이 긴 시간 단위의 차트로 매매하는 투자자는 여유로운 매매가 가능해야 하며, 분봉 차트와 같이 짧은 시간 단위의 차트로 매매하는 투자자는 발 빠른 매매가 가능해야 한다.

선물옵션에서는 5분봉 차트에서도 패턴 1이 적용되고 15분봉, 30분봉, 60분봉 차트에서도 패턴 1이 적용된다. 중요한 사실은 하위 차트에서 상위 차트로 갈수록 발산하는 힘이 강하고, 상위 차트에서 하위 차트로 갈수록 힘이 약하다는 점이다. 다시 말해, 일봉 차트에서의 패턴 1이 분봉 차트에서의 패턴 1보다 강하다. 따라서 하위 차트의 패턴 1은 목표치도 상위 차트의 패턴 1에 비해 작을 수밖에 없다.

선물 60분봉 차트에서 15, 33일 이동평균선이 제대로 수렴하면 그 하위 차트인 30분봉 차트에서는 15, 33, 75일 이동평균선이 수렴한다. 그리고 선물 30분봉 차트에서 15, 33일 이동평균선이 제대로 수렴하면 그 하위 차트인 15분봉 차트에서는 15, 33, 75일 이동평균선이 수렴한다. 상위 차트와 하위 차트를 제대로 이해하면 선물옵션 투자에 큰 도움이 된다.

코스피 선물 15분봉 차트(2025년)

2025년 10월 22, 29일에 이동평균선 3개 이상이 한곳에 수렴하는 패턴 1
이 발생했다. 주식 투자에서는 분봉 차트상 패턴 1로 매수하지 않지만, 선물
옵션에서는 분봉 차트상 패턴 1로 진입이 가능하다.

주식 투자 10계명을 실천하라

모든 투자는 본인을 믿고 하는 것이다. 그러기 위해서는 경험과 본인의 원칙과 기준이 생겨야 한다. 10계명을 기준으로 제시한다.

장영한의 1분 카페 

1. 손절은 생명선이다.

2. 포지션 진입과 동시에 손절을 설정하라.

3. 호가창 보고 단타 매매를 하지 마라.

4. 기다림도 투자다.

5. 매매는 자기 자신과의 싸움이다.

6. 농사짓듯 포지션 관리를 하라.

7. 내 팔자는 내가 고친다.

8. 자린고비 정신으로 매매하라.

9. 구슬이 서 말이라도 꿰어야 보배다.

10. 매매에 미쳐야 성공한다.

1. 손절은 생명선이다

- 주식 매매는 예측인가? 관리인가? 매수 후 보유는 나만 알고 있는 기술인가? 열 번 죽었다가 깨어나도 30초 뒤의 일을 알 수 있는가? 계룡산에서 30년 도를 닦으면 1분 뒤의 일을 알 수 있는가?

- 위험관리(Risk Management)는 머니게임(Money Game)과 경영학의 핵심이다.

2. 포지션 진입과 동시에 손절을 설정하라

- 우리나라의 주식 인구는 1,400만 명을 넘어 1,500만 명을 향하고 있다. 주식을 사는 사람들 중에서 내가 사는 주식이 하락할 거라고 예측하며 사는 사람이 있을까?

- 주식이 상승하는 것은 걱정할 거리가 아니다. 누구나 자신이 매입한 주식이 상승하면 행복하다. 문제는 반대의 경우다. 과연 반대의 경우에 개미 투자자는 어떤 대응책이나 관리 방법을 가지고 있을까? 사업에서도 '역발상'이 중요하다. 남들이 생각하지 못하는 것을 실천하거나 계획했던 대로 일이 진행되지 않았을 경우에 대비해 대표이사는 철저한 준비를 해야 한다.

3. 호가창 보고 단타 매매를 하지 마라

- 하루에 한두 번의 의사결정을 하는 사람과 하루에 수십 회의 의사결정을 하는 사람이 있다면 어떤 사람이 스트레스를 더 많이 받을 것인가?

- 초보자들은 유혹당하기 쉽다. 변동성이 큰 주식을 보면서 빠르게 움직이는 가격을 보고 있노라면 그것들을 모두 자기 돈으로 만들 수 있다는 착각에 빠진다. 움직임이 빠른 시냇가에서 있으면 고기들이 많이 보인다. 그러나 결코 아무 준비 없이 손으로 고기를 잡을 수는 없다. 힘들겠지만 감정적으로 매매하는 것을 피해야 한다. 그러도록 훈련을 해야 한다.

4. 기다림도 투자다

- 대부분의 사람이 "전문가님, 정확한 매수·매도 타이밍을 알고 싶습니다. 그런 시점 좀 알려주세요"라고 아무 생각 없이 물어본다. 그런데 지구상에 그것을 아는 사람이 단 한 명이라도 있을까?
- 시장은 무심히 흘러간다. 가격 또한 그렇다. 수없이 많은 매수와 매도의 집합점들이 반복되며 가격을 위아래로 이끌어간다. 스나이퍼(저격수)는 한 번의 타이밍을 위해 그 자리에서 대소변을 받아가며 목표물을 기다린다. 그러한 인내심을 길러야 한다. 성격까지도 바꿔야 하는 고된 훈련이 필요하다.

5. 매매는 자기 자신과의 싸움이다

- 주식 시장에서 '갑'은 누구이며, 또 '을'은 누구인가? 주식 매매를 하는 주체는 누구인가?
- 주식 매매를 하는 종국적인 행위자, 즉 매수·매도를 하는 구체적인 행위자는 바로 사람이다. 사람이 하는 일이기에 거기에는 심리가 존재한다. 감정적인 인간에서 기계적인 매매자로 다시 탄생하기 위해 새로운 습관을 몸으로 익혀야 한다. 습관을 바꾸는 것은 매우 어렵다. 하지만 습관이 바뀜으로써 운명이 바뀌게 되고

기회를 잡을 준비가 된다.

6. 농사짓듯 포지션 관리를 하라

- 주식 시장에는 2가지의 '일'이 있다. 하나는 아무리 노력해도 할 수 없는 일에 매달리는 것이고, 나머지 하나는 노력하면 할수록 또는 훈련하면 할수록 잘할 수 있는 일이다. 여러분은 어느 것을 선택하겠는가? 전자는 '예측'이며, 후자는 '관리'다.
- 포지션을 갖는다는 의미는 가격 하락 리스크에 노출된다는 뜻이다.
  리스크, 즉 위험은 예측의 대상이 아니라 지속적인 관리를 함으로써 줄이거나 없애는 것이다. 지속적인 관리를 해야 한다는 것은 농부가 씨를 뿌리고 꾸준한 정성을 들이는 것과 비교해도 손색이 없다는 의미다. 아니, 어쩌면 농부보다 더 철저히 관리해서 위험을 없애고 종국적으로는 이익을 관리하는 수준까지 훈련해야 한다. 그것이 관리의 핵심이다.

7. 내 팔자는 내가 고친다

- 전문가가 여러분이 죽을 때까지 공짜로 종목을 계속 찍어줄 수 있는가? 종목 하나를 잘 받으면 여러분들이 평생 먹을 돈이 나오는가? 현대자

동차그룹 명예회장인 정몽구 회장도 자기 회사
주가가 어찌 될지 모르는데, 임원이나 부장이
전해주는 내부 정보로 한몫 챙길 수 있겠는가?
- 내 돈의 주인은 '나'다. 전문가도, 증권사 지점
장인 내 친구도 모두 내 돈에 책임을 지지 않는
다. 그 말의 의미를 정확히 이해하라. 모든 투
자의 책임은 나에게 있기 때문에 '나' 이외의
누군가를 신뢰해 타인의 의견으로 투자하는 것
은 미친 짓이다. 내 의견이 없다면, 나의 전략
이 없다면, 매매를 포기하라. 욕심으로만 투자
해서는 안 된다. 100% 쪽박이다.

8. 자린고비 정신으로 매매하라

- 시장에서 돈을 가지고 있는 주체는 '나'인가,
'시장'인가?
- 돈은 내가 가지고 있다. 시장에서 주체는 외
국인, 기관이 아니라 바로 '돈'을 가지고 있는
'나'다. 시장 그 자체도 아니다. 돈을 가지고 있
는 사람은 '갑'이다. 절대 시장에 질질 끌려 다
니지 말라. 항상 '갑'의 자세로 시장에서 우위
를 점하는 투자자가 되자.

9. 구슬이 서 말이라도 꿰어야 보배다

- 책에서 배운 30년 장인의 지식과 경험까지 내
것으로 만들 수 있을까? 매매는 지식의 축적만
으로 가능한 것인가? 머리가 좋거나 학벌이 좋
으면 매매에서 돈을 벌 수 있는가?
- 투자의 주체인 '나'는 오직 본인의 경험으로만
판단하고 투자에 임해야 한다. 머리에 들은 학
문은 투자에 아무 의미가 없다. 시장에서는 경
험, 그것도 제대로 된 투자 경험만이 나를 살려
줄 것이다. 오직 나의 경험만이 나를 살릴 것이
며, 다른 사람이 아닌 '내'가 경험하고 시장의
모든 상황을 스스로 체계화해서 나의 답으로
만들어가야 한다. 내 경험만이 나의 스승이다.

10. 매매에 미쳐야 성공한다

- '주식이나 한번 해볼까?' 하는 자세로 매매에
접근하는 사람이 성공할 수 있을까? 등 떠밀려
서 하는 일이 재미가 있을까?
- 모든 분야에서 자신의 일을 즐기며 하는 사람
은 아름다울 뿐만 아니라 행복하다. 위험을 두
려워하지 않고 즐기며 관리하는 사람은 결국
돈을 번다.

PART 07

패턴 1, 최적의 매매 타이밍은 따로 있다

패턴 1의 매수 타이밍은 주가가 제반 이동평균선을 강하게 돌파할 때이며, 손절매는 주가가 제반 이동평균선을 붕괴시킬 때다. 이동평균선이 수렴했다고 해서 모두 상승하는 것은 아니기 때문에 좋은 패턴 1을 판별할 줄 알아야 한다. 기간 조정인 패턴 1은 주로 깊은 가격 조정인 패턴 2 이후에 발생한다. 그리고 패턴 1 이후에는 15일 이동평균선을 지지하고 상승하는 경향이 있다. 따라서 패턴 1, 2, 3을 모두 익히면 언제든지 좋은 시점에서 매매가 가능하다. 좋은 패턴 1은 추세가 확연하고 차트도 깔끔하며, 가격 조정 이후 저점을 꾸준히 높이는 가운데 이동평균선이 수렴한 상태다. 그러나 100% 성공하는 매매기법은 없기 때문에 매수 이후 손절매는 필수다.

분봉 차트상 패턴 1로
주식 투자를 해서는 안 된다

**분봉 차트의 패턴으로 매매하면 소탐대실하게 된다.
한편 선물과 옵션 투자에서는 분봉 차트의 패턴 1이 아주 유용하다.**

장영한의 1분 카페 

- 주봉 차트와 일봉 차트를 함께 놓고 차트를 분석하면 효과적이다.

- 주식 투자는 분봉 차트에서의 패턴 1, 2, 3으로 매매하지 않는다.

- 선물과 옵션 투자에서는 분봉 차트의 패턴 1이 아주 유용하다.

- 5분봉 차트의 패턴 1은 선물보다는 차라리 레버리지가 큰 옵션으로 배팅하는 것이 낫다.

- 옵션은 매우 위험한 상품이기 때문에 수익금 범위 내에서 투자하는 것이 바람직하다.

주식 투자의 기준 차트는 일봉 차트다. 그러나 1년가량의 일봉 차트만 놓고 차트 분석을 한다면 상승추세에서 150일 이동평균선을 붕괴시키는 깊은 하락조정을 하락추세로 잘못 판단할 수 있고, 상승추세의 오랜 기간 조정을 비추세로 오해할 가능성도 있다. 따라서 주봉 차트와 일봉 차트를 함께 놓고 차트를 분석하는 것이 좋다. 특히 주봉 차트에서의 패턴 1과 패턴 2로 매수한 후 장기보유하면 큰 수익을 올릴 수 있다.

분봉 차트의 패턴으로 주식 투자를 해서는 안 된다. 왜냐하면 분봉 차트에서 패턴 1, 2, 3의 매매기법이 잘 들어맞는다고 해도 리스크 대비 리턴이 적고, 자칫 잘못하면 데이 트레이딩으로 빠질 위험이 높기 때문이다.

한편 선물과 옵션 투자에서는 분봉 차트의 패턴 1이 아주 유용하다. 그 이유는 선물과 옵션이 주식에 비해 레버리지가 훨씬 높고 세금이 없으며, 한

두 호가만 상승해도 수익이 생기기 때문이다. 그렇다고 해서 아무 때나 매매하면 곤란하다. 선물 30분봉 차트나 60분봉 차트에서 투자 전략을 세우고, 하위 차트인 15분봉 차트나 5분봉 차트로 진입 시점을 포착해야 한다.

5분봉 차트에서의 패턴 1은 선물보다는 차라리 옵션으로 배팅하는 것이 낫다. 5분봉 차트는 아주 짧은 시간의 차트이기 때문에 추세를 확장한다고 해도 수익이 그리 크지 않다. 따라서 선물보다 레버리지가 훨씬 큰 옵션으로 배팅하는 것이 수익을 충분히 챙길 수 있는 방법이다. 다만 옵션은 방향이 틀릴 경우 언제든지 반 토막이 날 가능성이 있기 때문에 수익금 범위 내에서 투자하는 것이 좋다.

선물은 3개월마다 만기가 도래하지만, 옵션은 1개월에 한 번 만기가 도래한다. 게다가 옵션은 시간가치와도 싸워야 한다. 따라서 옵션으로 오래 보유하는 것은 휴지가 되는 지름길이다.

코스피 선물 30분봉 차트

2025년 9월 4일, 이동평균선 3개 이상이 한곳에 수렴 후 상승하는 패턴 1
이 발생했다. 주식 투자에서는 분봉 차트상 패턴 1로 매수하지 않지만, 선물
옵션에서는 30분봉 혹은 60분봉 차트에서도 패턴 1로도 진입이 가능하다.

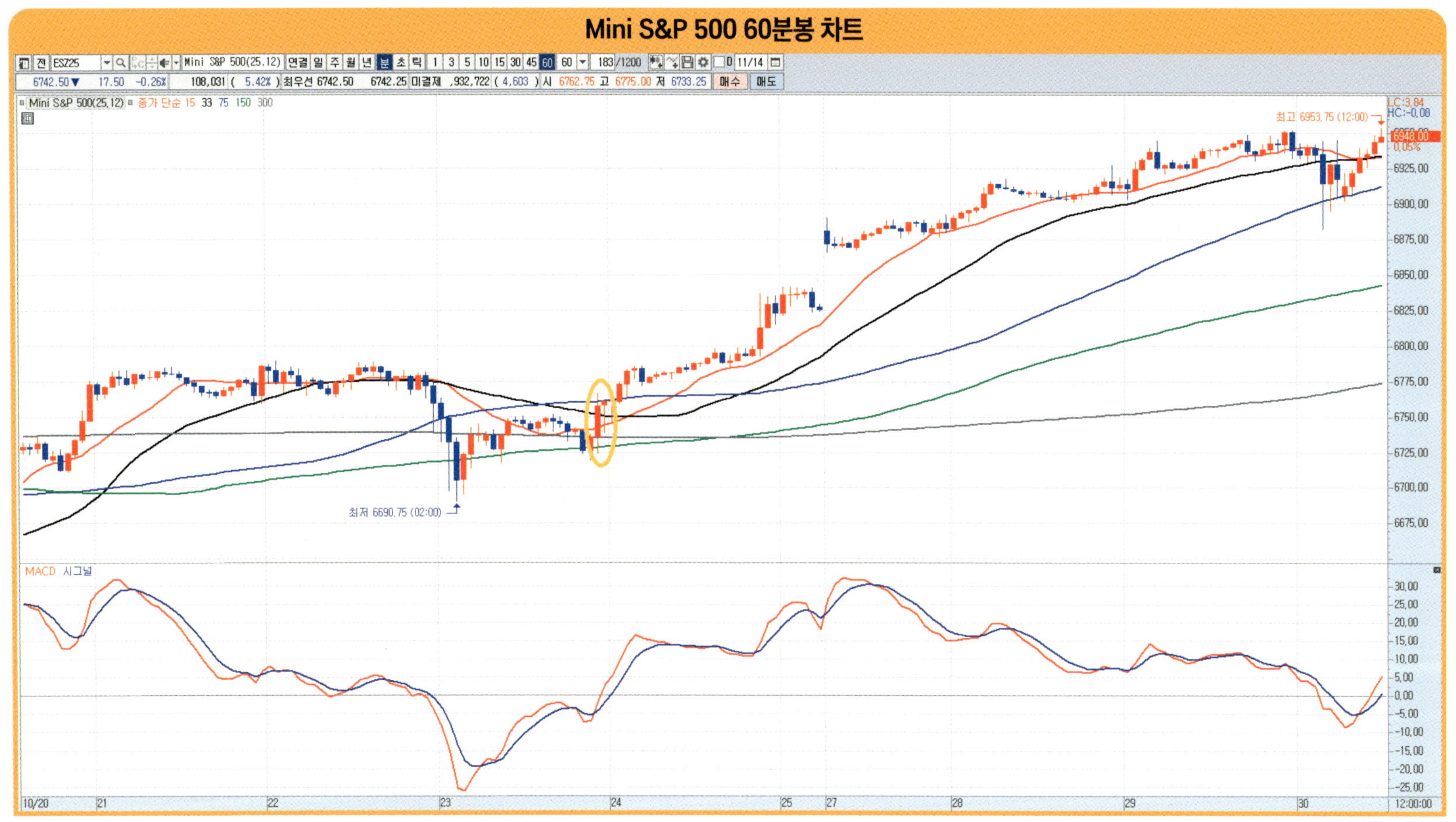

2025년 10월 23일, 이동평균선 3개가 한곳에 수렴하는 패턴 1이 발생 후 가격이 상승하고 있다.

선물옵션에서는 5분봉, 15분봉 차트의 패턴 1로도 고수익이 가능하다

선물옵션의 경우 일봉 차트를 참조하되 60분봉과 30분봉 차트에서 투자 전략을 세워야 한다.
그리고 구체적인 매매 타이밍은 15분봉과 5분봉 차트에서 포착한다.

장영한의 1분 카페 

- ⊙ 국내 코스피선물 및 국채선물은 30분봉 차트가 기준 차트다.
- ⊙ 선물옵션은 일봉에서 추세를 판단하고, 30분봉 차트에서 투자 전략을 세우며, 15분봉과 5분봉 차트에서 진입한다.
- ⊙ 코스피선물은 주식의 약 6.6배의 레버리지가 있고, 옵션은 선물의 수배 혹은 수십 배의 레버리지가 있다.
- ⊙ 레버리지가 반드시 좋은 것만은 아니다. 레버리지가 높을 경우 방향을 정확히 맞추면 큰 수익을 얻을 수 있지만, 방향을 잘못 맞추면 한꺼번에 투자금 전액을 날릴 수 있다.

조우태의 Tip 

- ⊙ 해외 선물이라고 다를 게 없다.

패턴매매기법에서는 통화선물의 경우 60분봉 차트, 코스피선물 및 국채선물의 경우 30분봉 차트를 기준 차트로 삼고 있다. 주식처럼 일봉 차트를 기준으로 삼아 거래하기에는 레버리지가 워낙 크기 때문이다. 만약 일봉 차트를 기준으로 코스피선물을 매수한다면, 단 한 번의 배팅으로 투자 금액의 10~15%를 잃을 수도 있다. 이렇게 세 번 연속 손실을 보게 되면 마진콜을 당할 위험이 있고, 원금을 회복하는 것 또한 쉽지 않다.

패턴매매기법에서 선물옵션 투자를 할 경우 일봉 차트를 참조하되, 60분봉과 30분봉 차트에서 투자 전략을 세우고, 구체적인 매매 타이밍은 15분봉과 5분봉 차트에서 포착한다. 그리고 선물옵션의 패턴 3과 패턴 2는 30분봉 또는 60분봉 차트에서 패턴이 발생할 경우에만 매매하지만(주로 패턴 2로 매매), 패턴 1의 경우에는 독립적으로 매매할 수 있다. 다시 말해 30분봉 차트에서는 특별한 패턴이 없어도 15분봉과 5분봉 차트의 패턴 1로 매매할 수 있다.

다음 페이지에 나오는 코스피 선물의 15분봉 차트를 보면 2025년 10월 22일에 패턴 1을 형성하며 계속해서 상승추세를 보이고 있다. 이때 60분봉 차트와 30분봉 차트에서도 패턴 1이 발생하면 훨씬 높은 수익을 기대할 수 있다.

코스피 선물의 5분봉 차트를 보면 2025년 10월 31일 패턴 1이 발생하며 상승추세를 확장했다. 5분봉 차트의 패턴 1로도 선물 투자가 가능하지만 5분봉 차트에서의 수렴은 5분봉 차트 정도의 발산밖에 나오지 않기 때문에 차라리 선물보다 레버리지가 훨씬 큰 옵션에 배팅하는 것이 좋다. 코스피선물은 주식의 약 6.6배에 해당하는 레버리지가 있고, 옵션은 선물의 수배 혹은 수십 배의 레버리지를 이용할 수 있기 때문이다.

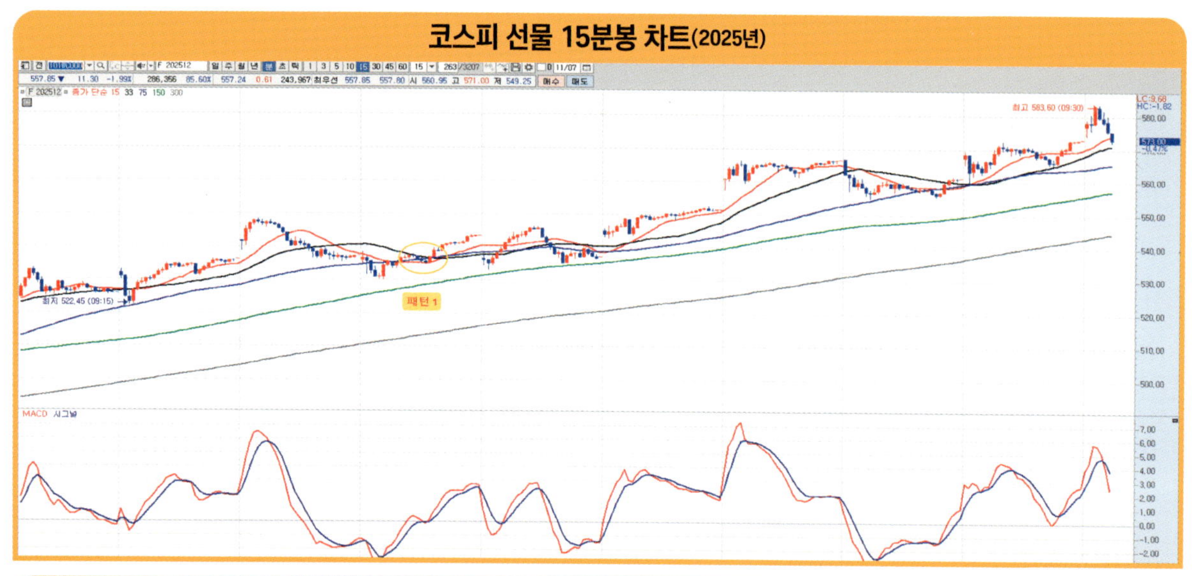

코스피 선물 15분봉 차트(2025년)

10월 31일 오전 10시 반경 이동 평균선 3개 이상이 한곳에 수렴하는 패턴 1이 발생했다. 선물로 매수 포지션을 취할 수 있는 좋은 기회다.

코스피 선물 5분봉 차트(2025년)

5분봉 차트 또한 패턴 1이 발생했다. 수익금 범위 내에서 옵션으로 배팅할 수 있는 좋은 타이밍이다.

패턴 1을 놓치면 15일 이동평균선상 패턴 3을 공략하자

패턴 1에서 매수 타이밍을 놓쳤다면 15일 이동평균선상 패턴 3에서 매수해야 한다.
이동평균선 하나의 지지를 받는 것보다 전고점 또는 의미 있는 가격대와 맞물렸을 때 성공 확률이 더 높다.

장영한의 1분 카페 

- 패턴 1을 완성하고 강하게 발산할 때 15일 이동평균선의 지지를 받는 경우가 많다.

- 15일 이동평균선과 전고점이 서로 맞물리면 지지 가능성은 훨씬 높아진다.

- 패턴 1로 발산한 이후 하락조정 시 15일 이동평균선을 붕괴시키면 33일 이동평균선에서 다시 매수 타이밍을 포착한다.

- 일봉 차트에서 15일 이동평균선 지지가 예상된다면 60분봉 차트에서는 75일 이동평균선, 30분봉 차트에서는 150일 이동평균선에서 매수를 준비해야 한다.

- 60분봉 차트에서 변곡점 1개로 75일 이동평균선 지지 시, 30분봉 차트에서는 150일 이동평균선을 지지하는 변곡점 2개의 매수 디버전스가 나올 수 있다.

패턴 2 이후 패턴 1이 완성되고 발산하는 시점에서 잠깐 주저하는 사이에 주가가 이미 한참 상승해 있거나, 매수할까 말까 고민하는 사이에 이미 주가가 급등해 매매시점을 놓치는 경우가 많다. 이렇듯 패턴 1을 놓쳤을 경우에는 무작정 추격 매수를 하는 것보다 상승 후 쉬어가는 국면을 노리는 것이 좋다. 즉, 패턴 1이 완성되고 강하게 발산하면 15일 이동평균선에서 매수 타이밍을 포착해야 한다.

다음 페이지에 나오는 CJ의 일봉 차트를 보면 2025년 2월 저점을 만든 뒤, 3월에 패턴 1이 형성되면서 차트는 상승추세로 전환되기 시작했다. 이후 8월에 주가가 75일 이동평균선까지 조정을 받았지만, 이동평균선의 지지를 받으며 다시 상승추세를 이어갔다.

패턴 1에서 매수 타이밍을 놓쳤다면 15일 이동평균선 패턴 3에서 매수해야 하는데, 이동평균선 하나의 지지를 받는 것보다는 전고점 또는 가격대와 맞물렸을 때 성공 확률이 더 높다. 간혹 패턴 1이 완성되었는데도 15일 이동평균선을 지지하지 않고 33일 이동평균선까지 하락하는 흐름이 발생하기도 하는데, 15일 이동평균선에서 손절되면 33일 이동평균선에서 다시 매수 타이밍을 포착해야 한다.

15일 이동평균선의 지지가 예상된다면 60분봉 차트에서는 75일 이동평균선, 30분봉 차트에서는 150일 이동평균선 부근에서 지지가 예상된다. 그래서 일봉 차트에서 15일 이동평균선 패턴 3의 매수 타이밍을 포착하려면 60분봉과 30분봉 차트를 동시에 놓고 60분봉 차트의 75일 이동평균선 부근에서 변곡점 1개로 상승하지는 않는지, 30분봉 차트에서 매수 디버전스가 발생하지는 않는지를 반드시 체크해야 한다.

2025년 2월, 패턴 1을 완성한 후 주가는 상승했다. 패턴 1 발산 후에는 15일, 33일 이동평균선 지지 가능성이 큰데, 8월에 75일 이동평균선의 지지를 받고 다시 상승추세를 확장했다.

패턴 2 + 150일 이동평균선 지지 형태다.

패턴 1일 때 MACD가 패턴 3의 모습을 보이면 성공 확률이 높다

MACD선이 0선에 위치하는 때는 단기와 장기 이동평균선이 서로 크로스할 때다.
골든크로스와 데드크로스를 하려면 위든, 아래든 강한 힘이 있어야 한다.

장영한의 1분 카페 

- 이동평균선이 수렴하면 단기 이동평균선과 장기 이동평균선의 이격이 좁혀져 MACD는 대부분 0선 근처에 위치하게 된다.

- 패턴 3의 MACD 형태를 취하면 패턴 1의 경우보다 강한 상승 분출이 예상된다.

- MACD선이 0선 위에 있을 때 기준선인 0선은 지지 역할을 한다.

- MACD선이 0선 아래에 있을 때 기준선인 0선은 저항 역할을 한다.

- 주가 상승 시 데드크로스도 쉽지 않고, 한번 데드크로스가 발생하면 골든크로스도 만만치 않다.

조우태의 Tip 

- 상승추세일 때 가끔 나타난다. 빈도는 높지 않지만, 나타날 때마다 신뢰도가 높다.

15, 33, 75일 이동평균선이 한곳에 수렴하는 패턴 1이 나타나면, 단기 이동평균선과 장기 이동평균선의 이격이 좁혀져 MACD가 대부분 0선 근처에 위치하게 된다. 그런데 주가가 패턴 1을 완성하며 강하게 상승하면, MACD 또한 0선에서 돌파하든지, 0선에서 바로 상승하든지, 아니면 0선에서 N자 형태로 상승한다.

간혹 패턴 1 발생 시 MACD가 0선 근처에서 추세를 확장하는 패턴 3의 모습을 보일 때가 있다. 이런 모습이 나타나는 이유는 패턴 1이 발생하기 전에 주가가 먼저 상승해 이동평균선들의 매물을 소화한 이후 다시 이동평균선까지 하락하면서 패턴 1을 완성했기 때문이다. 위에 놓여 있는 이동평균선들은 저항 역할을 하는데 1차로 이동평균선들의 매물을 소화하고, 다시 주가가 이동평균선을 돌파하면 그만큼 상승탄력이 좋아진다.

MACD선이 0선 아래에 놓여 있을 경우 위에 놓여 있는 0선은 저항 역할을 하고, MACD선이 0선 위에 놓여 있을 경우, 아래에 놓여 있는 0선은 지지 역할을 한다. MACD선이 0선에 위치하는 경우는 단기 이동평균선과 장기 이동평균선이 서로 크로스할 때다. 골든크로스와 데드크로스를 하려면 위든, 아래든 강한 힘이 있어야 한다. 따라서 주가가 상승할 때는 데드크로스도 쉽지 않고, 한번 데드크로스가 발생하면 골든크로스도 만만치 않다.

오른쪽 페이지의 현대로템의 경우 패턴 1 이후 패턴 3을 완성하며 강력하게 전고점을 돌파했다. 오랜 기간의 전 고점을 패턴 1로 돌파한 종목은 짧게 이익을 실현하고 나오면 땅을 치고 후회하게 된다.

패턴 1 이후에 패턴 3을 완성하며 기존 추세가 강하게 상승했다. 이때 MACD의 패턴 3을 보여주고 있는데, 이와 같이 패턴 1이 발생했을 때 MACD가 패턴 3의 모습을 보이면 상승의 힘이 배가 된다.

2024년 11월, 패턴 1이 형성된 이후 주가는 전고점을 돌파하며 상승세를 이어갔다. 이후 전고점 아래로 조정을 받았지만 다시 반등에 성공하며 상승 흐름을 지속했다.

상위 차트는 무조건 하위 차트에 우선한다

**상위 차트에서는 상위 차트의 파동만큼 상승하고 하락한다.
하락 차트에서는 하위 차트의 파동만큼 상승하고 하락한다.**

장영한의 1분 카페 

- ➔ 주봉 차트는 일봉 차트의 상위 차트이고, 일봉 차트는 분봉 차트의 상위 차트다.

- ➔ 상위 차트의 패턴이 하위 차트의 패턴보다 강하고 오래 지속된다.

- ➔ 패턴이 발생해 매수했다면 가능한 한 장기간 보유해야 한다.

- ➔ 손실을 참는 것보다 이익을 참는 것이 훨씬 더 어렵다.

- ➔ 손실은 길게 보유하고, 이익은 빨리 실현하면 절대로 수익을 낼 수 없다.

조우태의 Tip 

- ➔ 상위 차트와 하위 차트를 함께 보는 습관을 길러라.

주봉 차트는 일봉 차트의 상위 차트이고, 일봉 차트는 분봉 차트의 상위 차트다. 패턴 2, 패턴 3도 물론이거니와 패턴 1 또한 상위 차트의 패턴 1이 하위 차트의 패턴 1보다 강하고 오래 지속된다. 상위 차트에서는 상위 차트의 파동만큼 상승하고 하락하며, 하위 차트에서는 하위 차트의 파동만큼 상승하고 하락한다. 따라서 상위 차트와 하위 차트에서 패턴이 발생하면 상위 차트에 더 중점을 두어야 한다.

가령 주봉 차트에서 패턴 1이 발생한 종목, 일봉 차트에서 패턴 1이 발생한 종목, 일봉 차트에서 패턴 1이 발생한 종목이 있다면, 주봉 차트의 패턴 1에 주목해야 한다. 선물옵션의 경우에는 5분봉 차트에서 패턴 1이 발생할 때보다 30분봉 차트에서 패턴 1이 발생할 때를 더 주목해야 한다. 상위 차트의 패턴 1은 하위 차트의 패턴 1보다 출현 빈도수는 적지만 훨씬 강하고 오래 지속되기 때문이다.

다음 페이지에 나오는 성우하이텍의 주봉 차트를 보면, 상승추세에서 깊은 하락조정을 받은 후 오랫동안 기간 조정을 거치면서 2023년에 패턴 1이 발생했다. 2023년 패턴 1 완성 이후에는 6개월 동안 3배가 넘는 엄청난 상승을 보였다. 그러나 패턴 1에서 제대로 매수했어도 오래 보유하지 않는다면 결코 좋은 수익을 거둘 수 없다.

일반 투자자들은 손실을 참는 것보다 이익을 참는 것을 훨씬 더 어렵게 느낀다. 가장 큰 이유는 추세와 패턴을 믿지 못하고, 자신의 매매기법에 아직 확신이 없기 때문이다. 손실은 길게 보유하고, 이익은 빨리 실현하면 절대로 수익을 낼 수 없다. 이런 문제점을 개선하려면 패턴이 발생했을 때 소액으로 매수한 후 목표를 세워 실천하는 것이 좋다. 이러한 방식을 자주 실행하면 자신만의 투자 습관이 형성되고, 인내심도 조금씩 생긴다.

국내 주식 성우하이텍 주봉 차트

2023년도 주봉 차트에서 패턴 1이 발생했다. 2023년에 패턴 1이 발생한 이후 주가는 엄청난 상승세를 지속했다. 주봉의 패턴 1이 발생한 이후 주가는 엄청난 상승했다가 다시 가격 조정을 받고 있다. 주봉의 패턴 1이 일봉의 패턴 1보다 강하고, 일봉의 패턴 1이 분봉의 패턴 1보다 강하다.

주봉 차트의 패턴 1이 일봉 차트의 패턴 1보다 폭발력이 훨씬 크다.

상위 차트가 수렴하면
하위 차트도 수렴한다

**상위 차트가 수렴하면 하위 차트도 수렴하고, 하위 차트가 수렴하면 상위 차트도 수렴한다.
단, 이동평균선들의 수치가 서로 연관성이 없고 배수가 아니면 이런 현상은 나타나지 않는다.**

장영한의 1분 카페 

- 상위 차트와 하위 차트는 서로 별개의 것이 아니라 유기적으로 연관을 맺고 있다.

- 동일한 주가의 등락이 하위 차트에서는 빨리 움직이는 것처럼 느껴지고, 상위 차트에서는 느리게 움직이는 것처럼 느껴진다.

- 상위 차트가 제대로 수렴하면 하위 차트도 수렴하고, 하위 차트가 제대로 수렴하면 상위 차트도 수렴한다.

- 이동평균선들의 수치가 서로 연관성이 없고, 배수가 아니면 이런 현상은 나타나지 않는다.

- 상위 차트와 하위 차트의 관계는 패턴 2와 패턴 3에서도 적용할 수 있다.

상위 차트와 하위 차트는 서로 별개의 것이 아니라 유기적으로 연관을 맺고 있다. 즉 월봉 차트, 주봉 차트, 일봉 차트, 분봉 차트는 서로 한 몸이나 마찬가지다. 다만 시간의 길고 짧음으로 인해 주가가 동일하게 오르내려도 하위 차트에서는 빨리 움직이는 것처럼 느껴지고, 상위 차트에서는 느리게 움직이는 것처럼 느껴질 뿐이다.

상위 차트가 수렴하면 하위 차트도 수렴하고, 하위 차트가 수렴하면 상위 차트도 수렴한다. 가령 60분봉 차트에서 15, 33일 이동평균선이 제대로 수렴하면 그 하위 차트인 30분봉 차트에서는 15, 33, 75일 이동평균선이 수렴하게 된다. 또 30분봉 차트에서 15, 33일 이동평균선이 수렴하면 그 하위 차트인 15분봉 차트에서는 15, 33, 75일 이동평균선이 수렴하게 된다. 단, 이동평균선들의 수치가 서로 연관성이 없고 배수가 아니면 이런 현상은 나타나지 않는다.

만일 60분봉 차트에서 15, 33일 이동평균선이 제대로 수렴하면 그 하위 차트인 30분봉 차트에서는 15, 33, 75일 이동평균선이 동시에 수렴하는 패턴 1이 발생한다. 15분봉 차트와 5분봉 차트의 관계에서는 이런 현상이 발생하지 않는데, 그 이유는 60분과 30분, 30분과 15분은 2배의 시간 단위지만, 15분과 5분은 3배의 시간 단위이기 때문이다.

상위 차트와 하위 차트의 관계는 패턴 3과 패턴 2에서도 적용할 수 있다. 예를 들어, 선물 60분봉 차트에서 지수가 33일 이동평균선을 지지하는 패턴 3이 예상된다면, 그 하위 차트인 30분봉 차트는 75일 이동평균선을 지지하는 패턴 2가 예상된다. 선물 30분봉 차트에서 33일 이동평균선을 지지하는 패턴 3이 예상된다면, 그 하위 차트인 15분봉 차트에서는 75일 이동평균선을 지지하는 패턴 2가 예상된다.

가격 조정을 받은 이후 기간 조정을 받으면 이동평균선은 수렴하기 마련인데, 15, 33, 75일 이동평균선이 서로 수렴하고 있는 패턴 1이 발생했다.

60분봉 차트에서 15, 33, 75일 이동평균선이 서로 수렴할 때 30분봉 차트에서는 15, 33, 75일 이동평균선이 수렴하는 패턴 1이 발생했다.

제반 이동평균선을 강력하게 돌파할 때는 매수하라

해당 종목에 강한 매수세가 들어오면 주가는 급등하게 된다.
이는 차트에서 단봉이 아닌 장대봉으로 나타난다.

장영한의 1분 카페 

- 패턴 1의 매수 타이밍은 수렴한 이동평균선들을 강력하게 돌파할 때다.

- 일반적으로 양봉은 매수의 힘이 강한 캔들이고, 음봉은 매도의 힘이 강한 캔들이다.

- 캔들의 형태만 봐도 당일 주가 흐름이 바로 머릿속에 그려질 정도가 되어야 경쟁력을 가진다.

- 패턴매매기법은 추세매매기법이기 때문에 캔들 차트에 큰 비중을 두지는 않는다. 하지만 양봉과 음봉이 무엇인지, 어떤 경우에 봉이 길어지고 짧아지는지, 아랫꼬리는 왜 형성되는지, 윗꼬리는 무엇을 의미하는지 등은 아주 기본적인 증권 상식이기 때문에 알고 있으면 도움이 된다.

패턴 1의 매수 타이밍은 수렴한 이동평균선들을 주가가 강력하게 돌파할 때다. 이때 캔들은 음봉이 아니라 양봉이며, 단봉이 아니라 장대봉인 경우가 많다. 양봉은 주가가 시가 위에 형성되어 있을 때 만들어진다. 아랫꼬리의 길이에 따라 양봉 같은 음봉이 있고 음봉 같은 양봉이 있지만, 일반적으로 양봉은 매수의 힘이 강하고 음봉은 매도의 힘이 강하다.

단봉은 봉의 길이가 짧고, 장대봉은 봉의 길이가 길다. 봉의 길이가 짧다는 것은 당일 주가 흐름이 지지부진한 모습을 보이며, 봉의 길이가 길다는 것은 당일 주가가 흐름이 강한 모습을 보이는 것이다. 따라서 해당 종목에 강한 매수세가 들어오면 주가는 급등하게 되고, 이는 차트상에 단봉이 아닌 장대봉으로 나타난다. 만일 장대봉의 거래량도 전일에 비해 증가하면 보다 강한 매수세가 유입되었다고 볼 수 있다.

오른쪽 페이지의 차트는 오리엔탈정공의 일봉 차트다. 2024년 8월 고점을 형성하다가 300일 근처까지 하락 조정을 받는 패턴 2와 매수 디버전스의 모습을 보이면서 다시 상승했다. 그러나 크게 상승하지는 못하고 300일 이동평균선까지 가격 조정을 받은 뒤 300일 이동평균선의 지지를 받아 강하게 상승했다.

이때 매수 타이밍은 패턴 2, 매수 디버전스와 300일 이동평균선이 맞물리는 2024년 11월 지점에서 포착할 수 있을 것이다.

눈으로만 보지 말고 직접 찾아봐야 한다.

실천과 훈련이 없는 주식 공부는 필패(必敗)다!

국내 주식 오리엔탈정공 일봉 차트

패턴 2 + 매수 디버전스 + 300일 이동평균선이 만난 절호의 기회다.

150일과 패턴 2의 지지 형태다.

주가가 이동평균선을 붕괴할 때 손절매하라

매수를 하기 전에 손절 가격을 명확히 설정해야 한다.
손절은 가급적 의미 있는 가격대 혹은 저점 아래에 놓아야 한다.

패턴 1이 발생하면 매수와 동시에 손절을 HTS 상에 지정해야 한다. 그런데 매수하기에 앞서 어느 가격 아래로 주가가 하락하면 손절매를 하겠다는 투자 전략을 명확히 수립해야 한다. 매수 후 하루나 이틀 동안의 주가 흐름을 보고 손절을 지정하겠다는 나약한 의지로는 주식 시장에서 살아남기 힘들다. 손절매는 생명선이기 때문이다.

손절은 가급적 의미 있는 가격대 혹은 저점 아래에 놓아야 한다. 다음 페이지에 나오는 하이록코리아의 일봉 차트를 보면, 2025년 1월 고점을 기록하고 깊은 하락조정을 받았고, 150, 300일 이동평균선에서 지지되는 패턴 2가 발생했다.

2025년 7월 28일에는 패턴 1을 완성하며 기존 추세를 강하게 확장했다. 7월 28일에 매수했다면 당일 저가가 28,850원이므로 28,850원을 붕괴시키는 하락 흐름이 발생하면, 150일 이동평균선까지 밀릴 수 있기 때문에 28,400원에 놓는 것이 좋다.

매수 이후 41,500원까지 상승했는데도 여전히 손절을 28,400원에 지정하는 것은 곤란하다. 최소한 주가가 다시 하락해도 수수료와 세금을 포함해 본전이 될 수 있는 가격으로 올려놓거나 주가가 상승함에 따라 손절도 상승시켜야 한다.

동일한 가격에 매수해도 손절을 어떻게 상향하느냐, 이익실현을 언제 하느냐에 따라 수익률이 달라진다. 이는 각자의 투자 성향에 따라 다르기 때문에 명확한 기준을 제시하기가 어렵다.

단기로 매매하는 투자자들은 손절을 타이트하게 관리하고 이익실현도 비교적 짧게 하는 것이 좋고, 장기로 매매하는 투자자들은 손절을 여유 있게 관리하고 이익실현도 느긋하게 하는 것이 좋다. 자신의 투자 성향을 먼저 명확히 파악한 후에 손절과 이익실현 기준을 수립하는 것이 중요하다.

2025년 7월 패턴 2 이후 이동평균선 3개 이상이 한곳에 수렴하는 패턴 1이 발생했다. 주가가 모든 이동평균선을 돌파하는 7월 28일에 매수, 손절은 28,400원 아래에 지정하면 된다.

패턴 1 발생 후 상승추세가 이어지는 모습이다.

패턴 2에서 매수하면 누이 좋고 매부 좋다

패턴 2에서 매수하면 자연스럽게 패턴 1과 패턴 3까지 얻을 수 있다.
패턴 2를 놓치면 패턴 1로, 패턴 1을 놓치면 패턴 3으로 매수가 가능하다.

장영한의 1분 카페 

- 기간 조정인 패턴 1이 발생하기 위해서는 먼저 깊은 가격 조정인 패턴 2가 발생해야 한다.

- 패턴 2에서 매수하면 자연스럽게 패턴 1과 패턴 3까지 얻을 수 있는 이점이 있다.

- 깊은 가격 조정을 받는다고 해서 반드시 기간 조정을 거쳐야 하는 것은 아니다.

- 패턴매매기법을 처음 접하는 투자자라면 소액으로 다양한 경험을 쌓는 것이 좋다.

- 다양한 투자 경험을 쌓아 패턴 1, 2, 3 중 자신에게 맞는 매매기법을 찾아야 한다.

기간 조정인 패턴 1이 발생하기 위해서는 먼저 깊은 가격 조정인 패턴 2가 발생해야 한다. 2023년 한화에어로스페이스와 같이 33일 이동평균선까지의 얕은 가격 조정을 받고 오랜 기간 조정을 받으면 이동평균선이 수렴할 수도 있다. 하지만 그런 경우는 아주 드물다.

패턴 1이 발생하기 위해서는 깊은 가격 조정을 반드시 수반해야 한다. 이런 까닭에 패턴 2에서 매수하면 자연스럽게 패턴 1과 패턴 3까지 얻을 수 있는 이점이 있다.

깊은 가격 조정을 받는다고 해서 반드시 기간 조정을 거쳐야 하는 것은 아니다. 기간 조정 없이 V자로 상승하는 경우도 있다. 2024년 12월 현대로템의 사례와 같이 패턴 2 이후 패턴 1을 노리고 있다가 주가가 상승하는 경우에는 마치 닭 쫓던 개지붕 쳐다보는 격이 된다. 따라서 패턴 1, 2, 3을 모두 알고 있어야 하며, 패턴 2를 놓치면 패턴 1로,

패턴 1을 놓치면 패턴 2으로 언제든지 매수할 수 있어야 한다.

오른쪽 페이지에 나오는 대한전선의 일봉 차트를 보면 2025년 4월, 이중바닥과 패턴 2가 동시에 발생하며 강한 추세 분출이 나타났다. 특히 이중바닥 구간에서는 다수의 지지선이 겹쳐 매수 근거가 더욱 확실해진다. 이처럼 이중바닥과 패턴 2가 함께 형성되는 구간은 매수 타이밍으로서 높은 신뢰도를 제공한다. 만약 여기서 패턴 1과 매수 디버전스가 같이 발생했다면 더욱더 좋은 매수 타이밍이다.

보통 매매기법을 바꿀 때 손실을 입는 경우가 많으므로 패턴매매기법을 처음 접하는 투자자라면 소액으로 패턴 1, 2, 3 매매기법을 전부 사용해 투자하는 것이 좋다. 약 3~6개월가량 실전매매를 해보면 자신에게 적합한 매매기법을 찾을 수 있을 것이다.

이중바닥과 패턴 2가 겹쳐 나타나는 순간은 매수 타이밍으로 활용하기 좋은 구간이다.

(매수 타점 : MACD가 시그널 선을 골든크로스할 때)

계속해서 보여지는 패턴 2 + 패턴 1의 양상이 보인다.

매수 타이밍을 놓쳐도 기회는 또다시 온다

패턴 1이 발생했는데 매수를 못했다고 해서 다른 종목에 관심을 쏟는 것은 옳지 않다.
좋은 매수 타이밍은 당일에 끝나지 않고, 다시 매수 기회를 주는 종목이 의외로 많다.

장영한의 1분 카페 

→ 패턴 1의 정확한 매수 타이밍을 놓쳤어도 다시 매수 기회는 많다.

→ 패턴 1을 완성하고 어떻게 추세를 확장하는지 주시하는 것도 대단히 중요한 공부다.

→ 자신만의 관심 종목을 만들어 그 안에서만 매매하는 것이 좋다.

→ 관심 종목은 업종별로 다양하게 구성하되 관리할 수 있는 수량만큼만 편입해야 한다.

→ 관심 종목을 자주 바꾸는 것보다는 1개월에 한 번 또는 2개월에 한 번 업데이트하는 것이 좋다.

조우태의 Tip 

→ 매수 타이밍을 놓쳤다고 실망지 마라. 시장은 늘 새로운 기회를 만들어낸다.

→ 놓친 기회보다 다음 기회를 준비하는 것이 중요하다.

패턴 1이 발생하면 대부분 바로 다음 날부터 상승하기 시작하지만, 다시 한번 저점 매수 기회를 주는 종목도 적지 않다. 물론 바로 상승추세를 확장하는 종목보다는 상승탄력이 떨어질 수 있지만, 그 종목을 매수하고자 하는 투자자에게는 기회가 아닐 수 없다. 따라서 당일 패턴 1이 발생했는데 매수를 하지 못했다고 해서 그 종목을 팽개치고 다른 종목에 관심을 쏟는 것은 옳지 않다. 이와 마찬가지로 패턴 2와 패턴 3도 좋은 매수 타이밍이 당일에 끝나지 않고, 내일 혹은 모레 다시 한번 매수 기회를 주는 종목이 의외로 많다.

패턴 1을 완성하고 어떻게 추세를 확장하는지 주시하는 것도 대단히 중요한 공부다. 자주 종목을 바꾸는 것보다는 20종목, 아니 단 10종목이라도 관심 종목을 만들어 매일매일 주가의 흐름을 관찰하는 것이 좋다.

다음 페이지에 나오는 한화손해보험의 일봉 차트를 살펴보면 2025년 3월에 패턴 1이 형성된 뒤 가격 조정을 거쳤고, 이어 4월에 패턴 2가 발생했다. 이후 5월 다시 패턴 1이 나오면서 추세가 더욱 확장되는 흐름을 보여주었다. 골든크로스 패턴 1의 좋은 매수 타점은 5월 8일인데, 설령 해당 일자에 매수하지 못했어도 바로 다음 날 저가에 매수할 수 있는 좋은 기회를 계속 주고 있다는 것을 차트를 통해 알 수 있다.

관심 종목은 자신이 매일 관리할 수 있는 수량으로 한정하는 것이 좋다. 전업 투자자라면 관심 종목을 업종 또는 테마별로 다양하게 구성하는 것이 좋지만, 일반 투자자들은 업종별로 가장 좋다고 판단되는 약 30~50종목이면 충분하다. 그리고 관심 종목을 자주 바꾸는 것보다는 1개월에 한 번이나 2개월에 한 번 정도 업데이트를 하는 것이 좋다.

2025년 3월에 데드크로스 패턴 1이 발생하고, 4월에 패턴 2가 발생했는데 바로 상승하지 않고 다시 골든크로스 패턴 1이 발생하고 상승했다. 패턴을 놓쳤다고 그 종목을 버려서는 안 된다.

매수 타이밍은 여러 번 온다. 기다리는 습관이 필요하다.

평소의 매매습관이 투자의 성패를 좌우한다

주가가 어느 정도 상승하면 가격을 본전으로 상향시키는 것은 투자자의 기본자세다.
주가가 예상대로 상승할 때 손절을 상향시키는 습관이 계좌를 지켜준다.

장영한의 1분 카페

- 손절은 반드시 지정해야 하고, 주가가 어느 정도 상승하면 손절을 상향해야 한다.
- 주식 투자는 처음부터 끝까지 매매습관이 성패를 좌우한다.
- 우량주라도 손절매를 제때 하지 않으면 큰 손실을 입을 수 있다.
- 모든 주식 투자자의 마음고생은 손절매를 하지 않는 것에서 비롯된다.
- 매매기법도 중요하지만 리스크 관리, 자산운용 노하우 등이 더 중요하다.

조우태의 Tip

- 성실함이 고래가 되는 방법이다.

패턴 1이 발생한 뒤 매수했다고 해서 리스크 관리를 하지 않으면 큰 손실을 입을 확률이 높다. 이는 밭에 좋은 씨앗을 심었기 때문에 비바람이 불어도 걱정 없다며 수수방관하는 것과 같다. 매수 후 자신의 예상대로 잘 상승하는지 꾸준히 주시하고, 어느 정도 상승하면 손절 가격을 본전으로 상향시키는 것은 투자자의 기본자세다.

주식 투자의 성패는 처음부터 끝까지 매매습관이 좌우한다. 손절을 100% 놓는 습관과 주가가 예상대로 상승할 때 손절을 상향시키는 습관이 계좌를 지켜준다.

오른쪽 페이지에 나오는 DL의 일봉 차트를 보면 2024년 6월 고점을 찍은 이후 깊은 하락조정을 받았다. 패턴 1과 패턴 2가 나타났다고 해도 주가는 반드시 상승하는 것이 아니며, 항상 예외와 변수는 존재한다는 점을 기억해야 한다. 만일 추세와 패턴을 믿고 계속 보유했다면 비록 우량주라고 할지라

도 2~3개월 만에 무려 원금의 25% 이상 큰 손실을 입었을 것이다. 주식 시장 상황이 좋아 우량주에 투자하면 단기간 손실을 보더라도 다시 본전 수준으로 주가가 상승하는 경우가 많았지만, 시장이 언제까지나 좋을 수만은 없다. 그리고 매수한 종목이 계속 상승한다는 보장도 없다.

모든 주식 투자자의 고민은 손절매를 하지 않는 것에서 비롯된다. 초보 투자자라도 무조건 손절매는 -5%에 실행하고, 이익실현은 +25%에서 한다면 어떤 매매기법을 사용해도 이익을 낼 가능성이 크다. 물론 매매기법을 제대로 익히고 매매하면 더욱 좋은 결과가 나타난다. 이는 매매기법도 중요하지만, 전체 자산의 얼마를 운용할 것인지, 몇 종목을 편입할 것인지, 손절매는 몇 %에서 끊을 것인지, 어느 정도 수익이 나면 이익실현을 할 것인지 등과 같은 운용과 관리가 더 중요하다는 뜻이다.

2024년 7, 8월에 패턴 1과 패턴 2가 순차적으로 형성되었지만, 결국 크게 하락했다. 손절매를 하지 않았다면 큰 손실을 입었을 가능성이 농후하다. 우량주라고 해도 손절매를 실천하는 습관을 기르는 것이 중요하다.

패턴 1 이후 하락 현상이 발생하는 모습이다.

손절매를 하지 않는 것은 투자에 실패하는 지름길이다

**주식 투자자는 처음부터 끝까지 자기 원칙을 고수해야 한다.
손절매에 약한 투자자에게는 기막힌 매매기법도 아무 소용없다.**

장영한의 1분 카페 

→ 주식 투자는 철저한 심리전이다.

→ 손절매를 하지 않으면 그동안의 좋은 매매흐름이 깨져 연속해서 큰 손실을 입을 수 있다.

→ 주식 투자는 처음부터 끝까지 자기 원칙을 고수하는 것이 중요하다.

→ 손절매에 약한 투자자는 어떤 매매기법을 사용해도 손실로 이어진다.

→ 자신에게 적합한 매매기법을 찾아 원칙대로 매매하는 것이 중요하다.

조우태의 Tip 

→ 손절이 없는 매매는 언젠가 모든 것을 잃게 만든다.

→ 손절을 모르는 투자는 브레이크 없는 자동차와 같다.

주가가 하락할 때 손절매를 하지 않으면 큰 손실을 입는다는 것은 누구나 다 아는 사실이다. 그러나 손절매를 하지 않음으로써 생기는 손실뿐만 아니라 다른 종목을 매수할 수 있는 좋은 기회를 놓치는 것도 엄연한 손실이다. 무엇보다 심각한 것은 그동안의 좋은 매매흐름이 단 한 번의 큰 손실로 인해 연속해서 깨질 수 있다는 점이다. 왜냐하면 투자는 심리전이기 때문이다.

주식 투자는 처음부터 끝까지 자기 원칙을 고수해야 한다. 대부분의 일반 투자자들은 현재 사용하고 있는 매매기법이 좋지 않아 손실을 보고 있기는 하지만, 머지않아 기막힌 매매기법을 터득하면 그동안의 손실을 한 방에 만회하고 큰 수익을 낼 수 있을 거라고 착각한다. 하지만 그런 매매기법은 애당초 없고, 설령 있다고 해도 손절매에 약한 투자자에게는 아무 소용이 없다.

다음 페이지에 나오는 현대제철의 일봉 차트를 살펴보면, 2023년 9월 고점을 찍고, 주가는 깊은 하락조정을 받았다. 2024년 3, 4월에 데드크로스 패턴 1이 발생해 주가는 이동평균선을 붕괴시키며 상승추세에서 하락추세로 전환되고 말았다.

만일 제때 손절하지 않았다면 어떻게 되었을까? 극단적으로 표현하자면 손가락 하나만 자르면 될 일을 미루고 미루다가 팔 전체를 자르는 것과 동일한 상황이 되었을 것이다.

결국 일반 투자자들이 할 수 있는 최선의 방법은 자신만의 매매기법을 익혀 매매하고, 리스크를 철저히 관리하는 것이다. 자신만의 매매기법을 만들지 않고 이 기법, 저 기법 바꿔가며 매매하고, 매매 후 반성과 복기를 하지 않는다면 영원한 하수일 수밖에 없다.

자신만의 매매기법과 원칙 없이 수익을 내는 것은 좋지 않다. 왜냐하면 다음 매매 시 동일하게 적용하기 힘들고, 자만심에 더 큰 손실로 이어질 수 있기 때문이다.

2023년 9월에 고점을 찍고, 2024년 2월에 패턴 1을 만들고 가격 조정과 기간 조정을 받았지만, 결국 하락추세로 전환되었다. 손절매를 하지 않았다면 엄청난 손실을 입었을 것이다. 성공 투자의 기본은 바로 철저한 리스크 관리에 있음을 잊지 말아야 한다.

패턴 1만 알아도
충분히 수익을 낼 수 있다

패턴 1은 매수 후 예상대로 주가가 상승하면 높은 수익을 보장해주는 장점이 있다.
반면 손절이 다소 깊고, 발생 빈도수가 패턴 2나 패턴 3에 비해 많지 않다.

장영한의 1분 카페 

→ 깊은 가격 조정 이후 쌍바닥 또는 쓰리바닥을 만들며 패턴 1을 형성하면 좋은 매수 타이밍이다.

→ 패턴 1은 매수 후 예상대로 주가가 상승하면 높은 수익을 보장해주는 장점이 있다.

→ 패턴 1은 패턴 2와 패턴 3에 비해 손절이 깊고, 발생 빈도수가 적다는 단점이 있다.

패턴 1의 종류는 이동평균선들이 수렴한 형태로만 분류해도 5가지가 훨씬 넘는다. 하지만 어떤 순서로 이동평균선이 수렴되어 있는지는 중요하지 않다. 물론 모든 투자자들이 동일한 이동평균선을 사용하면 이동평균선의 골든크로스와 데드크로스가 주가에 영향을 미치기는 하겠지만, 대체로 주가가 이동평균선을 움직이지, 이동평균선이 주가를 움직이는 것은 아니기 때문이다. 따라서 어떠한 주가의 흐름으로 인해 이동평균선이 수렴했는지를 먼저 살펴봐야 한다. 만일 상승추세가 확연하고 차트가 깔끔한 종목이 깊은 가격 조정을 받았지만, 꾸준히 저점을 높이는 과정에서 패턴 1이 발생했다면 아주 좋은 패턴이라고 할 수 있다.

다음 페이지에 나오는 현대차의 일봉 차트를 살펴보면 2023년 12월 고점을 형성한 뒤 하락조정을 거쳤으나, 이후 패턴 2와 패턴 1이 발생하며 상승추세로 전환되었다. 이어 2024년 4월에는 75일 이동평균선과 패턴 2가 동시에 나타나면서 상승세가 한층 강화되었다. 이렇게 하락조정을 받은 이후 패턴 2와 패턴 1이 발생하면 성공 확률이 매우 높다.

고점을 찍고 쓰리바닥을 만드는 과정에서 이동평균선 3개가 자연스럽게 수렴하며 급등하는 경우가 있다. "세 번째 바닥은 집을 팔아서라도 산다"라는 말이 있듯이, 세 번째 바닥은 절호의 매수 타이밍이다.

패턴 1은 매수 후 예상대로 주가가 상승하면 높은 수익을 보장해주는 장점이 있는 반면, 손절이 다소 깊고 발생 빈도수가 패턴 2나 패턴 3에 비해 많지 않다는 단점이 있다. 그러나 패턴 1 한 가지만 잘 익혀도 수익을 내는 데 전혀 문제가 없다.

2023년 12월에 고점을 찍고 가격 조정을 받았지만, 패턴 2와 패턴 1을 완성했다. 이렇게 패턴 2 이후 주가의 저점이 꾸준히 높아지는 파동을 보이며 패턴 1이 발생하면 아주 좋은 매수 타이밍이다.

일본 주식 유키구니팩토리 일봉 차트

패턴 1 발생 이후 150일 이동평균선 지지로 상승하는 추세의 힘을 보여주고 있다.

PART 08

패턴 2, 저점 매수의
비책을 공개한다

상승추세에서의 패턴 2는 MACD가 0선 아래에서 다시 기존 추세를 확장하는 것이고, 하락추세에서의 패턴 2는 MACD가 0 선 위에서 다시 기존 추세를 확장하는 것을 말한다. 패턴 2는 깊은 가격 조정이기 때문에 매수해 장기보유하면 큰 수익을 올릴 수 있다. 패턴 2의 종류는 변곡점 1개의 패턴 2, 매수 디버전스 패턴 2, 쌍바닥 패턴 2, N자형 패턴 2 등 다양하다. 어느 것 하나 중요하지 않은 패턴이 없기 때문에 그 특징을 정확히 이해하고 실전에 응용하는 것이 좋다. 패턴 2는 깊은 가격 조정을 받는 가운데 저점 매수를 노리는 기법이기 때문에 승률이 다소 떨어질 수 있다. 그러나 손실은 짧게 끊고 이익은 길게 가져간다면, 그 어떤 매매기법보다 큰 수익을 올릴 수 있다.

패턴 2는 고수익이 보장되는 최고의 매매기법이다

MACD는 상승추세에서 주로 0선 위에서만 등락을 거듭한다.
반대로 하락추세에서는 주로 0선 아래에서만 등락을 거듭한다.

장영한의 1분 카페 

- 상승추세에서 패턴 2는 MACD가 0선 아래에서 다시 상승하며 기존 추세를 확장하는 것을 말한다.
- 하락추세에서 패턴 2는 MACD가 0선 위에서 다시 하락하며 기존 추세를 확장하는 것을 말한다.
- 패턴 2는 발생 빈도수가 많고, 주식 투자뿐만 아니라 선물옵션 투자에도 아주 유용한 매매기법이다.
- 패턴 2로 매수 후 장기보유하면 어떤 매매기법보다 고수익이 가능하다.
- 패턴 2는 패턴매매기법 중에서 최고의 기법이다.

MACD는 상승추세에서 주로 0선 위에서만 등락을 거듭한다. 그러나 주가가 상승추세인데도 MACD가 0선 아래까지 하락하는 경우가 있다. 이와 같이 상승추세에서 MACD가 0선 아래까지 하락하다가 다시 상승추세를 확장하는 것을 '패턴 2'라고 한다. 주가는 분명 상승추세인데 MACD는 하락추세의 특징을 보이기 때문에 패턴 2를 '현혹구간'이라고도 한다.

반대로 MACD는 하락추세에서 주로 0선 아래에서만 등락을 거듭한다. 그러나 주가가 하락추세인데도 MACD가 0선 위까지 상승하는 경우가 있다. 이와 같이 하락추세에서 MACD가 0선 위까지 상승하다가 다시 하락추세를 확장하는 것을 '패턴 2'라고 한다. 선물옵션 투자를 하는 투자자들은 하락추세의 패턴 2도 함께 알아두어야 한다.

오른쪽 페이지에 나오는 HD현대미포의 일봉 차트를 살펴보면, 2025년 3월에 고점을 찍은 뒤 300일 이동평균선 근처까지 조정을 받았으나 반등에 성공했고, 이어 2025년 7월에는 75일 이동평균선까지 다시 하락했다.

그러나 이 구간에서 패턴 2와 75일 이동평균선 지지가 발생하며 주가는 다시 상승 흐름을 이어갔다. HD현대미포의 1년 차트를 보면 상승추세가 하락추세로 전환된 것은 아니라고 판단되기 때문에 패턴 2로 매수해야 한다. 추세가 확연하고 차트가 깔끔하며, 75일 이동평균선과 전고점의 지지가 예상된다면 패턴 2로 매수하기 좋은 타이밍이다.

결국 HD현대미포는 75일 이동평균선 지지에 성공하며 상승추세를 계속 확장했다. 만일 160,000원 가격대 근처에서 매수했다면 2개월도 채 되지 않은 짧은 시간에 고수익을 올릴 수 있었을 것이다. 패턴 2는 깊은 가격 조정을 이용해 저점 매수 후 장기보유하는 기법이기 때문에 그 어떤 매매기법보다 고수익을 올릴 수 있다.

75일 이동평균선을 지지하며 패턴 2가 완성되었다. 상승추세에서 패턴 2는 깊은 가격 조정을 받아 MACD가 0선 아래에 놓여 있지만, 다시 상승하며 기존 추세를 확장하는 것을 말한다.

2025년 4월 패턴 2와 300일 이동평균선 지지를 받으며 기존 추세를 확장한다.

상승추세에서 깊은 가격 조정은 저점 매수의 기회다

**주식을 조금이라도 싸게 사고 싶다면 패턴 2의 매매기법을 사용해야 한다.
패턴 2의 매수기법으로 저점 매수에 성공했다면 이익실현은 느긋하게 해야 한다.**

장영한의 1분 카페 

- 상승추세에서 깊은 가격 조정인 패턴 2는 저점 매수의 좋은 기회다.

- 추세가 애매모호하거나 하락추세로 전환되었다고 판단될 경우에는 매수하지 않는 것이 좋다.

- 매수하지 않으면 잃는 것이 없기 때문에 다음 기회를 도모할 수 있다.

- 패턴매매기법은 추격 매수기법이 아니라 조정국면에서 매수하는 기법이다.

- 패턴 2로 저점 매수에 성공했다면 이익실현은 느긋하게 해야 한다.

조우태의 Tip

- 상승추세에서 깊은 가격 조정이 나타난 후, 경험상 패턴 2와 이동평균선의 지지를 받은 뒤 다시 상승하는 경우가 많다.

주가는 어느 정도 상승하면 반드시 깊은 가격 조정을 받게 되는데, 기존 추세를 훼손하지 않는 범위 내에서의 가격 조정은 절호의 저점 매수 기회다. 주식을 조금이라도 싸게 사고 싶다면 패턴 2의 매매기법을 사용해야 한다. 패턴 2는 절호의 세일 기간이기 때문이다.

만약 기존 추세의 50% 이상 하락하는 깊은 가격 조정을 받아 하락추세로 전환되었거나 상승추세라고 보기 애매하다면 아예 매수하지 않는 것이 좋다. 매수를 하지 않으면 버는 것도 없지만, 잃는 것도 없어 다음 기회를 도모할 수 있기 때문이다. 또 패턴 2로 매수했지만 예상과 달리 다시 주가가 하락한다면 반드시 손절해야 한다.

다음 페이지에 나오는 삼성물산의 일봉 차트를 보면 2024년 2월 고점을 형성하고 15, 33, 75일 이동평균선 아래로 떨어지며 아주 깊은 가격 조정을 받았다.

2025년 4월에 갑작스럽게 상승추세를 타다 다시 하락했지만, 75일 이동평균선과 패턴 2가 동시에 발생하며 다시 상승 흐름을 이어갔다. 주가가 어느 정도 상승하면 손절매를 본전으로 상향 조정하는 위험관리는 필수지만, 손절매를 너무 타이트하게 상향하면 원하지 않는 가격에 매도될 수도 있다. 그리고 저점 대비 상당폭 상승해 다음 날 주가가 하락할 것 같다면 보유 주식의 50% 정도를 먼저 이익실현하고, 나머지는 여유롭게 매도하는 지혜도 필요하다. 패턴매매기법은 올라가는 주가를 아무렇게나 추격 매수하는 기법이 아니라 쉬어가는 국면을 이용해 매수하는 기법이다. 달리는 기차에 올라타는 것보다는 기차가 정거장에 잠시 정차할 때 올라타는 것이 안전하다.

2025년 8월, 75일 이동평균선/이중바닥에서 패턴 2로 상승했다. 상승추세에서 깊은 가격 조정을 받는 패턴 2가 발생하면 저점 매수할 수 있는 절호의 기회라는 것을 명심해야 한다.

일본 주식 타나켄 일봉 차트

2025년 4월, 150일 이동평균선 지지 후 패턴 2를 만들고 상승 중이다.

하락추세에서 강하게 반등하면 매도하는 것이 상책이다

상승추세가 하락추세로 전환되거나 하락추세가 상승추세로 전환되기는 쉽지 않다.
따라서 하락추세에서 주가가 상승하면 기술적 반등이라고 보는 것이 현명하다.

장영한의 1분 카페 

- 하락추세의 패턴 2는 MACD가 0선 위에서 다시 하락하며 기존 추세를 확장하는 것을 말한다.

- 하락추세에서는 선물 신규 매도, 풋옵션 매수가 가능하다.

- 상승추세가 하락추세로 전환되기도 쉽지 않고, 하락추세가 상승추세로 전환되기도 결코 쉽지 않다.

- 하락추세의 종목이 강하게 상승하면 기술적 반등이라고 생각하는 것이 바람직하다.

- 추세에 순응하며 매매하는 것이 좋다. 상승과 하락 양방향 모두 수익을 내려고 하는 것은 지나친 욕심이다.

주가는 어느 정도 하락하면 기술적 반등이 나오는데, 제때 손절하지 못한 상황에서 MACD가 0선 위까지 강한 반등을 보이면 일단 매도하는 것이 상책이다. 하락추세의 패턴 2가 발생하면 주식은 공매도가 안 되고, 선물 신규 매도와 풋옵션 매수는 가능하다.

많은 투자자들이 하락추세의 종목이 강하게 상승하면 상승추세로 전환될 거라고 착각한다. 그러나 상승추세가 하락추세로 전환되기도 쉽지 않고, 하락추세가 상승추세로 전환되기도 결코 쉽지 않다. 따라서 하락추세에서 주가가 상승하면 기술적 반등이라고 보는 것이 현명하다.

오른쪽 페이지에 나오는 SB성보의 일봉 차트는 명확한 하락 추세다. 이런 구간에서는 MACD가 대부분 0선 아래에서 움직인다는 점이다.

이때 하락추세의 종목이 75일 이동평균선 혹은 150일 이동평균선까지 하락했다고 해서 기존 추세인 상승추세가 하락추세로 전환되었다고 볼 수 없는 것과 같은 이치다.

이와 같이 패턴매매기법은 기존 추세를 최대한 존중하고 추세와 일치하는 방향으로만 매매하는 것이 핵심이다. 상승과 하락 양쪽 모두 매매해서 수익을 내려고 하는 것은 지나친 욕심이며, 잘못하다가는 양쪽 모두에서 손실을 입을 가능성이 크다.

국내 주식 SB성보 일봉 차트

고점이 꾸준히 낮아지는 하락추세의 차트이며, 직사각형 표시와 같이 MACD가 주로 0선 아래에 위치하고 있다. 이러한 하락추세에서는 선물 매도 포지션과 풋옵션 매수가 가능하다.

조우태의 Tip

➔ 풋옵션은 팔 수 있는 권리를 의미하는 파생상품이다. 미래의 특정 시점에 미리 정해진 가격(행사가격)으로 자산을 팔 수 있는 권리를 가진 계약이다.

미국 주식 앱셀레라 바이오로직스 일봉 차트

2025년 1월 300일 이동평균선/전고점이 저항선이 되어 더 이상 상승하지 못하고 하락했다.

변곡점 1개의 패턴 2는 아차 하면 놓친다

변곡점 1개의 패턴 2는 75일 이동평균선과 150일 이동평균선에서 모두 발생한다.
주로 75일 이동평균선의 지지를 받고 추세를 확장하는 패턴 2에서 자주 발생한다.

장영한의 1분 카페

- 패턴 2는 형태에 따라 변곡점 1개의 패턴 2, 매수 디버전스 패턴 2, 쌍바닥 패턴 2, N자형 패턴 2 등으로 분류된다.

- 변곡점 1개의 패턴 2는 주로 75일 이동평균선에서 발생한다.

- 변곡점 1개의 패턴 2는 아차 하면 놓치기 쉬우므로 사전에 준비를 철저히 해야 한다.

- V자 형태의 변곡점 1개의 패턴 2는 강한 패턴 중의 하나다.

- 자신이 확신하는 패턴과 매수 신호가 발생하면 과감히 매수할 수 있는 용기가 필요하다.

패턴 2는 패턴 1, 2, 3 중 한 가지 매매기법이지만, '주가 또는 MACD의 모습에 따라', '어느 이동평균선에서 지지하느냐에 따라' 다양하게 분류된다. 주가와 MACD의 모습으로 보자면 변곡점 1개의 패턴 2, 매수 디버전스 패턴 2, 쌍바닥 패턴 2, N자형 패턴 2 등으로 분류할 수 있다. 이 중 특히 변곡점 1개의 패턴 2가 실전에서 자주 발생하므로 그 특징을 알아두는 것이 좋다.

변곡점 1개의 패턴 2는 75일 이동평균선과 150일 이동평균선에서 모두 발생하는데, 주로 75일 이동평균선 지지를 받고 추세를 확장하는 패턴 2에서 자주 발생한다. 주가가 깊은 가격 조정을 받아 75일 이동평균선까지 하락하면 투자자들은 '혹시 쌍바닥을 만들지 않을까?', '150일 이동평균선까지 밀리지 않을까?' 고민하다가 결국 매수 타이밍을 놓치고 만다. 변곡점 1개의 패턴 2는 아차 하면 놓치기 쉬우므로 항상 집중해야 한다.

코스닥 급등주와 세력주를 유심히 살펴보면 제반 이동평균선이 역배열된 상황에서 다시 한 차례 주가를 하락시켜 일반 투자자들의 투매를 유발하고, 그 물량을 모두 매집한 후 V자로 급등시키는 경우가 많다. 변곡점 1개의 패턴 2를 놓치지 않으려면 주가가 33일 이동평균선을 붕괴시킨 이후부터는 해당 종목을 매일 체크해야 하고, 패턴 2가 완성되고 추세를 확장할 거라는 강한 믿음이 있어야 한다.

다음 페이지에 나오는 HD현대일렉트릭의 일봉 차트를 보면 2024년 9월, 150일 이동평균선과 패턴 2, 그리고 이중바닥이 동시에 형성되며 주가는 상승했다. 이후 다시 300일 이동평균선까지 조정을 받았지만, 2025년 4월 300일 이동평균선과 패턴 2가 맞물리면서 추세는 다시 상승세로 전환되었다.

국내 주식 HD현대일렉트릭 일봉 차트

2025년 1월 고점을 찍고 300일 이동평균선까지 깊은 가격 조정을 받았다. 그러나 300일 이동평균선 지지에 성공, 변곡점 1개의 패턴 2를 완성하며 다시 기존 추세를 확장하는 모습이다.

조우태의 Tip

➔ 변곡점과 패턴 2가 나타난 구간에서 이중바닥이 함께 형성되면, 이는 강력한 매수 신호로 해석된다. 특히 변곡점이 150일 또는 300일 이동평균선과 일치할 경우, 추세 전환 확률은 한층 더 높아진다.

75일 이동평균선을 지지하는 변곡점 1개의 패턴 2가 보인다.

매수 디버전스, 패턴 2는 패를 보여주며 상승한다

주가는 더 이상 하락하지 못하면 상승하고, 더 이상 상승하지 못하면 하락한다.
하락하는 주가가 더 이상 하락하지 않으려면 매도세는 줄어야 하고, 매수세는 증가해야 한다.

장영한의 1분 카페 

- 주가의 저점은 내려가지만 MACD의 저점은 같거나 올라가는 것을 '매수 디버전스'라고 한다.

- 매수 디버전스가 발생한다는 것은 주가의 매도세가 약해지고, 매수세가 유입되고 있다는 징후다.

- 매수 디버전스는 두 번, 심지어는 세 번까지도 연속해서 발생할 수 있다.

- 상승추세의 매도 디버전스와 하락추세의 매수 디버전스는 별로 중요하지 않다. 추세에 순응하는 디버전스를 잘 포착해야 한다.

- 상승추세에서 고점을 맞추려고 하는 것과 하락추세에서 저점을 정확히 맞추려고 하는 것은 위험하고 어리석은 일이다.

조우태의 Tip 

- 매수 디버전스와 패턴 2는 한 몸이다.

매수 디버전스란 주가의 저점은 내려가도 MACD의 저점은 오히려 같거나 상승하는 현상을 말한다. 매수 디버전스가 발생하는 이유는 매도세가 약해지고 매수세가 유입되기 때문이다. 매수 디버전스는 변곡점 2개가 필수인데, 만일 첫 번째 변곡점보다 두 번째 변곡점의 하락각도가 훨씬 가파르거나 하락폭이 커지면 단기 이동평균선과 장기 이동평균선의 이격이 점차 확대되어 매수 디버전스가 형성될 수 없다.

주가는 더 이상 하락하지 못하면 상승하고, 더 이상 상승하지 못하면 하락한다. 하락하는 주가가 더 이상 하락하지 않으려면 매도세는 줄어야 하고, 매수세는 증가해야 한다. 이러한 예비신호가 바로 매수 디버전스다. 그렇다고 매수 디버전스를 무조건 신뢰하면 낭패를 볼 수도 있다. 매수 디버전스는 두 번, 심지어는 세 번까지도 연속해서 발생할 수 있고 매수 디버전스가 완성된 이후 약간 반등하다가 재차 하락하는 경우도 많기 때문이다.

매수 디버전스, 패턴 2는 저점을 약간 붕괴시켜 일반 투자자들의 손절매 물량을 모두 매집해 주가를 상승시킨다. 그래서 매수 디버전스, 패턴 2가 좋은 매수 타이밍이 될 수 있는 것이다. 60분봉 차트에서도 매수 디버전스가 발생하면 강한 상승이 이어지는데, 일봉 차트의 매수 디버전스는 두말할 나위 없다.

여기서 주의해야 할 점은 상승추세에서의 매도 디버전스와 하락추세에서의 매수 디버전스는 별로 유용하지 않다는 것이다. 상승추세에서 매도 디버전스를 이용하는 것은 고점을 정확히 맞추겠다는 뜻이며, 하락추세에서 매수 디버전스를 이용하는 것은 저점을 정확히 맞추겠다는 뜻이다. 그러나 상승추세에서 고점을 맞추려고 하는 것과 하락추세에서 저점을 정확히 맞추려고 하는 것처럼 위험하고 어리석은 일은 없다는 사실을 명심해야 한다.

깊은 가격 조정을 받았지만 매수 디버전스, 패턴 2를 완성하며 다시 기존 추세를 강하게 확장시켰다. 패턴 2와 매수 디버전스는 국내 주식, 선물뿐만 아니라 해외 주식, 선물에서도 아주 유용한 매수 타점이다.

미국 주식 컨스털레이션 에너지 일봉 차트

매수 디버전스 + 패턴 2의 모습이 보인다.

이중바닥, 패턴 2는 가장 안전한 매수 타이밍이다

이중바닥 패턴은 처음 변곡점 1개 형성 시 1차로 매수세가 유입되었기 때문에 발생 가능하다.
이중바닥을 만들면서 2차로 물량을 매수하기 때문에 그만큼 성공 확률이 높다.

장영한의 1분 카페 

- 주가의 바닥은 그 당시에는 알 수 없고, 시간이 한참 지나야 알 수 있다.

- 쌍바닥, 패턴 2는 변곡점 1개의 패턴 2와 달리 변곡점 2개로 주가의 바닥이 확인된 자리이기 때문에 안전한 매수 타이밍이다.

- 쌍바닥, 패턴 2는 매수하기도 쉽고, 손절 가격을 지정하기도 수월하다.

- 쌍바닥이 완성되었다고 해서 모든 종목이 다 상승하는 것은 아니다.

- 패턴 2에서 매수할 때는 매수하는 지점이 기술적 반등 지점일 수도 있다는 유연한 사고를 가져야 한다.

이중바닥, 패턴 2는 변곡점 1개의 패턴 2와 달리 변곡점 2개로 주가의 바닥이 확인된 자리이기 때문에 안전한 매수 타이밍이다. 그뿐만 아니라 매수하기도 쉽고, 손절 가격을 지정하기도 수월하다.

이중바닥은 주가가 하락하면서 변곡점 1개를 만들고, 재차 하락하지만 저점을 더 이상 깨지 않고 상승하면서 만들어진다. 저점을 지키는 것은 추가 하락을 용납하지 않겠다는 표시이며, 이러한 이중바닥 패턴은 처음 변곡점 1개 형성 시 1차로 매수세가 유입되었기 때문에 발생 가능하다. 변곡점 1개 형성 시 세력이 1차로 물량을 매수하고 이중바닥을 만들면서 2차로 물량을 매수하기 때문에 그만큼 성공 확률이 높다.

다음 페이지에 나오는 LG생활건강의 일봉 차트를 살펴보면, 전체적인 흐름은 하락 추세다. 하지만 2025년 4월, 이중바닥과 패턴 2가 동시에 발생하면서 주가는 300일 이동평균선까지 반등했다.

이 경우, 매수 타이밍은 더 이상 저점을 붕괴시키지 않고 이중바닥을 완성하는 2025년 4월이며, 손절매는 4월 저점을 이탈하는 지점에 설정하면 된다.

이중바닥이 완성되었다고 해서 모든 종목이 다 상승하는 것은 아니다. 이중바닥이라고 생각했는데 다시 저점을 강하게 깨고 하락하는 경우도 있다. 따라서 아무리 확실한 매수 타이밍이라고 판단되더라도 매수 후 손절을 지정하는 것은 필수다. 또한 예상대로 상승할 경우 손절 가격을 본전 이상으로 상향하는 위험관리도 중요하다.

전체 흐름이 하락추세여도 , 이중바닥과 패턴 2가 발생하면 단타 기회는 반드시 생긴다.

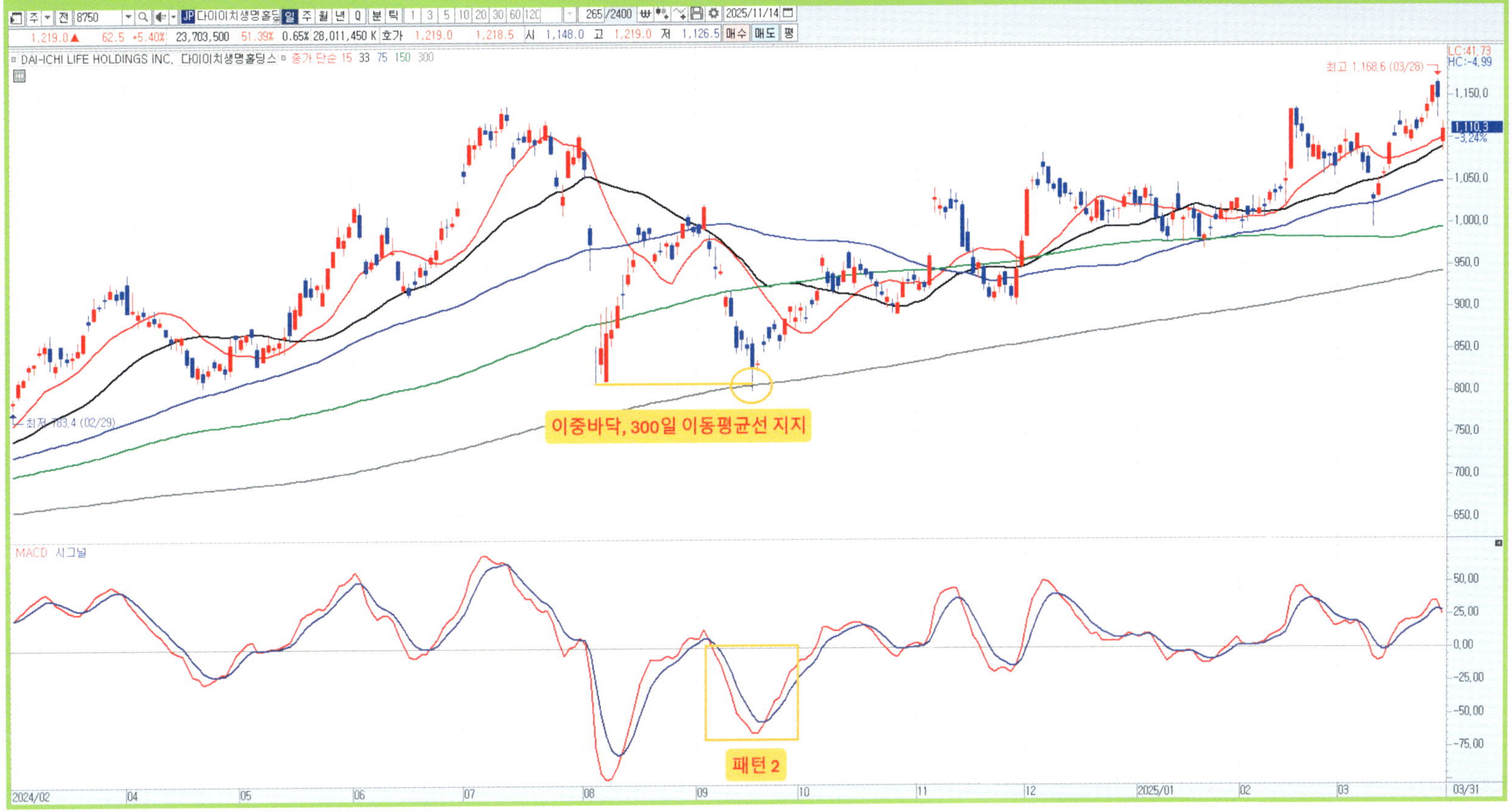

이중바닥과 300일 이동평균선까지 형성되어서 추세를 확장했다.

조우태의 Tip

➔ 300일 이동평균선은 추세를 판단할 때 강력한 기준선이다. 하지만 아무리 완벽해 보이는 신호라도, 주식에는 100%란 존재하지 않는다.

N자형 패턴 2는 강력한 매집이 이루어진 형태다

N자형 패턴 2는 우측 변곡점이 좌측 변곡점보다 높은 가격에서 형성될수록 힘이 강하다.
하락조정 시 조정폭이 작고 견조해야 매물을 쉽게 소화하고 다시 상승할 수 있기 때문이다.

장영한의 1분 카페 

- 강력한 매집이 이루어져야 N자형 패턴 2가 발생한다.
- 상승은 강하고 조정은 견조해야 다시 상승할 가능성이 크다.
- 한번 손절당했다고 해서 결코 포기하거나 실망해서는 안 된다.
- 비슷한 패턴이 나온 종목들의 차트를 연구해야 수익이 향상된다.
- 차트를 눈으로만 보면 몇 년을 봐도 머릿속에 남는 것이 별로 없다.

주식을 매수했는데 어느 정도 상승하다가 다시 본전까지 하락하면 이보다 아쉬운 것이 없고, 본전 아래로 하락하는 것보다 더 화나는 것도 없다. 주가를 상승시키는 주도 세력들도 이와 마찬가지다. 매집한 본전 가격을 지키려는 노력이 쌍바닥으로 드러나고, 보다 강력한 매집이 이루어졌다면 본전 위에서 주가를 상승시킬 수밖에 없다. 이렇게 해서 차트상에 발생하는 패턴이 바로 N자형 패턴 2다.

변곡점이 2개지만 우측 변곡점이 좌측 변곡점 위에 위치해 주가의 파동이 마치 영어 N자와 비슷한 N자형 패턴 2는 우측 변곡점이 좌측 변곡점에 비해 보다 높은 가격에서 형성될수록 패턴이 강하다. 그 이유는 하락조정 시 조정폭이 작고 견조해야 매물을 쉽게 소화하고 다시 상승할 수 있기 때문이다.

N자형 패턴 2가 발생하면 먼저 좌측 변곡점에서 매수가 가능하고, 우측 변곡점에서 다시 한번 매수가 가능하다. 좌측 변곡점에서 매수 후 손절매를 상향했는데 본전에 손절이 되면, 우측 변곡점에서 N자형 패턴 2로 다시 매수가 가능하므로 한번 손절되었다고 해서 결코 포기하거나 실망할 필요가 없다.

동일한 차트는 이 세상에 하나도 없지만 비슷한 차트는 수없이 많다. 75일 이동평균선 혹은 150일 이동평균선에서 N자형 패턴 2가 발생한 차트들을 직접 찾아내 언제 매수하는 것이 바람직한지, 손절 가격은 어떻게 상향시켜야 하는지, 패턴은 어떻게 완성해가는지를 연구하는 것은 아주 좋은 주식 투자 학습이다. 지나간 차트를 눈으로만 보면 아무리 봐도 머릿속에 남는 것이 별로 없다.

해당 차트를 직접 프린트해 추세선을 그어보고, 성공과 실패 요인은 물론, 당시 느낌까지 적어 보관한다면 아주 소중한 보물이 될 것이다.

N자형 패턴 3이 발생했다.

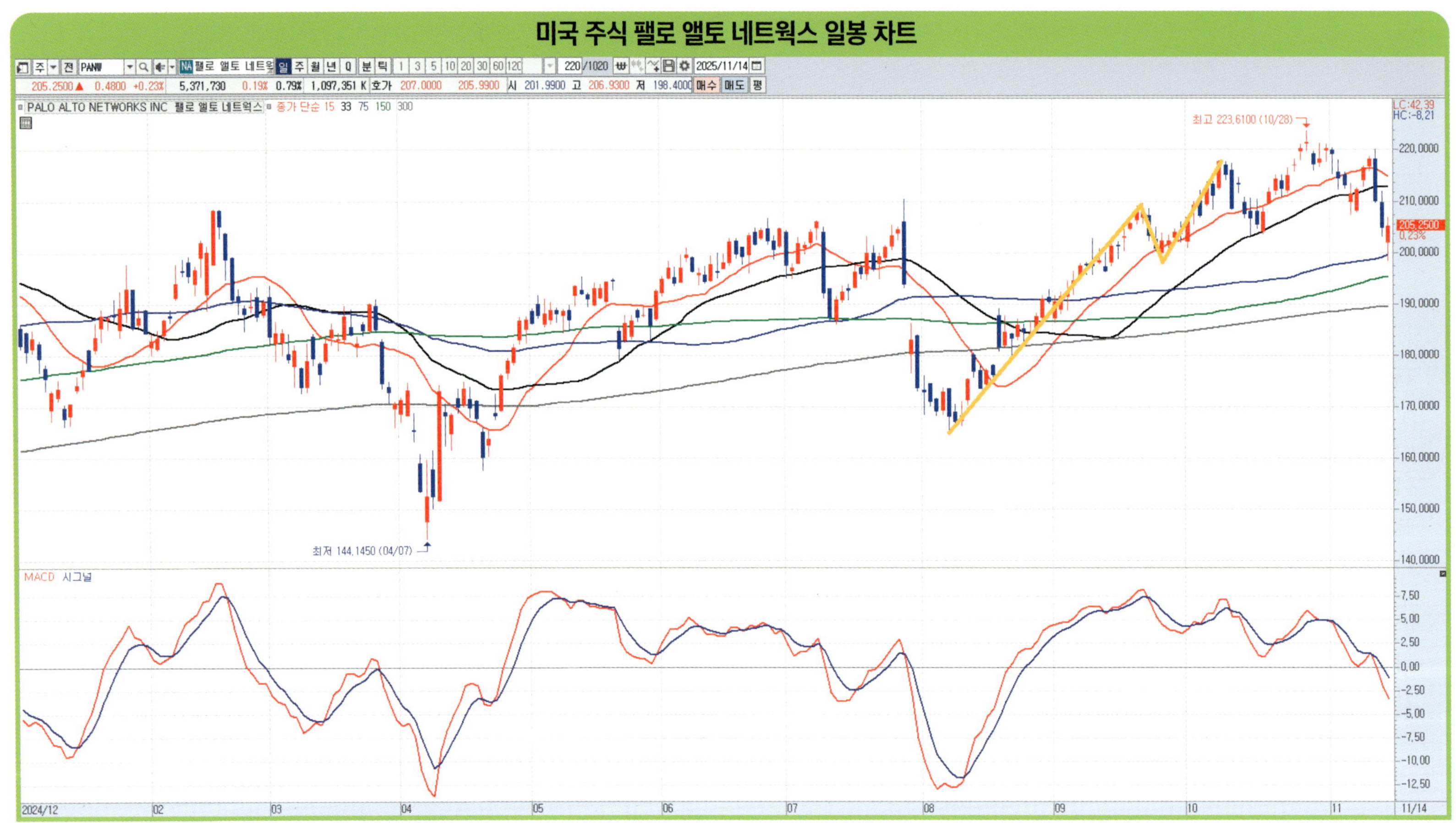

N자형 매수 타점이다.

75일 이동평균선 패턴 2는 추세선을 지키며 상승한다

1년 기간의 차트를 놓고 추세선을 그어보면 해당 종목의 추세를 쉽게 파악할 수 있다.
또 평소 어느 이동평균선의 지지를 받고 상승하는지도 쉽게 알 수 있다.

장영한의 1분 카페 

- 상승추세에서 의미 있는 저점을 서로 이은 선을 '상승추세선'이라고 한다.
- 75일 이동평균선과 상승추세선이 서로 일치하는 경우가 많다.
- 이동평균선과 추세선이 서로 맞물리면 지지의 강도는 훨씬 높다.
- '이동평균선+전고점(전저점)+의미 있는 가격대'의 지지는 아주 좋은 매수 타이밍이다.
- 상승추세선을 붕괴시키면 향후 주가의 오랜 조정국면이 예상된다.

조우태의 Tip

- 15, 33일 이동평균선보다 75일 이동평균선이 더 신뢰도가 있다.

상승추세에서 의미 있는 저점을 서로 이은 선을 '상승추세선'이라고 하는데, 이동평균선과 마찬가지로 지지 역할을 한다. 업종 대표주나 우량주는 대개 완만하게 상승한다. 그러다 보니 이동평균선과 상승추세선이 서로 일치하는 경우가 생기며, 그 중에서도 특히 75일 이동평균선은 상승추세선과 맞물릴 때가 많다. 따라서 75일 이동평균선에서 자주 지지하며 상승하는 종목은 75일 이동평균선에서 매수를 노려야 한다. 1년 기간의 차트를 놓고 추세선을 그어보면 해당 종목의 추세도 쉽게 파악할 수 있고, 평소 어느 이동평균선의 지지를 받고 상승하는지도 쉽게 알 수 있다. 업종이나 종목마다 상승폭과 탄력이 서로 다르기 때문에 추세선을 긋는 것은 매우 중요하다.

다음 페이지에 나오는 SK스퀘어의 일봉 차트를 살펴보면 2025년 4월, 패턴 2와 300일 이동평균선이 맞물리며 추세는 급격히 상승했고, 6월에는 고점을 기록했다. 이후 주가는 75일 이동평균선까지 조정을 받았으나, 8월에 패턴 2와 매수 디버전스, 그리고 75일 이동평균선이 동시에 지지되면서 추세는 다시 상승세로 전환되었다. 이동평균선을 지지하는 것만으로도 충분한데, 이렇게 추세선과 맞물리면 그 지지력은 훨씬 강하다.

컴퓨터가 나오기 전에는 사람들이 지지선을 확인하기 위해 종종 직접 손으로 추세선을 그리며 이동평균선을 대신해서 주가의 지지점을 찾는 방법으로 널리 사용했다.

그런데 컴퓨터가 나오면서 일일이 손으로 추세선을 그리는 번거로움을 컴퓨터가 대신하게 되었으며, 사람들은 한결 편안하게 지지·저항선을 볼 수 있게 되었다.

75일 이동평균선과 추세선이 서로 일치할 경우, 주가가 75일 이동평균선을 붕괴시키는 것은 바로 추세를 붕괴시키는 것과 다름없기 때문에 손절당할 각오를 하고 배팅해볼 만한 자리다.

2025년 8월, 패턴 2와 매수 디버전스, 그리고 75일 이동평균선이 동시에 지지를 형성하면서 강한 상승 흐름이 이어지고 있다.

2023년 10월, 12월에 75일 이동평균선과 패턴 2가 형성되면서 상승추세를 이어갔다.

150일 이동평균선 패턴 2는 추세가 다시 시작된다

주가가 150일 이동평균선까지 하락하면 아주 깊은 가격 조정을 받았다고 볼 수 있다.
150일 이동평균선을 붕괴시키지 않고 다시 상승추세를 확장하면 상당한 수익을 기대할 수 있다.

장영한의 1분 카페 

- 패턴매매기법에서 사용하고 있는 이동평균선 중에서 장기 이동평균선은 150일 이동평균선이다.

- 이동평균선의 지지와 저항은 단기보다는 중기, 중기보다는 장기 이동평균선이 강하다.

- 150일 이동평균선은 상승 돌파하기도 쉽지 않고, 붕괴시키기도 만만치 않다.

- 150일 이동평균선에서 패턴 2로 저점 매수에 성공했다면 가능한 한 오래 보유해야 한다.

- 주식 투자는 자기 자신과의 싸움이다.

조우태의 Tip

- 150일보다 300일 이동평균선이 훨씬 강력하다.

패턴매매기법에서 사용하고 있는 이동평균선 중에서 장기 이동평균선은 150일 이동평균선이다. 주가가 150일 이동평균선을 붕괴시키는 아주 깊은 가격 조정을 받았다고 해서 하락추세로 전환되었다고 보기는 힘들지만, 더 이상 보호해줄 이동평균선이 없는 것이 사실이다.

150일 이동평균선은 지지와 저항의 힘이 강해 상승 돌파하기도 힘들고 붕괴시키지도 만만치 않다. 통상 이동평균선의 지지와 저항은 단기보다는 중기, 중기보다는 장기 이동평균선이 강하다.

주가가 150일 이동평균선까지 하락하면 아주 깊은 가격 조정을 받았다고 볼 수 있는데, 더 이상 150일 이동평균선을 붕괴시키지 않고 다시 상승추세를 확장하면 매수가 대비 상당한 수익을 기대할 수 있다. 이런 까닭에 150일 이동평균선에서 추세가 다시 시작된다고 해도 결코 과언이 아니다.

150일 이동평균선에서 패턴 2로 저점 매수에 성공했다면 약간의 상승에 만족하고 이익실현을 해서는 안 된다. 150일 이동평균선에서 저점 매수에 성공했다면 최소 3~6개월 정도는 보유해야 큰 수익을 향유할 수 있다.

주식 투자는 자기 자신과의 싸움이다. 이익실현의 욕구를 최대한 인내하고 최소한 전고점까지, 혹은 그 이상까지 기다리며 시간과 자기 자신과 싸워야 한다. 주가 상승은 초기에는 더디지만 시간이 가면 갈수록 상승탄력도 강화되고, 매수가 대비 수익률도 점점 빨리 증가한다. 주가가 낮을 때의 3% 상승과 주가가 높을 때의 3% 상승은 계좌 수익률 면에서 같지 않다. 예를 들어, 2만 원에 매수했는데 10% 상승하면 10%의 이익이지만, 3만 원까지 상승한 상황에서 10% 상승은 매수가 대비 15% 상승이기 때문이다.

150일 이동평균선과 패턴 2를 완성하고 다시 상승했다. 150일 이동평균선에서 매수했다면 작은 이익에 절대 이익실현해서는 안 된다.

주봉 차트의 패턴 2로 중장기 투자를 시도하라

주식 투자 시 주봉 차트를 함께 참조하면 보다 큰 추세를 파악할 수 있다.
그뿐만 아니라 일봉 차트에서 보이지 않는 지지선과 저항선도 찾을 수 있다.

장영한의 1분 카페 

- 주봉 차트에서 패턴 2로 매수 시 장기 보유하는 것이 좋다.

- 주봉 차트를 참조하면 추세를 보다 정확히 파악할 수 있다.

- 일봉 차트에서는 매수 근거가 없지만, 주봉 차트에서는 매수 근거가 확실한 경우가 많다.

- 주봉 차트를 보면 여유로운 마음이 생겨 중장기 투자가 가능하다.

- 일봉 차트와 60분봉 차트의 관계가 주봉 차트와 일봉 차트에서도 동일하게 적용된다.

주식 투자의 기준 차트는 일봉 차트이기 때문에 일봉 차트를 유심히 관찰할 필요가 있다. 매수 근거 또한 일봉 차트에서 찾아야 한다. 한편 주가가 150일 이동평균선 한참 아래까지 하락했지만, 저점을 형성하며 다시 상승추세를 지속하는 경우에는 일봉 차트의 상위 차트인 주봉 차트를 보면 그 해답을 쉽게 찾을 수 있다. 일봉 차트에서는 보이지 않던 지지선이 주봉 차트에 숨어 있는 경우가 많다.

주봉 차트에서 패턴 2는 아주 깊은 가격 조정이다. 너무 깊은 가격 조정을 받아 하락추세로 전환되었다고 생각하면 매수할 이유가 없겠지만, 여전히 상승추세라고 판단되면 저점 매수를 노려야 한다. 주가가 이와 같이 아주 깊은 가격 조정을 받게 되면 팔 만한 사람은 이미 다 팔았기 때문에 매물은 점차 줄어들게 되고, 역으로 저점 매수세가 유입될 가능성이 크다.

주봉 차트에서 75주 이동평균선까지 하락하면 일봉 차트에서는 더 이상 지지해줄 이동평균선이 없다. 따라서 일봉 차트만 보는 것보다는 주봉 차트와 함께 놓고 분석하는 것이 좋다. 특히 주봉 차트에서 변곡점 1개의 패턴 2가 예상될 때, 그 하위 차트인 일봉 차트에서는 변곡점 2개의 패턴 2를 보이는 모습을 자주 접할 수 있다. 이는 마치 일봉 차트에서 변곡점 1개의 패턴 3이 예상될 때, 그 하위 차트인 60분봉 차트에서는 변곡점 2개의 매수 디버전스를 만드는 상황과 같다.

주식 투자 시 주봉 차트를 함께 참조해야 하는 이유는 보다 큰 추세를 파악할 수 있고, 일봉 차트에서 보이지 않는 지지선과 저항선을 찾을 수 있으며, 여유롭고 느긋한 마음을 유지할 수 있기 때문이다. 우량주는 추세가 생겼을 때 장기보유하는 투자자가 결국 승리한다. 주봉 차트를 참조하면 이익실현을 일찍 할 이유가 사라진다. 일봉 차트만 보는 투자자는 한 눈으로만 세상을 보는 것과 다름없다.

주봉 차트에서 매수 디버전스와
패턴 2가 동시에 출현했다.

같은 시점 일봉 차트에서도 패턴
2가 형성되며 하락추세는 서서히
상승추세로 전환되기 시작했다.

주봉 차트에서 매수 디버전스와 패턴 2가 동시에 출현했다.

같은 시점 일봉 차트에서도 패턴 2가 형성되며 하락추세는 서서히 상승추세로 전환되기 시작했다.

조우태의 Tip 

➔ 일봉 차트의 네모 표시 구간은 겉보기에는 매수 디버전스로 착각하기 쉽다. 하지만 지표선이 0선 위로 솟은 형태이기 때문에, 이는 매수 디버전스로 보기 어렵다. 그럼에도 불구하고 주가는 상승했다. 이것이 바로 주식이다.

국내 선물은 30분봉 차트상 패턴 2로 승부를 걸자

코스피 선물이나 국채 선물과 같은 국내 선물의 경우에는 30분봉 차트가 기준 차트다.
그러나 추세는 30분봉 차트로 판단하는 것이 아니라 일봉 차트로 판단한다.

장영한의 1분 카페

- 코스피 선물과 국채 선물은 30분봉 차트가 기준 차트다.

- 30분봉 차트가 기준 차트지만 일봉 차트로 추세를 판단한다.

- 30분봉 차트에서 투자 전략을 수립하고 15분봉 차트와 5분봉 차트에서 구체적인 매매 타이밍을 포착한다.

- 주식 투자와 마찬가지로 선물옵션 투자에서도 손절매는 필수다.

조우태의 Tip

- 선물은 초보자들한테 추천하지 않는다.

주식 투자의 경우, 일봉 차트가 기준 차트라면, 코스피 선물이나 국채 선물과 같은 국내 선물의 경우에는 30분봉 차트가 기준 차트다. 그러나 30분봉 차트로 추세를 판단하는 것은 아니다. 항상 상위 차트인 일봉 차트의 추세가 가장 중요하다. 일봉 차트에서 추세를 판단하고, 30분봉 차트에서 투자 전략을 수립하며, 15분봉 차트와 5분봉 차트에서 구체적인 매매 타이밍을 포착한다.

30분봉 차트에서 150일 이동평균선을 붕괴시키는 깊은 가격 조정을 받더라도 아직 추세가 유효하다고 판단되면 그 상위 차트인 60분봉 차트를 참조하는 것이 좋다. 30분봉 차트에서 150일 이동평균선을 붕괴시켰다고 해도 그 상위 차트인 60분봉 차트에서는 여전히 150일 이동평균선의 지지를 받을 때가 많다. 그런데도 60분봉 차트가 아닌 30분봉 차트를 기준 차트로 삼은 것은 30분봉 차트가 60분봉 차트보다 선물지수의 파동을 보다 뚜렷

하게 보여주기 때문이다.

선물옵션과 같은 파생상품은 일봉 차트로도 매매할 수 있겠지만, 워낙 레버리지와 리스크가 크기 때문에 30분봉 차트를 기준으로 매매에 임하는 것이 좋다. 추세는 일봉 차트로 판단하고, 매매 근거는 30분봉 차트에서 찾으며, 15분봉 차트와 5분봉 차트로 구체적인 매매 타이밍을 포착하면 된다.

언제나 손절매는 필수이며, 초보 투자자들은 주식 투자에서 꾸준히 수익이 발생할 경우 파생상품으로 옮겨가는 것이 올바른 순서다. 주식 투자에서의 손실을 선물옵션으로 만회하는 것은 애당초 불가능하기 때문이다.

선물옵션이 주식 투자에 비해 훨씬 어려운 이유는 레버리지가 커서 투자자의 공포와 욕심을 더욱 가중시키고, 일봉 차트가 아닌 분봉 차트로 매매해 주가의 등락이 빨리 느껴져 진입과 청산이 자주 일어나기 때문이다.

같은 시기에 이중바닥과 패턴 2가
발생했다.

이중바닥과 패턴 2가 동시에 형성
되며 주가는 상승했다.

통화 선물에서 60분봉 차트상 패턴 2는 족집게 도사다

패턴매매기법은 국내 주식, 국내 선물, 해외 주식, 해외 선물에서 모두 동일하게 적용된다.
다만 기준 차트가 약간 달라지는데, 통화 선물은 60분봉 차트를 기준 차트로 삼고 있다.

장영한의 1분 카페

- 통화 선물의 기준 차트는 60분봉 차트다.

- 통화 선물은 24시간 거래가 이루어지며 그중 유로화, 엔화가 인기다.

- 자기만의 매매기법이 없으면 주식과 선물옵션 투자에서 백전백패한다.

- 패턴매매기법은 국내 주식, 국내 선물뿐만 아니라 해외 주식, 해외 선물에서도 동일하게 적용된다.

직장인들은 대낮에 주식 투자를 하기가 쉽지 않고, 선물옵션을 하기는 더욱 어렵다. 이런 까닭에 24시간 거래되는 해외 선물에 관심을 갖는 직장인들이 점점 늘고 있는데 그중 유로화, 엔화의 인기가 특히 높다.

주식 투자도 마찬가지만, 특히 선물 투자는 자기만의 매매기법이 없으면 백전백패한다. 패턴매매기법은 국내 주식, 국내 선물, 해외 주식, 해외 선물에서 모두 동일하게 적용된다. 다만 기준 차트가 약간 달라지는데, 통화 선물은 60분봉 차트를 기준 차트로 삼고 있다. 국내 선물과 달리 24시간 거래가 이루어지므로 30분봉 차트를 기준 차트로 삼아 매매하면 매매 횟수가 잦아질 수 있고, 짧은 기간의 지수(240분봉을 기준으로 국내 선물 30분봉 차트는 20일, 통화 선물은 5일)만 볼 수 있기 때문에 60분봉 차트가 기준 차트로 적합하다.

다음 페이지에 나오는 유로화의 60분봉 차트를 살펴보면, 2025년 10월 22일에 매수 디버전스를 형성한 후 상승했다. 유로화의 증거금은 약 3,100달러밖에 되지 않아 누구나 쉽게 접근할 수 있지만, 국내 선물보다 훨씬 레버리지가 크기 때문에 초보 투자자들이 매매하기에는 적합하지 않다.

매매기법은 언제나 한결같아야 한다. 원래 패턴매매기법은 해외 선물에서 만들어졌기 때문에 추세가 있는 통화 선물에 아주 잘 들어맞는다. 패턴매매기법 하나만 제대로 배워도 동일한 논리로 모든 상품을 거래할 수 있다.

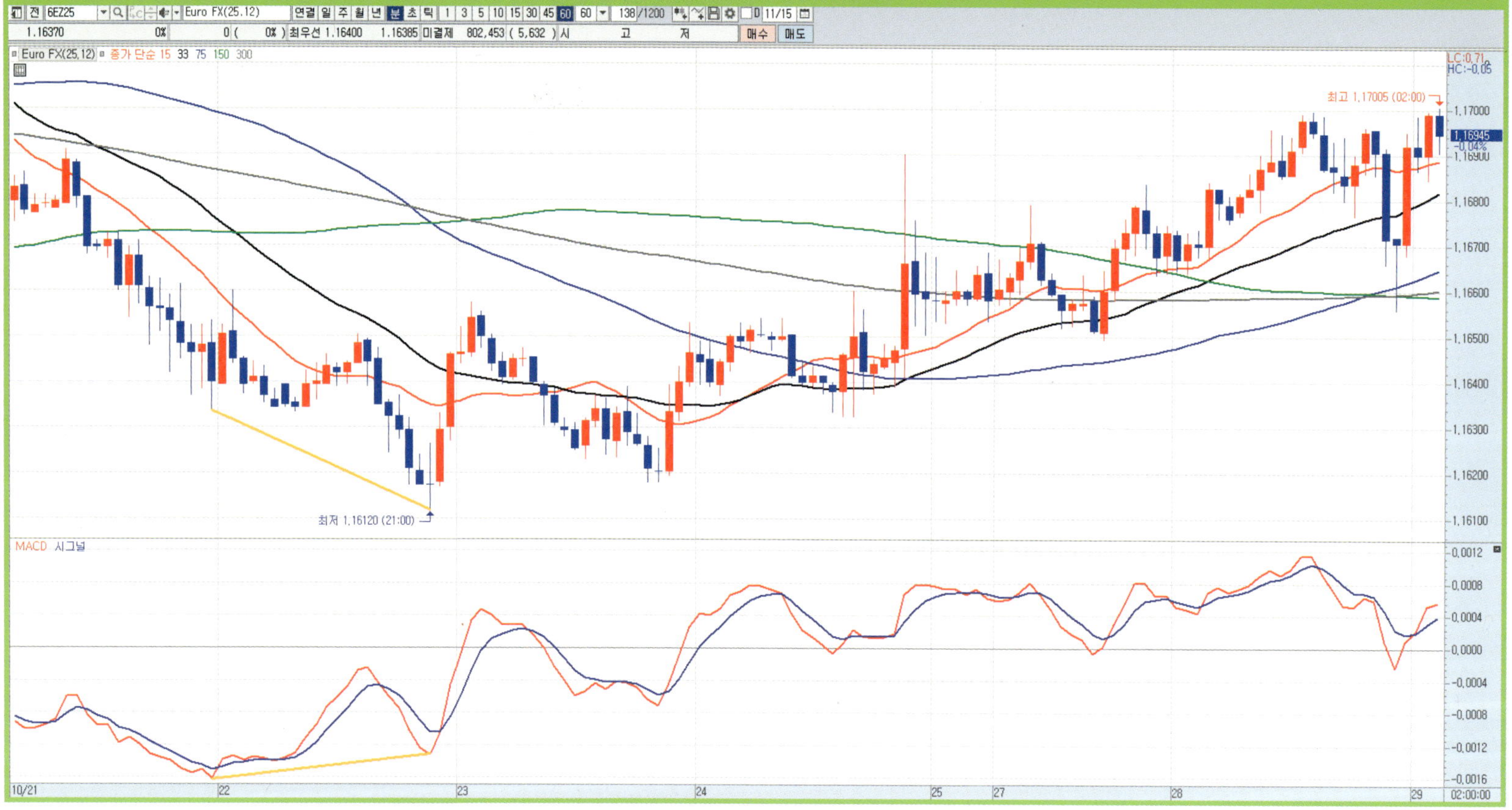

2025년 10월 22일, 매수 디버전스와 패턴 2가 동시에 발생하며 이동평균선이 역배열 상태임에도 불구하고 가격은 미세하게 상승했다. 패턴매매기법은 해외 선물에서도 동일하게 적용된다.

조우태의 Tip

➔ 한 번에 많은 돈을 벌려고 하지 말라. 작고 안정적인 수익을 꾸준히 쌓아가는 것이 결국 시장에서 살아남는 길이다.

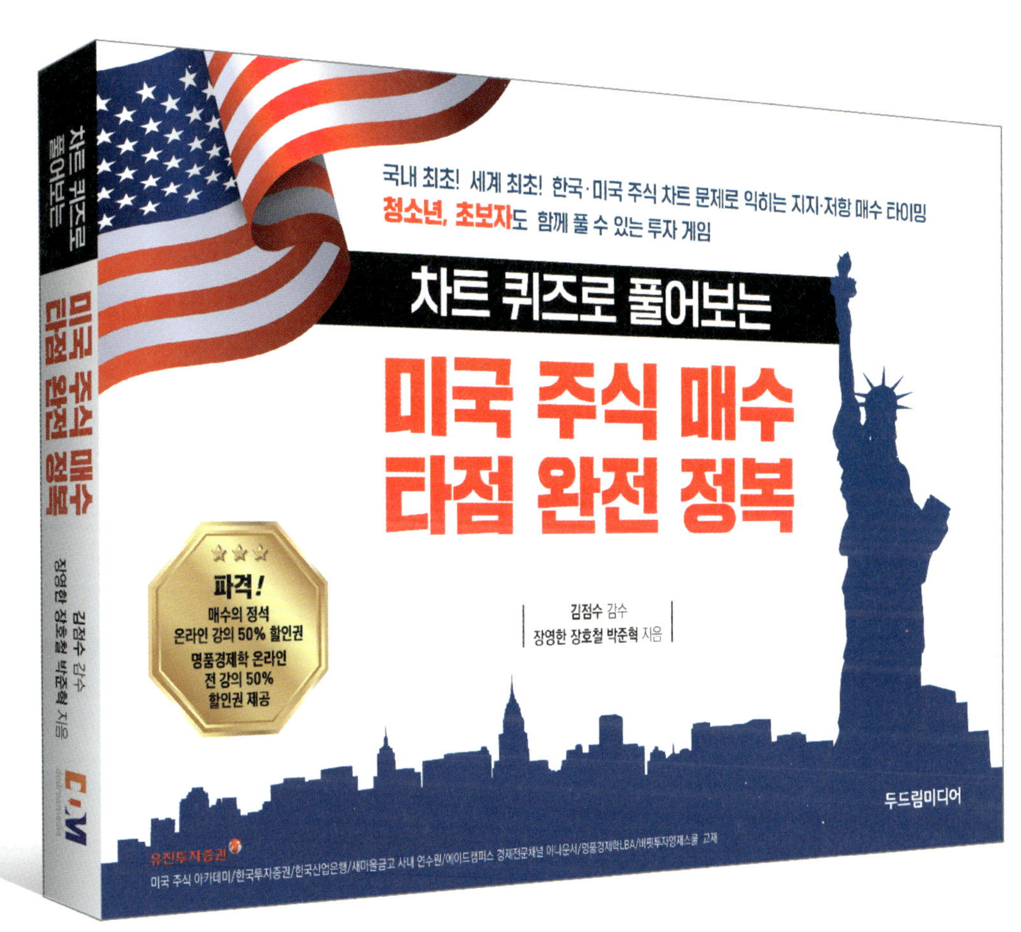
차트 퀴즈로 풀어보는
미국 주식 매수 타점 완전 정복
김점수 감수
장영한 장호철 박준혁 지음
국내 최초! 세계 최초! 한국·미국 주식 차트 문제로 익히는 지지·저항 매수 타이밍
청소년, 초보자도 함께 풀 수 있는 투자 게임
차트 퀴즈로 풀어보는
미국 주식 매수
타점 완전 정복
파격!
매수의 정석 온라인 강의 50% 할인권
명품경제학 온라인 전 강의 50% 할인권 제공
두드림미디어
유진투자증권
미국 주식 아카데미/한국투자증권/한국신업은행/새마을금고 사내 연수원/에이드캠퍼스 경제전문채널 이나운서/명품경제학LBA/배핏투자영재스쿨 교재

PART 09

패턴 2의 매매시점 포착 노하우를 공개한다

주식 투자의 경우, 패턴 1은 일봉 차트 위주로 매매시점을 포착하지만, 패턴 2는 일봉 차트에서 투자 전략을 수립하고, 60분봉 차트에서 매매시점을 포착한다. 그리고 선물옵션은 30분봉 차트에서 투자 전략을 수립하고, 15분봉과 5분봉 차트에서 매매시점을 잡는다. 패턴 2는 깊은 가격 조정이기 때문에 기준 차트만 보면 비추세 혹은 하락추세로 오인할 수 있다. 이때 상위 차트, 즉 주식의 경우 주봉 차트를 참조하면 보다 정확한 추세를 파악할 수 있고 지지요소도 확연히 알 수 있다. 패턴 2는 강하게 하락하는 주가의 저점을 예측해서 매수하는 기법이기 때문에 지지요소가 확실한 시점에서만 매매해야 하고, 손절은 100% 실천해야 한다. 설령 한두 번 손절되더라도 시나리오가 유효하면 다시 매수하는 끈기가 필요하다.

패턴 2는 매수 후 장기보유해야 유리하다

패턴 2는 상승추세지만 깊은 가격 조정이므로 매수세보다 매도세가 더 강하다.
이런 상황에서 저점 매수를 노리는 기법이기 때문에 자주 손절될 가능성이 있다.

장영한의 1분 카페 

- 깊은 가격 조정 후에는 높은 상승폭을 기대할 수 있다.

- 패턴 2는 깊은 가격 조정이기 때문에 작은 이익실현에 연연해서는 안 된다.

- 적은 이익을 추구할 거라면 차라리 패턴 3으로 매매하는 것이 훨씬 안전하고 경제적이다.

- 매매일지를 반드시 기록해서 자신의 매매에 대해 충분히 검토해야 한다.

패턴 2는 깊은 가격 조정이다. 산이 높으면 골이 깊고 골이 깊으면 산이 높듯이, 깊은 가격 조정 후에는 상승폭 또한 높게 나온다. 따라서 패턴 2로 매수 시 적은 이익에 연연해서는 안 된다. 적은 이익을 추구할 거라면 차라리 패턴 3으로 매매하는 것이 훨씬 안전하고 경제적이다. 패턴 3은 이미 상승이 확인된 종목의 눌림목을 공략하는 것이기 때문에 승률이 높고 기간 조정을 거칠 일도 없다.

패턴 2는 상승추세지만 깊은 가격 조정이므로 매수세보다 매도세가 더 강하고, 아직 바닥이 확인되지 않은 구간이다. 이런 상황에서 저점 매수를 노리는 기법이기 때문에 자주 손절될 가능성이 있다.

오른쪽 페이지에 나오는 한화의 일봉 차트를 살펴보면 2024년 말, 주가는 오랜 횡보 끝에 패턴 1을 형성하며 추세 전환의 신호를 보였다. 이후 점차 매수세가 유입되며 상승 기반을 다졌다. 2025년 4월에는 이중바닥과 패턴 2가 출현했다. 이는 이동평균선 지지와 함께 나타난 강력한 상승 신호였고, 실제로 주가는 급격히 상승해 6~7월에는 최고점(113,600)을 기록했다.

여기서 핵심은 패턴 2는 단기매매보다 장기보유에 유리하다는 점이다. 조정 구간이 있더라도 추세가 살아 있는 한 보유를 이어가면 큰 수익으로 이어질 가능성이 크다. 따라서 패턴 2는 단순한 매수 신호가 아니라, 추세 전체를 이끌어가는 장기 전략의 출발점으로 이해해야 한다.

계좌에 마이너스가 나지 않으려면 평소 매매일지를 빠짐없이 기록해서 자신의 승률이 어떻게 되는지, 평균 손절폭은 몇 %인지, 승률과 손절폭을 감안해 계좌를 플러스로 만들기 위해 이익실현은 최소한 몇 % 이상에서 해야 하는지 꼼꼼히 검토해야 한다. 이러한 검토 과정이 없으면 수개월, 아니 수년간 매매해서 손실이 발생해도 왜 악순환이 반복되는지 전혀 알 수 없고, 종잣돈만 점점 줄어들게 된다.

다만, 주식을 처음 접하는 초보자들은 패턴 2에서 포지션을 잡더라도 자신의 계좌가 불어나지 않은 상황에서는 이익 포지션을 오래 보유하지 못하는 경향이 있다. 그러므로 주식 초보자들은 일단 티끌 모아 태산을 만드는 형태로 꾸준히 이익실현을 해 계좌를 어느 정도 플러스 상태로 만들어놓은 후에 패턴 2에서 잡은 포지션을 길게 보유하는 훈련을 해야 한다.

국내 주식 한화 일봉 차트

한화 주가는 오랫동안 저점을 다진 뒤, 2025년 1~2월에 패턴 1을, 이어 3~4월에는 패턴 2를 형성하며 강한 상승추세로 전환되었다. 특히 패턴 2는 여러 번 손절되더라도 한번 성공해 오래 보유하면 큰 수익을 올릴 수 있다.

패턴 1 발생 이후 즉시 상승하지 않을 수도 있다.

MACD 보조지표에 현혹되지 말자

MACD만 보고 추세를 간주해 매매하는 것은 옳지 않다.
적어도 1년 기간의 차트를 놓고 총체적으로 보면서 추세를 판단해야 한다.

장영한의 1분 카페 

- 상승추세에서 MACD는 0선 위에서 등락하고, 하락추세에서 MACD는 0선 아래에서 등락한다.

- 패턴 2는 상승추세에서 MACD가 0선 아래까지 하락했다가 다시 상승하는 것을 말한다.

- 추세는 현재 주가의 위치, 이동평균선의 배열과 방향, MACD 위치 등을 총체적으로 보면서 판단해야 한다.

- 상승추세에서의 패턴 2는 주식을 가장 싸게 살 수 있는 좋은 기회다.

- 아무리 시나리오가 좋고 손절매가 짧아도 추세가 없으면 매매하지 말아야 한다.

상승추세에서 MACD는 0선 위에서 등락하고, 하락추세에서 MACD는 0선 아래에서 등락한다. 패턴 2는 상승추세에서 MACD가 0선 아래까지 하락했다가 다시 상승하는 것으로, MACD만 놓고 보면 완연한 하락추세다.

MACD가 추세를 나타내는 보조지표이기는 하지만, MACD만 가지고 하락추세로 간주하는 것은 옳지 않다. MACD는 0선 아래까지 하락했지만 여전히 상승추세인 종목들이 수없이 많기 때문이다. 적어도 1년 동안 차트를 놓고 현재 주가의 위치, 이동평균선의 배열과 방향, MACD의 위치 등을 총체적으로 보면서 추세를 판단하고 매매를 결정해야 한다.

다음 페이지에 나오는 현대건설의 주봉 차트를 살펴보면, 2025년 2월까지 이동평균선의 역배열 상태가 지속되며 주가는 하락 추세를 이어갔다. 당시 MACD를 보면 MACD선이 0선 아래에 위치해 하락추세의 특징을 보이고 있다.

MACD만 놓고 보면 하락추세로 판단할 수도 있지만, 주가와 이동평균선을 함께 놓고 보면 하락추세라고 말하기 힘들다. 그 이유는 주가가 계속 저점과 고점을 높이고 있고, 장기 이동평균선인 75주와 150주 이동평균선의 방향이 여전히 우상향이기 때문이다. 따라서 MACD에 현혹되지 말고 조정이 마무리되면 다시 기존 추세가 확장될 거라는 믿음을 갖고 매수에 임해야 한다.

패턴매매기법으로 매매할 때 가장 선행되어야 할 사항은 추세를 정확히 판단하는 것이다. 아무리 시나리오가 좋고 손절이 짧아도 추세가 없다면 절대 매매하지 말아야 한다. 추세는 곧 힘인데, 힘없는 종목을 매매할 경우, 좋은 결과가 나올 가능성은 거의 없다. 상승추세에서 MACD가 0선 아래까지 내려오는 깊은 가격 조정은 주식을 저가에 매수할 수 있는 절호의 기회라는 사실을 명심해야 한다.

2024년 12월까지 하락을 이어가던 주가는 패턴 2 출현 후 상승했으나, 하루 급락이 나타났다. 하지만 이중바닥과 패턴 3이 동시에 발생하며 주가는 폭발적인 상승 흐름을 보여주었다.

패턴 2와 150일 이동평균선이 두 차례 맞물리며, 주가는 그때마다 꾸준한 상승세를 보였다.

하위 차트의 열쇠는 상위 차트에 있다

**상위 차트와 하위 차트는 서로 유기적인 연관을 맺고 있다.
따라서 상위 차트와 하위 차트를 연계하면 실전매매에 많은 도움이 된다.**

장영한의 1분 카페 

- 상위 차트와 하위 차트는 서로 유사하며, 상위 차트의 패턴이 하위 차트에 동일하게 적용된다.

- 상위 차트와 하위 차트는 서로 유기적인 연관을 맺고 있기 때문에 상위 차트와 하위 차트를 연계하면 매매에 많은 도움이 된다.

- 주봉 차트에서 패턴 3이 예상되면 일봉 차트에서는 패턴 2가 예상된다.

- 상위 차트에서 변곡점 1개가 형성될 때 하위 차트에서 변곡점 2개가 형성되는 경우가 많다.

- 분봉 차트가 기준 차트인 선물옵션의 경우 상·하위 차트의 관계를 제대로 이해해야 매매결정을 정확히 할 수 있다.

상위 차트와 하위 차트는 서로 유사하기 때문에 하위 차트의 패턴이 상위 차트에 동일하게 적용되고, 상위 차트의 패턴이 하위 차트에 동일하게 적용된다. 즉 주봉 차트에서의 패턴이 일봉 차트에서 그대로 적용되고, 일봉 차트에서의 패턴이 분봉 차트에서 그대로 적용된다. 그리고 상위 차트와 하위 차트는 서로 유기적인 연관을 맺고 있기 때문에 상위 차트와 하위 차트를 연계하면 실전매매에 많은 도움이 된다.

가령 어떤 종목이 주봉 차트에서 15주 이동평균선을 지지하고 상승한다면, 하위 차트인 일봉 차트에서는 75일 이동평균선을 지지하고 상승한다. 또한 주봉 차트에서 33주 이동평균선을 지지하고 상승한다면, 하위 차트인 일봉 차트에서는 150일 이동평균선을 지지하고 상승한다. 따라서 MACD가 0선 근처에서 다시 상승하는 패턴 3이 예상된다면 일봉 차트에서는 MACD가 0선 아래에서 다시 상승하는 패턴 2가 예상된다.

주봉 차트에서 변곡점 1개가 형성될 때 일봉 차트에서는 변곡점 2개가 형성되는 경우가 많다. 이는 일봉 차트에서 변곡점 1개가 형성될 때 60분봉 차트에서는 변곡점 2개가 형성되는 것과 같은 이치다. 따라서 주봉 차트에서 패턴 3일 때 일봉 차트는 어떤 모습을 보이는지, 또 주봉 차트에서 패턴 2일 때 일봉 차트는 어떤 모습을 보이는지 등을 파악하면 투자에 많은 도움이 된다.

특히 분봉 차트가 기준 차트인 선물옵션의 경우 이러한 상·하위 차트의 관계를 제대로 이해해야 매매를 결정을 정확히 할 수 있다. 선물옵션은 일봉·60분·30분·15분·5분봉 차트를 함께 놓고 매매 타이밍을 포착하는데, 이러한 원리를 이해하지 못하면 혼란에 빠지기 쉽다.

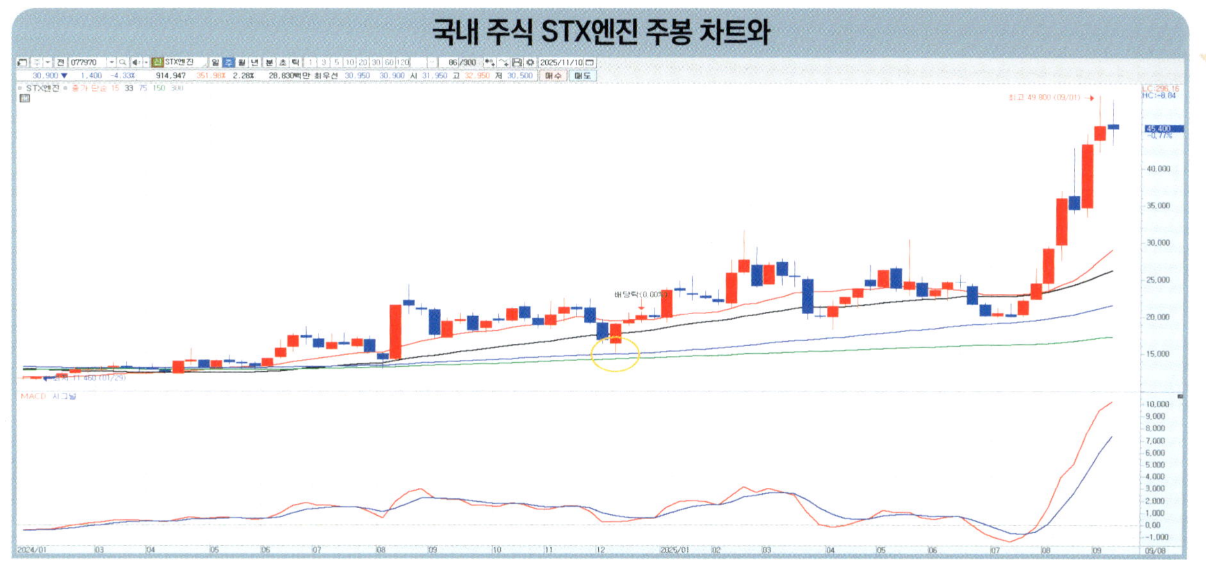

상승추세에서 2024년 12월, 고점을 찍고 75일 이동평균선에서 지지하며 상승하는 패턴 3의 모습을 보이고 기존 추세를 확장했다.

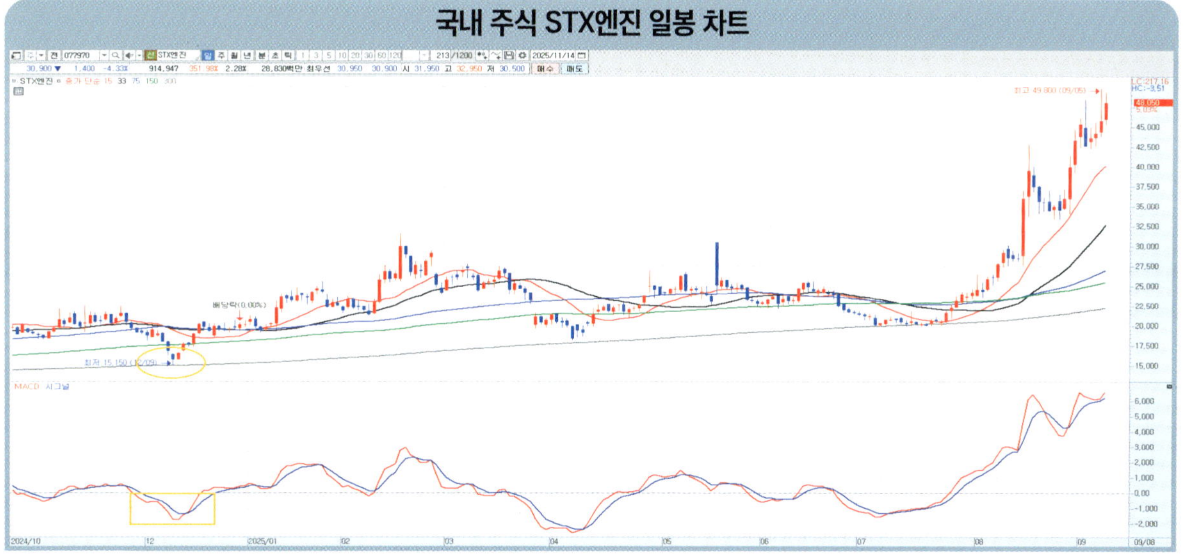

주봉 차트의 75일 이동평균선의 지지 모습을 일봉 차트에서 보면 300일 이동평균선 지지를 받는 패턴 2가 발생한다.

미국 주식 아마존 닷컴 주봉 차트

주봉 차트상 75일 이동평균선지지의 모습이다.

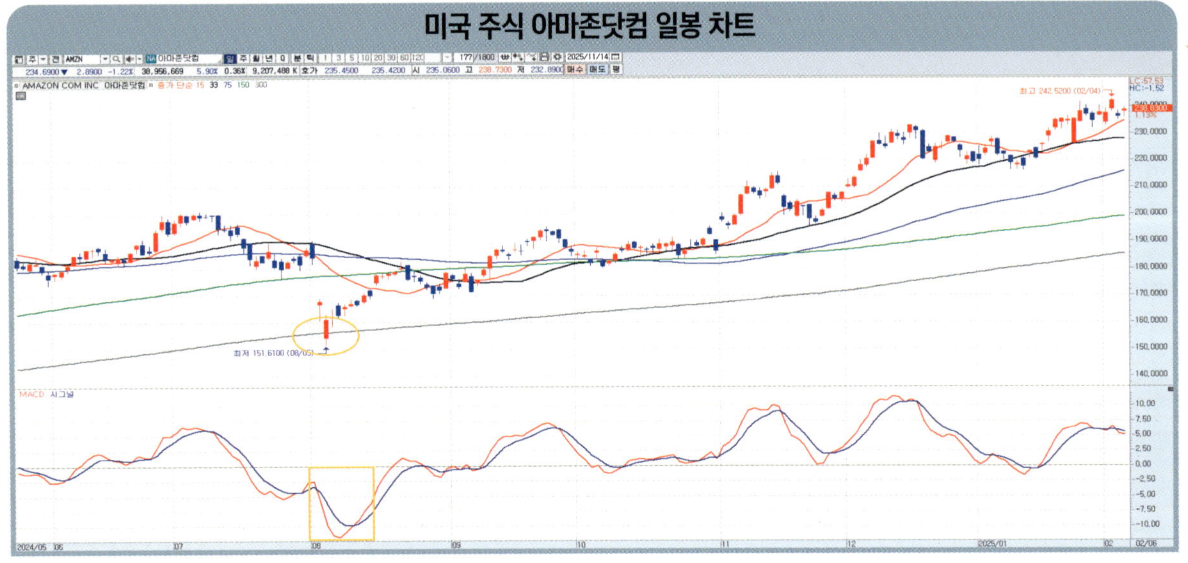

미국 주식 아마존닷컴 일봉 차트

일봉 차트에서도 300일 이동평균선과 패턴 2가 발생했다.

이유 없는
지지와 저항은 없다

**상위 차트는 하위 차트를 이해할 수 있는 실마리다.
반대로 하위 차트는 상위 차트의 선행지표다.**

장영한의 1분 카페

- 일봉 차트에서 150일 이동평균선을 모두 붕괴시키면 주봉 차트에서 지지선이 없는지를 살펴야 한다.

- 주봉 차트에서 패턴 2가 예상되고 시나리오가 양호하면 저점 매수가 가능하다.

- 주봉 차트에서 패턴 2로 매수 시 무조건 장기보유해야 한다.

- 상위 차트는 하위 차트를 이해할 수 있는 실마리이고, 하위 차트는 상위 차트의 선행지표다.

- 주봉 차트와 일봉 차트를 함께 분석하는 습관만으로도 경쟁력이 생긴다.

주식 투자 시 일봉 차트에서 별다른 매수 근거를 찾지 못해 해당 종목을 포기했는데, 주가가 어느 지점에서 더 이상 하락하지 않고 다시 상승추세를 이어가는 경우가 많다. 뒤늦게 주봉 차트를 체크해보면 일봉 차트에서 찾을 수 없었던 확연한 매수 근거가 발견되기도 한다. 따라서 일봉 차트에서 150일 이동평균선을 모두 붕괴시켰지만 아직 상승추세가 유효하다고 판단될 경우, 주봉 차트를 반드시 확인해야 한다.

주봉 차트에서 75주 이동평균선까지 하락한다면 대개 일주일에 5일 거래가 이루어지므로 일봉 차트의 이동평균선으로 환산하면 375일(75주×5일) 이동평균선이다. 주가가 일봉 차트의 375일 이동평균선까지 하락조정을 받았다면 여전히 상승추세일 수도 있고, 아예 하락추세로 전환되었을 수도 있다. 하락추세로 전환되었다고 판단되면 매매하지 않으면 그만이고, 여전히 상승추세이고 매수 근거가 충분하다면 저점 매수를 노려야 한다.

다음 페이지에 나오는 두산의 주봉 차트를 살펴보면, 2025년 4월에 33일 이동평균선과 패턴 3이 발생해 형성되면서 상승추세가 더욱 강화되었다. 같은 시기 일봉 차트에서는 300일 이동평균선과 패턴 2가 동시에 나타나며 상승 흐름을 이어갔다. 상위 차트와 하위 차트가 동시에 시그널을 줄 때, 상승 가능성은 그만큼 높아진다.

상위 차트는 하위 차트를 이해할 수 있는 실마리이고, 하위 차트는 상위 차트의 선행지표다. 이유 없는 지지와 저항은 없다. '대체 왜 이 가격에서 상승하고 하락했을까?'에 대해 꾸준히 분석하는 습관을 기른다면 오묘한 주가를 이해하는 데 많은 도움이 될 것이다. 주봉 차트와 일봉 차트를 함께 분석하는 작은 습관 하나만으로도 이미 다른 투자자들에 비해 경쟁력을 가질 수 있다.

2025년 4월, 33일 이동평균선과 패턴 3의 지지를 받아 상승하고 있다.

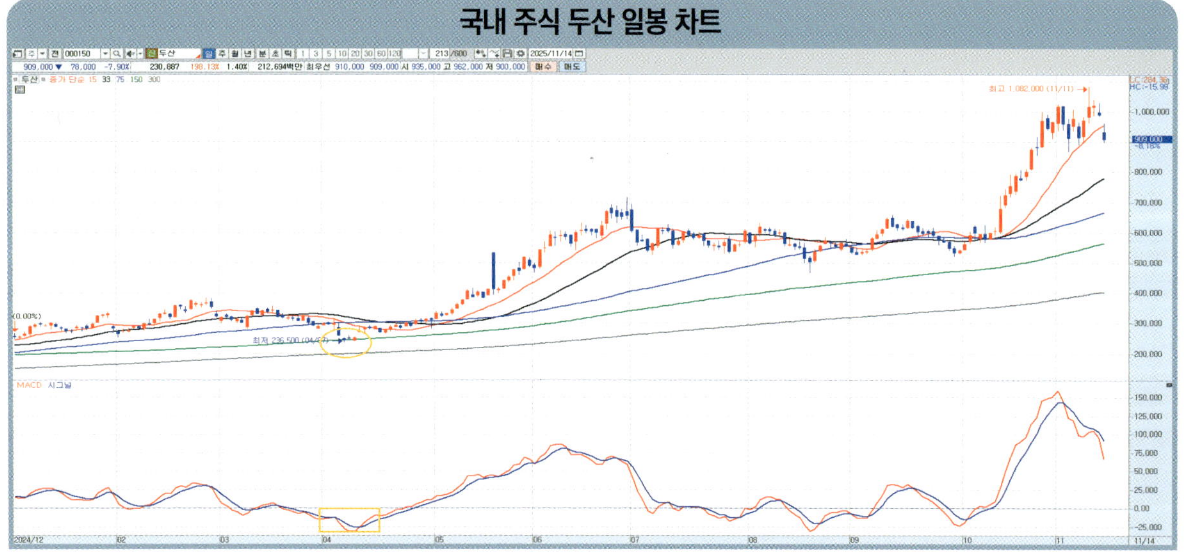

동시에 일봉 차트에서는 150일 이동평균선과 패턴 2가 발생했다.

일본 주식 미즈호파이낸셜그룹 주봉 차트

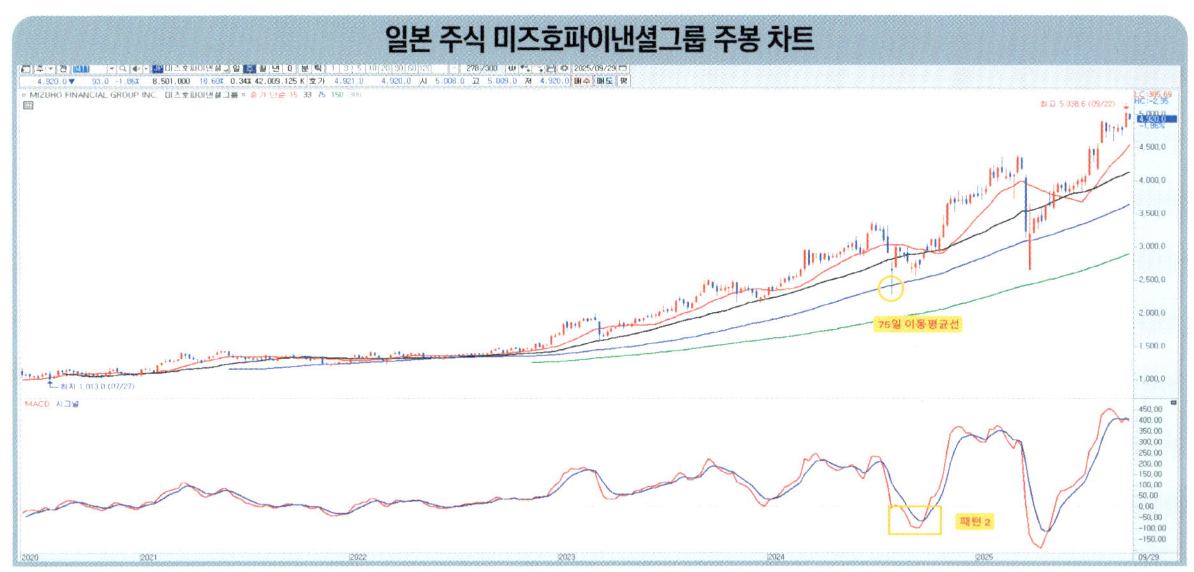

75일 이동평균선의 지지 후 상승

일본 주식 미즈호파이낸셜그룹 일봉 차트

어느 주식이든 비슷한 양상이 계속 출현한다. 전고점 + 이동평균선 지지 + 다중바닥의 패턴

매수 타이밍은 60분봉 차트에서 포착하자

**60분봉 차트는 일봉 차트에 비해 많은 매수와 매도 신호를 보여준다.
일봉 차트에서 추세를 판단한 다음 60분봉 차트를 보며 매수하는 것이 정석이다.**

장영한의 1분 카페 

- ➡ 패턴 2와 패턴 3은 일봉 차트에서 투자 전략을 수립하고, 60분봉 차트에서 구체적인 매수 타이밍을 포착한다.

- ➡ 60분봉 차트를 활용하면 일봉 차트로 매수하는 것과 비교할 때 훨씬 저가에 매수할 수 있다.

- ➡ 저가 매수가 중요한 것이 아니라 정확한 신호를 확인하고 매수하는 것이 중요하다.

- ➡ 미리 매수 신호를 알려주는 지표는 없다. 주가가 하락을 멈추고 상승해야 매수신호가 발생한다.

- ➡ 싸게 매수하고 싶다면 60분봉 차트를 적극적으로 활용해야 한다.

패턴 1은 일봉 차트를 보고 매수 타이밍을 포착한다. 물론 일봉 차트도 수렴하고 60분봉 차트도 수렴하면 더욱 좋다. 패턴 2와 패턴 3은 일봉 차트에서 투자 전략을 수립하고, 60분봉 차트에서 구체적인 매수 타이밍을 포착한다. 60분봉 차트는 1시간에 봉이 하나 형성되기 때문에 아무래도 일봉 차트보다 정교하다. 따라서 60분봉 차트를 활용하면 일봉 차트로 매수하는 것과 비교할 때보다 저가에 매수할 수 있는 장점이 있다.

괜히 좀 더 싸게 매수하고자 30분봉 차트, 심지어 15분봉 차트, 5분봉 차트까지 참조하면 여러 차트가 주는 신호에 오히려 혼란을 겪게 되고, 매수 신호가 아직 제대로 나오지 않았는데 미리 매수해 손절매를 하게 된다. 저가에 매수하는 것보다 정확한 신호를 확인하고 매수하는 것이 더 중요하다. 그런데 매수 신호를 미리 알려주는 지표는 없다. 주가가 하락을 멈추고 상승해야 매수 신호가 발생하는 것이다.

싸게 사고 싶다면 60분봉 차트를 적극 활용해야 한다. 그렇다고 60분봉 차트에만 재미를 붙여 상위 차트이자 기준 차트인 일봉 차트를 무시해서는 안 된다. 60분봉 차트는 일봉 차트에 비해 많은 매수와 매도 신호를 보여준다. 따라서 잘못하다가는 단타의 유혹에 빠질 가능성이 크다.

일봉 차트에서 추세를 판단하고 투자 전략을 수립한 다음에 60분봉 차트를 보며 매수하는 것이 정석이다. 패턴 2 형성 시 60분봉 차트는 다양한 형태를 보이는데, 이처럼 매수 디버전스가 완성되면 좋은 매수 타이밍이다.

패턴 2에서 60분봉 차트의 형태는 변곡점 1개, 쌍바닥, 매수 디버전스 등이다. 이 중 쌍바닥과 매수 디버전스 모습을 보이면 좋다. 매수도 수월하고 손절 가격도 명확하기 때문이다.

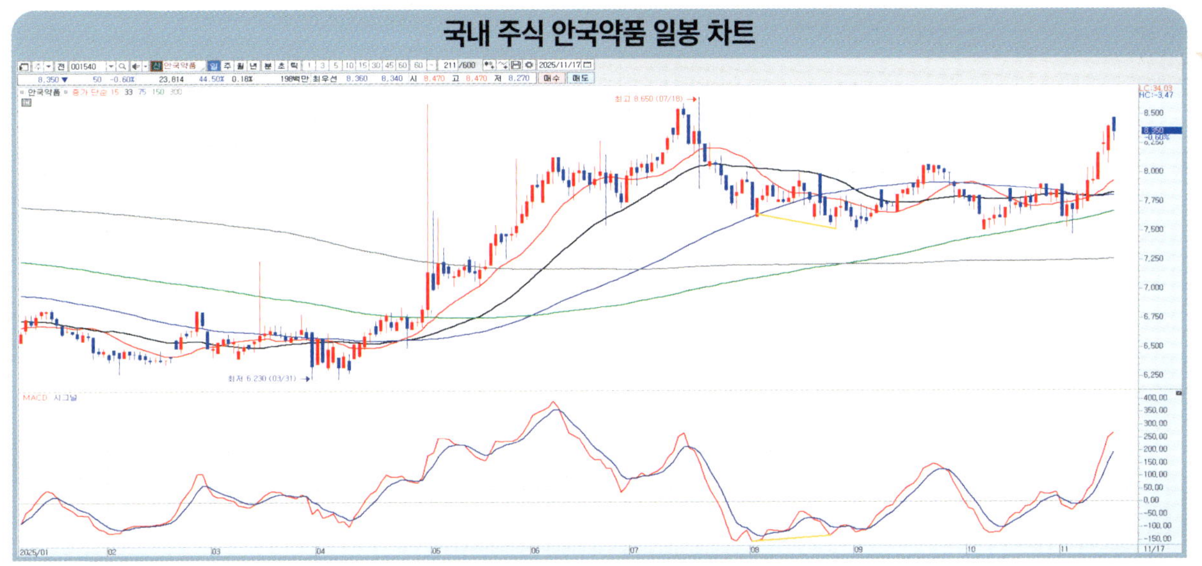

2025년 8월, 패턴 2와 매수 디버전스가 발생했다. 매수하기 아주 좋은 타이밍이다.

8월, 패턴 2와 매수 디버전스가 60분봉에도 발생했다.

미국 주식 시저스 엔터테인먼트 일봉 차트

미국 주식 시저스 엔터테인먼트 60분봉 차트

60분봉 차트상 매수 디버전스는 가장 믿을 수 있는 매수 타이밍이다

**실제로 많이 발생하고 신뢰도가 높은 60분봉 차트의 형태는 매수 디버전스다.
매수 디버전스가 발생했다는 것은 매도세는 약화되고, 매수세는 유입되고 있다는 증거다.**

일봉 차트에서 패턴 2가 예상되면 60분봉 차트에서 구체적인 매수 타이밍을 잡는다. 이때 60분봉 차트는 변곡점 1개가 형성될 수도 있고, 쌍바닥이 나올 수도 있으며, 매수 디버전스가 만들어질 수도 있고, 변곡점이 여러 개 만들어질 수도 있다. 그런데 실제로 많이 발생하고 신뢰도가 높은 형태는 매수 디버전스다. 아무리 좋은 매수 신호라고 해도 어쩌다 한 번 나올까 말까 하는 신호는 좋은 신호라고 볼 수 없다.

그렇다고 매수 디버전스 발생 시에만 매수해야 하는 것은 아니다. 60분봉 차트보다 일봉 차트가 훨씬 더 중요하다. 패턴 2가 예상되는 종목이 여러 개 있다면 일봉 차트를 기준으로 가장 좋은 종목을 선정하되, 60분봉 차트에서 매수 디버전스가 발생하면 금상첨화다. 매수 디버전스가 발생했다는 것은 매도세는 약화되고, 매수세는 유입되고 있다는 증거이기 때문이다.

다음 페이지에 나오는 일본 주식인 아식스 고베의 일봉 차트를 보면, 전반적으로 명확한 상승추세를 유지하고 있다. 2025년 6월에는 150일 이동평균선과 패턴 2가 만나며 상승세가 한층 강화되었고, 2025년 7월 22일에는 패턴 3과 33일 이동평균선이 함께 출현하며 주가가 다시 상승했다. 특히 같은 시기에 60분봉 차트에서도 매수 디버전스가 동시에 발생해 상승추세를 이어갔다.

일봉 차트에서 지지 가격이 확연하고, 60분봉 차트에서도 저점을 찍으며 상승하고 있다고 판단되는 경우에는 MACD선이 SIGNAL선을 골든크로스시킬 때 매수하는 것도 좋은 방법이다. 다만 보다 싸게 매수하고자 하면 주가의 속임수에 당하기 쉬우므로 조금 더 비싸게 사더라도 확실한 매수 신호가 완성될 때 매수하는 습관이 매우 중요하다.

33일 이동평균선의 지지

매수 디버전스 발생

패턴 2, 단 한 번의 매매로 큰 수익을 볼 수 있다

**매수 후 한번 손절했다고 해서 포기하는 것은 좋지 않다.
손실은 빨리 자르고, 이익은 길게 보유하는 투자 습관을 기르는 것이 중요하다.**

장영한의 1분 카페

- ➔ 내일의 주가는 아무도 알 수 없다.
- ➔ 상승추세의 패턴 2는 매수세보다는 매도세가 우세한 상황이다.
- ➔ 매수 후 한번 손절되었다고 해서 포기하는 것은 좋지 않다. 시나리오가 유효하면 다시 시도해야 한다.
- ➔ 손실은 빨리 자르고, 이익은 길게 보유해야 한다.
- ➔ 패턴매매기법의 특징은 여러 차례 손절되더라도 한두 번의 매매로 자산을 플러스로 만들 수 있다는 것이다.

상승추세의 패턴 2는 매수세보다는 매도세가 우세한 상황이다. 즉, 주가가 상승하려는 힘보다 하락하려는 힘이 훨씬 강하다고 볼 수 있다. 이러한 상황에서 단 한 번에 저점을 잡는 것은 불가능하다. 따라서 매수 후 한번 손절했다고 해서 포기하는 것은 좋지 않다. 시나리오가 여전히 유효하다고 생각되면 다시 한번 시도해야 한다.

다음 페이지에 나오는 동국홀딩스의 일봉 차트를 살펴보면, 주가는 오랫동안 하락 추세를 이어왔다. 하지만 2025년 4월, 강한 패턴 2가 발생하면서 흐름이 바뀌기 시작했다. 하락추세였던 차트는 이 시점을 기점으로 역배열이던 이동평균선들까지 정배열로 확산되며 상승추세로 돌아섰다. 4월에 매수를 놓쳤더라도 기회는 있었다. 6월 말, 주가는 33일 이동평균선까지 가격 조정을 받았지만 33일 이동평균선의 지지를 받아 다시 반등하며 상승추세를 이어갔다.

배팅 한 번으로 손절되었다고 해서 결코 실망하거나 포기해서는 안 된다. 좋은 기회가 다시 오면 용기와 신념을 가지고 과감하게 배팅해야 한다. 간접 투자도 리스크가 있는데, 하물며 직접 투자에 리스크가 없겠는가? 리스크 없이 수익을 보려고 하는 것은 도둑 심보다. 패턴 2는 여러 차례 손절되더라도 단 한 번의 매매로 기존의 손실을 만회하고 큰 수익을 볼 수 있는 매매기법이다.

주가는 하락추세였지만, 단 한 번의 강한 패턴 2가 흐름을 뒤집고 상승을 만들어냈다. 그만큼 패턴 2의 힘은 강하다.

패턴 2와 300일 이동평균선의 지지를 받았다.

양방 매수 디버전스는 신이 주신 고귀한 선물이다

양방 매수 디버전스는 곧, 매도세가 감소하고 매수세가 증가했다는 것을 뜻한다.
따라서 양방 매수 디버전스가 발생하는 패턴은 성공 확률이 높다.

장영한의 1분 카페 

- ➡ 패턴 2가 예상될 때 일봉 차트에서 매수 디버전스가 발생하면 적극 매수해야 한다.
- ➡ 일봉 차트와 60분봉 차트에서 동시에 매수 디버전스가 발생하면 성공 확률이 더욱 높다.
- ➡ 아무리 확실한 타이밍이라 생각되어도 리스크 관리수단인 손절매는 필수다.

조우태의 Tip 

- ➡ 양방 매수 디버전스는 시장이 방향을 바꾸려는 드문 신호다. 이런 구간은 흔하지 않으며, 그만큼 가치가 크다.
- ➡ 기회를 볼 줄 아는 사람만이 기회를 잡을 수 있다.

상승추세에서 깊은 가격 조정을 받은 이후 일봉 차트에서 매수 디버전스가 발생하면 앞으로 다시 상승추세를 확장할 가능성이 크다. 그런데 그 하위 차트인 60분봉 차트에서도 매수 디버전스가 발생하면 서로 시너지 효과가 극대화되어 최적의 매수 타이밍이 된다. 이렇게 일봉 차트와 60분봉 차트에서 동시에 매수 디버전스가 발생하는 패턴은 발생 빈도수는 적지만, 성공 확률이 높기 때문에 적극적으로 매수해야 한다.

일봉 차트와 60분봉 차트에서 동시에 매수 디버전스가 발생한다는 것은 매도세가 감소하고 매수세가 증가해 상승할 채비를 완벽하게 갖췄다는 뜻이다. 그리고 이 경우, 매수 타이밍을 포착하기에도 수월하다. 선물옵션에서도 이와 같은 논리가 적용된다. 예컨대 30분과 15분과 5분봉 차트, 30분과 15분봉 차트, 15분과 5분봉 차트에 동시에 매수 디버전스가 형성되면 진입도 수월하고 성공 확률도 높다.

오른쪽 페이지에 나오는 동부건설우의 차트를 살펴보면 전반적으로 하락 추세가 이어지고 있다. 중간중간 강하게 솟구치는 양봉이 나타나지만, 전체 흐름은 여전히 하락세다. 그러나 단순히 하락하고 있다고 해서 시장을 포기해서는 안 된다. 2025년 4월, 차트에서는 패턴 2와 매수 디버전스가 동시에 발생했다. 이때 같은 시기의 하위 차트에서도 패턴 2와 매수 디버전스가 함께 출현했다. 이처럼 상위 차트와 하위 차트에서 동일한 신호가 동시에 나타날 경우, 하락추세는 상승추세로 전환될 가능성이 크다.

양방 매수 디버전스는 주봉 차트와 일봉 차트에서 모두 이동평균선이 수렴하는 패턴 1과 결코 다르지 않다. 아버지와 어머니의 뜻이 서로 일치해야 가정이 화목하듯, 주가도 마찬가지라고 생각하면 된다. 주봉 차트인 아버지와 일봉 차트인 어머니, 분봉 차트인 자녀들의 뜻이 서로 일치해야 행복한 가정이 된다.

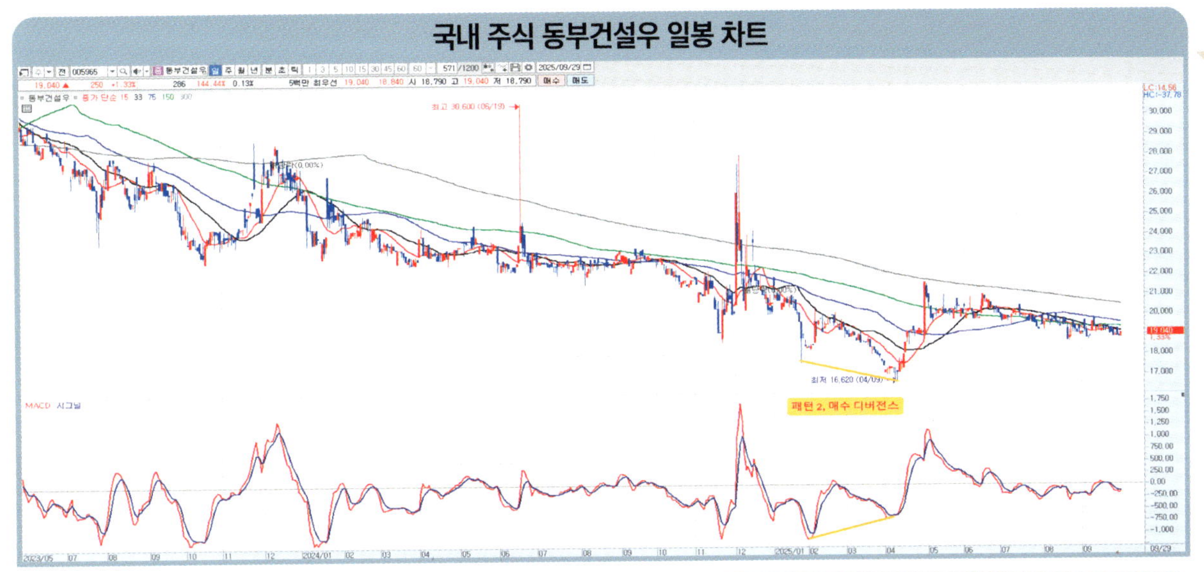

국내 주식 동부건설우 일봉 차트

주가는 지속적인 하락세를 보이고 있으나, 2025년 4월에는 패턴 2와 매수 디버전스가 동시에 발생하며 추세 확장의 초기 신호를 보이고 있다.

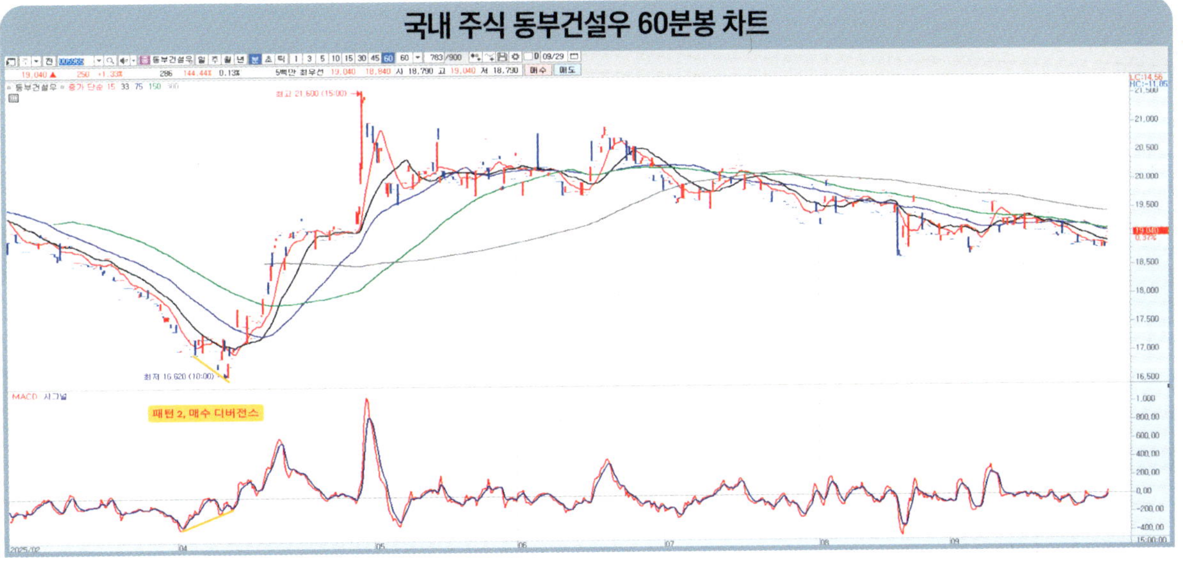

국내 주식 동부건설우 60분봉 차트

60분봉 차트 역시 일봉 차트와 마찬가지로 매수 디버전스와 패턴 2가 발생했다.

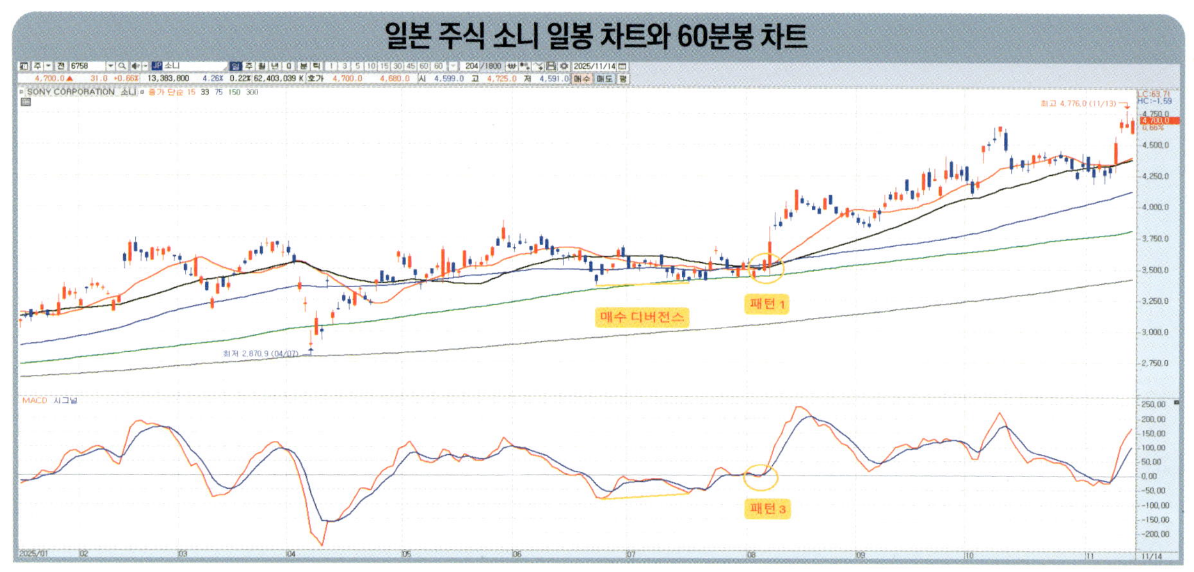

7월 16일 일봉 차트에서 이중바닥 & 매수 디버전스

150일 이동평균선 지지 순간에 60분봉에서는 매수 디버전스가 발생 후 매수 타점이 발생했다.

'이동평균선 + 전고점(전저점) + 의미 있는 가격대'는 최적의 조합이다

**매수 후 한번 손절했다고 해서 포기하는 것은 좋지 않다.
손실은 빨리 자르고, 이익은 길게 보유하는 투자 습관을 기르는 것이 중요하다.**

장영한의 1분 카페

→ 패턴 2는 깊은 하락조정을 받고 있는 가운데 어디에서 지지할 것인지를 예측하고 매수하는 기법이다.

→ 지지의 요소에는 추세선, 이동평균선, 전고점(또는 전저점), 갭, 의미 있는 가격대 등이 있다.

→ 패턴이 예상되는 종목에 지지의 요소가 많으면 많을수록 지지 가능성은 커진다.

→ 매매 횟수를 늘려 수익을 내는 것보다는 좋은 매매 타이밍에서만 매매하는 것이 훨씬 안전하고 높은 수익을 얻을 수 있는 방법이다.

패턴 2는 깊은 하락조정을 받고 있는 가운데 어디에서 지지할 것인지를 예측하고 매수하는 기법이다. 주가가 하락하고 있는데 저점을 예측하는 것만큼 위험천만한 것은 없다. 그래서 아무 때나 매수하지 않고, 매수하더라도 손절을 반드시 지정해야 하는 것이다.

이동평균선과 전고점(또는 전저점), 의미 있는 가격대가 맞물리면 아주 좋은 매수 타이밍이다. 이동평균선도 지지 역할을 하고, 많은 거래가 형성된 전고점도 지지 역할을 하며, 의미 있는 가격대도 지지 역할을 하기 때문이다.

패턴매매기법에서는 지지와 저항의 역할을 하는 요소를 추세선, 이동평균선, 전고점(또는 전저점), 갭, 의미 있는 가격대, 이렇게 5가지로 보고 있다. 이 5가지 요소 중 패턴이 예상되는 종목에 지지의 요소가 많을수록 지지 가능성은 그만큼 높아진다.

'이동평균선+전고점(또는 전저점)+의미 있는 가격대'는 패턴 2뿐만 아니라 패턴 3에서도 매우 유용하다. 그리고 주봉 차트에서도 이러한 패턴은 매우 자주 발견된다. 예를 들어, 75주 이동평균선과 전고점, 10만 원 가격대 지지가 예상되는 패턴 2라면 손절되는 한이 있더라도 한번 시도해볼 만하다. 매매 횟수를 늘려 수익을 내는 것보다는 좋은 매매 타이밍에서만 매매하는 것이 훨씬 안전하고 높은 수익을 얻을 수 있는 방법이다.

선물옵션은 최적의 매매 타이밍이 올 때까지 기다리는 재미가 있고, 주식 투자는 최적의 매매 타이밍이 발생한 종목을 고르는 재미가 있다. 좋은 종목을 선정하기 위해서는 일단 부지런히 차트를 검색해야 한다. 일찍 일어나는 새가 벌레를 먼저 잡듯이 다들 쿨쿨 자고 있는 이른 아침에 좋은 시나리오가 있는 종목을 발굴하는 것만큼 기분 좋은 일도 없다.

2024년 2월 고점을 찍은 이후 150일 이동평균선까지 깊은 가격 조정을 받았다. 그러나 150일 이동평균선과 전고점 가격대가 동시에 지지선으로 작용하며, 기존 추세를 강하게 확장했다.

전고점 + 150일 이동평균선 지지의 패턴이다.

피보나치 수열은 기술적 분석의 조미료 역할을 한다

피보나치 수열은 기술적분석의 조미료 같은 역할을 하며, 매수 시 강한 확신을 심어준다.

장영한의 1분 카페 

- 아주 간단한 기술적 분석 하나만 추가하더라도 투자 승률을 향상시킬 수 있다.
- 피보나치 수열의 중요성은 그 어떤 기술적 분석에도 뒤지지 않는다.
- 피보나치 수열은 패턴 3보다는 깊은 가격 조정인 패턴 2에서 진가를 더 발휘한다.
- 패턴매매기법에서 사용하는 기술적 분석은 무척 단순하다.

많은 전문가들이 종합주가지수 조정폭을 계산할 때 피보나치 수열을 즐겨 사용한다.

조그마한 발상의 전환이 기업의 운명과 사람의 인생을 바꾸듯 아주 작은 기술적 분석 하나만 추가해도 투자 승률을 향상시킬 수 있다. 그 중 하나가 바로 '피보나치 수열'이다.

피보나치 수열은 차트상에 바로 보이지 않고 직접 그려야 하는 번거로움이 있어 등한시하기 쉽지만, 그 중요성은 어떤 기술적 분석에도 뒤지지 않는다. 특히 얕은 조정인 패턴 3보다는 깊은 가격 조정인 패턴 2에서 피보나치 수열의 진가를 발휘한다.

상승파동의 중간인 50%뿐만 아니라 38.2%, 61.8%도 지지 가능성이 상당히 높다. 특히 패턴 2에서는 61.8%의 조정을 받고, 다시 기존 추세를 확장하는 경우도 많다. 그렇다고 해서 피보나치 수열 하나만으로 지지 여부를 논해서는 안 된다. 추세선, 이동평균선, 전고점(또는 전저점), 의미 있는 가격대 지지를 살펴보고 피보나치 수열과 맞물리는지도 체크해야 한다.

피보나치 수열은 기술적 분석의 조미료 같은 역할을 하며 매수 시 강한 확신을 심어준다. 피보나치 수열을 사용하느냐 사용하지 않느냐는, 망원경을 사용하느냐 사용하지 않느냐에 비교된다. 즉, 망원경이 없어도 조준하는 데는 문제가 없지만, 망원경을 사용하면 명중 가능성이 큰 것과 마찬가지다. 이런 까닭에 많은 전문가들이 종합주가지수 조정폭을 계산할 때 피보나치 수열을 즐겨 사용한다.

패턴매매기법에서 사용하는 기술적 분석은 매우 단순하다. 복잡한 캔들 분석도 없고, 각종 보조지표를 놓고 설명하지도 않는다. 그 이유는 하루나 이틀 주가 흐름을 보며 매매하는 기법이 아니라 추세를 중시하는 매매기법이기 때문이다. 주가의 큰 흐름은 어느 정도 예측 가능하지만, 내일 양봉이 나올지 음봉이 나올지는 예측하기 힘들다.

국내 주식 CJ 일봉 차트

2014년 8월에 고점을 찍은 주가는 75일과 150일 이동평균선을 모두 붕괴시키는 깊은 가격 조정을 받았다. 그러나 상승파동의 50%와 이중바닥의 지지에 성공하며 상승했고, 61.8% 조정 후 기존 추세를 다시 확장했다.

2014년 9월 고점과 2015년 3월 저점 영역이 일치하고 75일 이동평균선도 지지했다.

선물옵션은 5분봉 차트로 진입하는 것이 효과적이다

선물옵션은 30분봉 차트에서 투자 전략을 수립하고, 5분봉 차트에서 매매 타이밍을 포착한다.
이때 15분봉 차트도 함께 놓고 매매하면 성공 가능성이 훨씬 커진다.

장영한의 1분 카페 

- 주식 투자는 일봉 차트에서 투자 전략을 수립하고, 60분봉 차트에서 매수 타이밍을 포착한다.

- 국내 선물옵션은 30분봉 차트에서 투자 전략을 수립하고, 5분봉 차트에서 정확한 매매 타이밍을 포착한다.

- 국내 선물옵션은 30분봉 차트가 기준 차트지만, 일봉 차트의 추세를 간과해서는 안 된다.

- 선물옵션은 패턴 3보다는 패턴 2로 매매하는 것이 훨씬 효과적이다.

- 충분한 수익이 났을 때는 여유 있게 매매해도 상관없지만, 본전 부근에서는 최대한 보수적으로 운용하는 것이 좋다.

주식 투자는 일봉 차트에서 투자 전략을 수립하고 60분봉 차트에서 매수 타이밍을 포착하지만, 국내 선물옵션은 30분봉 차트에서 투자 전략을 수립하고 5분봉 차트에서 정확한 매매 타이밍을 포착한다. 이때 15분봉 차트도 함께 놓고 매매하면 성공 가능성이 훨씬 커진다. 그런데 30분봉 차트가 기준 차트라고 해서 30분봉 차트만을 가지고 추세를 판단해서는 안 된다. 상위 차트인 일봉 차트가 하위 차트인 30분봉 차트에 우선한다는 사실을 항상 명심해야 한다.

선물 30분봉 차트에도 패턴 3과 패턴 2가 있는데, 패턴 3보다는 패턴 2가 훨씬 효과적이다. 그 이유는 이미 깊은 조정을 받은 상태이므로 다시 기존 추세를 확장한다면 리스크 대비 리턴이 크기 때문이다.

다음 페이지에 나오는 코스피 선물의 15분봉 차트를 살펴보면 강한 상승추세이며, 지수는 깊은 가격 조정을 받고 150일 이동평균선 아래까지 하락했다. 그렇다고 해서 상승추세가 꺾인 것은 아니기 때문에 선물 신규 매수 타이밍을 포착해야 한다. 9월 1일에 15분봉 차트에서 매수 디버전스가 발생했고, 하위 차트인 5분봉 차트에서도 매수 디버전스가 발생했다.

그런데 5분봉 차트로 진입하면 0.5~1포인트로 손절 범위를 축소시킬 수 있다. 손절 범위가 크면 한번 배팅해 손절당할 경우 다시 배팅할 자신을 잃게 된다. 그리고 3포인트 가량의 손절매를 세네 번 당하면 마진 콜을 당할 위험도 있다. 주식 투자든 선물 투자든 세네 번 연속 손절매를 당할 가능성은 얼마든지 있다. 따라서 본전 부근에서는 최대한 보수적인 운용을 해야 한다.

15분봉 차트와 동일하게 매수 디버전스가 발생해 상승했다.

깊은 가격 조정을 받았으나, 매수 디버전스가 발생해 추세를 확장했다.

손절매를 못하면 절대 고수가 될 수 없다

**손절매에 약한 투자자들은 물타기를 하는 습관이 있다.
매매가 잘못되었다 싶으면 빨리 인정하고 손절매하는 것이 옳다.**

장영한의 1분 카페 

- ⊙ 오늘의 우량주가 내일의 부실주가 될 수 있고, 오늘의 부실주가 내일의 우량주가 될 수도 있다.

- ⊙ 우량주라고 해서 마음 푹 놓고 손절매 하지 않으면 평생 고생한다.

- ⊙ 우량주라고 해서 시장이 급락하는데, 혼자서만 꿋꿋하게 버틸 가능성은 희박하다.

- ⊙ 손절매를 하지 않으면 계속 주가에 끌려다니며 마음고생만 하고, 다른 종목에 투자해서 수익을 낼 수 있는 좋은 기회마저 놓쳐버리게 된다.

- ⊙ 100% 손절매하는 자세, 정확한 매수 타이밍을 포착하려는 자세를 갖추지 않으면 고수가 될 수 없다.

많은 투자자들이 우량주를 사서 장기보유하면 언젠가는 본전을 찾을 수 있을 거라고 생각한다. 그런데 이것은 아주 잘못된 생각이며, 매우 위험한 발상이다. 오늘의 우량주가 내일의 부실주가 될 수 있고, 오늘의 부실주가 내일의 우량주가 될 수도 있다. 따라서 우량주라고 해서 마음 푹 놓고 손절매하지 않으면 낭패를 보기 십상이다.

우량주라고 해서 시장이 급락하는데, 혼자서만 꿋꿋이 버티기는 힘들다. 점차 선물과 현물을 연계한 프로그램 매매가 주를 이루고 있고, 바스켓 안에 포함되는 종목들은 대부분 코스피 200의 우량주로 구성되어 있어 지수가 하락하면 동반 하락한다. 따라서 손절매를 제때 하지 못하면 본전에 근접할 때까지 기간이 오래 걸리거나 아예 하락추세로 전환되어 큰 손실을 보게 된다.

손절매에 약한 투자자들은 평균 매수단가를 낮춰 기술적 반등 시 팔고 나오겠다는 전략으로 물타기를 하는 습관이 있다. 그런데 전략대로 잘 풀린다면 다행이지만, 그렇지 않을 경우 손실이 눈덩이처럼 불어나게 된다. 매매가 잘못되었다 싶으면 빨리 인정하고 손절매를 하는 것이 프로의 자세다. 100% 손절매하는 프로의 자세를 갖추지 못한다면 주식 시장에서 오래 살아남을 수 없다.

패턴매매기법에서는 분할 매수도 권하지 않는다. 분할 매수 전략을 살펴보면 이론은 그럴 듯하지만, 실제 매매를 하다 보면 손절매는 하지 못하고 계속 물타기를 할 가능성이 크기 때문이다. 더욱이 여러 차례 분할 매수를 하기 때문에 정확한 매매 타이밍을 포착하지 않아도 된다는 안일한 생각으로 이어질 수도 있다. 정확한 매수 타이밍을 포착하려는 노력을 하지 않는다면 절대 고수가 될 수 없다. 다음 차트들은 지지선이 무너진 뒤에 손절매를 단행하지 않았다면 겪을 수 있는 시장 상황을 보여준다. 국내 주식도 마찬가지다.

국내 주식 LS ELECTRIC 일봉 차트

2024년 9월, 패턴 2와 매수 디버전스가 발생했다.

미국 주식 오토데스크 일봉 차트

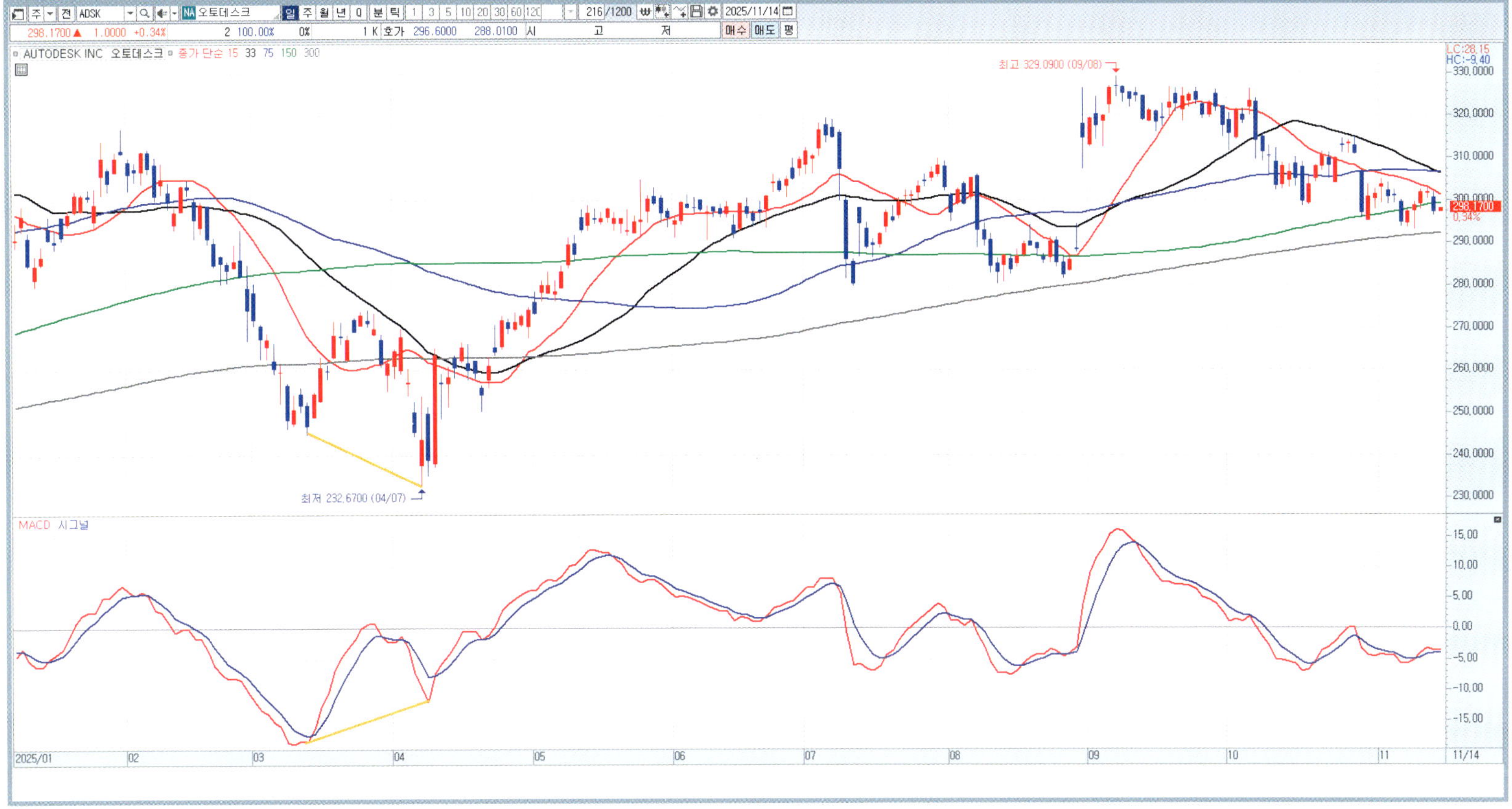

단 한 번의 매수 디버전스로 심한 가격 조정을 받은 주가가 다시 상승해 고점을 찍었다.

조우태의 Tip

150일, 300일 이동평균선, 매수 디버전스, 그리고 패턴 2까지 완벽히 갖춰지며 이상적인 매수 구간이 만들어졌다고 하더라도 주식 시장에서 '확실함'은 존재하지 않는다. 그 누구도 내일의 방향을 단정할 수는 없다.

패턴 2의 매매기법을 충분히 익혀야 한다

종목 선정의 기준을 세워두면 어떤 종목을 매수할 것인지 쉽게 결정할 수 있다.
투자자로서 최대한의 정성과 노력을 기울여야 좋은 결과가 나올 수 있다.

장영한의 1분 카페 

- 종목 선정의 기준을 어느 정도 세워두면 어떤 종목을 매수할 것인지 쉽게 결정할 수 있다.
- 투자자로서 자신이 할 수 있는 최대한의 정성과 노력을 기울여야 좋은 결과가 나올 수 있다.
- 단기간에 매매기법을 터득하려는 것은 욕심이다.

조우태의 Tip 

- 종목을 찾는 도중 패턴 2가 발생한 종목이 보인다면, 즉시 관심 종목에 추가하고 지켜봐라. 곧 성과가 따라올 것이다.

하루에도 패턴 2가 완성되는 종목은 수없이 많다. 과연 그 많은 종목 중에서 어떤 종목을 선정해야 할지 실로 고민되지 않을 수 없다. 기왕이면 주가가 고가인 종목, 거래량이 보다 풍부한 종목, 추세가보다 확연한 종목, 차트가 보다 깔끔한 종목, 상승탄력이 좋은 종목, 지지요소가 확실한 종목, 조정을 견조하게 받은 종목, 60분봉 차트에서 매수하기 수월한 종목, 손절매 범위가 크지 않은 종목 등을 선정하는 것이 좋다.

오른쪽 페이지에 나오는 신영증권의 일봉 차트를 살펴보면 주가가 1만 원 이상이며, 일평균 거래량이 50만 주가 넘을 정도로 풍부하고 상승추세가 확연한 모습이다. 300일 이동평균선과 패턴 2의 결합으로 주가는 짧은 기간 동안 급격히 상승했다. 이후 75일 이동평균선까지 조정을 받았지만, 그 지점에서 다시 패턴 2가 발생하며 상승추세는 다시 강화되었다.

이렇게 종목 선정의 기준을 어느 정도 세워두면 어떤 종목을 매수할 것인지 쉽게 결정할 수 있다. 때로는 가장 좋아 보이던 종목이 상승하지 않을 때도 있고, 그다지 좋아 보이지 않던 종목이 의외로 강하게 상승하는 경우도 적지 않지만, 그렇다고 해서 아무런 기준 없이 매수해서는 안 된다. 투자자로서 자신이 할 수 있는 최대한의 정성과 노력을 기울여야 좋은 결과가 나올 수 있다.

많은 투자자들이 매매기법을 충분히 배우지 않은 상태에서 1~2개월 매매해보고 손실이 나면 또 다른 매매기법을 찾아 나서는데, 단기간에 매매기법을 터득하려는 것은 욕심이다. 단기간에 큰돈을 벌려고 욕심을 부리면 화를 부르기 십상이다. 쉽게 얻어지는 성공은 아무것도 없다. 천 리 길도 한 걸음부터 차근차근 배우는 것이 바람직하다.

300일 이동평균선과 패턴 2, 75일 이동평균선과 패턴 2가 발생해 상승했다.

300일 이동평균선은 확률이 좋은 매수 타점이다.

PART 10

패턴 3으로 달리는 말에 올라타라

상승추세에서의 패턴 3은 MACD가 0선 근처에서 다시 상승하는 것을 말하고, 하락추세에서의 패턴 3은 MACD가 0선 근처에서 다시 하락하는 것을 말한다. 패턴 3은 얕은 가격 조정이기 때문에 다시 추세를 확장할 확률이 높다. 패턴 3의 종류는 변곡점 1개의 패턴 3, 쌍바닥 패턴 3, N자형 패턴 3, 전고점 지지의 패턴 3 등 다양하다. 어느 것 하나 중요하지 않은 패턴이 없기 때문에 그 특징을 정확히 이해하고 실전매매에 응용하는 것이 좋다. 패턴 3은 얕은 가격 조정을 이용해 매매하는 기법이기 때문에 발 빠른 매매가 가능한 투자자들에게 유리하다. 패턴 2에 비해 리스크 대비 리턴이 다소 적긴 하지만, 높은 승률로 좋은 수익을 올릴 수 있다.

33일 이동평균선에서 패턴 3이 발생하는 시점을 잡아라

주식 시장에서 가장 큰 영향력을 행사하는 투자 주체는 외국인 투자자들이다.
외국인 투자자들이 즐겨 사용하는 이동평균선은 33일 또는 35일 이동평균선이다.

장영한의 1분 카페 

- 상승추세에서 패턴 3이란 MACD가 0선 위에서 다시 0선 근처까지 견조한 조정을 받고 기존 추세를 확장하는 것을 말한다.

- 강하게 상승하고 견조하게 조정받으면 주가는 다시 상승할 가능성이 크다.

- 패턴 3은 추세에 순응해 얕은 가격 조정 시 저점 매수하는 기법이기 때문에 성공 확률도 높고 안전하다.

- 대부분 패턴 3은 33일 이동평균선을 지지하고 상승하는 것을 말한다.

상승추세에서 패턴 3이란 MACD가 0선 위에서 다시 0선 근처까지 견조한 조정을 받고 기존 추세를 확장하는 것을 말한다. 강하게 상승하고 견조하게 조정받으면 주가는 다시 상승할 가능성이 크다. 이러한 주가의 기본적인 원리를 적용해 만든 매매 기법이 바로 패턴 3이다. 패턴 3은 추세에 순응해 얕은 가격 조정 시 저점 매수하는 기법이기 때문에 성공 확률도 높고 안전하다.

패턴매매기법에서 사용하고 있는 이동평균선은 15, 33, 75, 150일 이동평균선이다. 이 중 패턴 3과 관련 있는 이동평균선은 15, 33일 이동평균선이다. 그러나 15일 이동평균선은 패턴매매기법에서는 단기 이동평균선이라 할 수 있기 때문에 패턴 1 이후 지지하는 15일 이동평균선 패턴 3이나, 전 고점을 강하게 돌파하며 지지하는 15일 이동평균선 패턴 3 외에는 대부분 33일 이동평균선과 관련이 있다. 특히 업종 대표주나 우량주는 하락조정을 받을 경우, 우선 33일 이동평균선에서 패턴 3이 발생하는지 주의 깊게 살펴봐야 한다.

주식 시장에서 가장 큰 영향력을 행사하는 투자 주체는 누가 뭐라 해도 외국인 투자자들이다. 외국인 투자자들이 즐겨 사용하는 이동평균선은 33일 또는 35일 이동평균선이다. 따라서 33일 이동평균선의 지지에 대한 신뢰도가 매우 높다고 할 수 있다.

많은 투자자들이 20일 이동평균선을 사용하는데, 매스컴에서는 대부분 주가가 20일 이동평균선을 붕괴할 때 손절매해야 한다고 이야기한다. 하지만 주가는 20일 이동평균선 아래로 잠깐 내려가다가 다시 상승추세를 이어가는 경우가 많다. 20일 이동평균선이 붕괴해 60일 이동평균선에서 매수하려고 하면 중간 지점에서 그냥 상승하는데, 그 자리가 바로 33일 이동평균선이다. 33일 이동평균선의 중요성은 아무리 강조해도 지나치지 않다.

이동평균선이 항상 절대적이지는 않다. 자신이 이용하는 이동평균선에서도 꾸준한 매매로 자신만의 확률이 나오도록 꾸준한 매매훈련을 하는 것 또한 매매를 잘하는 지름길이다. 시장에서는 100%라는 것이 없기 때문이다.

MACD가 주로 0선 위에서 등락을 하는 상승추세의 특징을 잘 보여주고 있다. 동그라미 친 부분에서 가격이 더 이상 하락하지 않고 상승하는 모습이다.

패턴 3 사례다.

추세에 순응해 매매하는 것이 돈 버는 지름길이다

상승추세에서 지수가 많이 올랐다고 해서 선물 매도 포지션을 잡는 것은 매우 위험하다.
상승추세에서 선물 매도 포지션은 이익폭은 적고, 손실폭은 크기 때문이다.

장영한의 1분 카페 

- 패턴매매기법에서는 추세에 순응하고 추세 방향으로만 매매하는 것이 성공의 관건이다.

- 상승추세에서 하락조정을 받게 되면 기존 추세인 상승추세가 다시 확장될 것이라는 믿음을 가지고 매수 포지션을 취해야 한다.

- 강하게 상승한 종목이 하락조정을 받으면 또다시 상승하고, 강하게 하락한 종목이 반등을 주면 또다시 하락한다.

- 지수가 어느 정도 상승했다고 해서 매도 포지션을 취하는 것은 매우 위험하다.

- 상승추세의 특징은 상승은 강하고 조정은 약하다는 것이다.

패턴매매기법에서는 추세에 순응하고 추세 방향으로만 매매하는 것이 성공의 관건이다. 추세는 한번 정해지면 그 방향으로만 계속 나아가려는 관성의 법칙이 작용하므로 상승추세에서 하락조정을 받게 되면 기존 추세인 상승추세가 다시 확장될 거라는 믿음을 가지고 매수 포지션을 취해야 한다. 주가가 저점 대비 너무 많이 올랐으니 주가가 깊이 하락할 거라고 추측하는 것은 매매에 별 도움이 안 된다.

많은 투자자들이 상승추세가 강하게 형성된 종목은 주가가 이미 너무 많이 상승해 잘못하면 고점에서 물릴 수 있다는 불안감 때문에 매매를 꺼린다. 그리고 아직 상승으로 전환되지 않은 종목, 바닥권에서 헤매고 있는 종목을 매수하려고 한다. 그런데 강하게 상승한 종목이 하락조정을 받으면 또다시 상승하고, 강하게 하락한 종목이 반등을 주면 또다시 하락하게 마련이다.

다음 페이지에 나오는 ESR켄달스퀘어리츠의 일봉 차트는 MACD가 0선 아래로 잘 내려가지 않는 상승추세의 특징을 잘 보여주고 있다. 2024년 1월부터 4월까지의 구간을 살펴보면 상승추세가 이어지고 있음을 확인할 수 있다. 당시의 MACD는 0선 아래로 크게 내려가지 않으며, 패턴 3이 완성되는 전형적인 상승 지속 구간의 특징을 보여주었다.

이처럼 추세가 확연하면 추세 방향으로만 배팅하는 것이 좋은데, 특히 선물의 경우 지수가 어느 정도 상승했다고 해서 신규 매도(매도 포지션)하는 것은 매우 위험한 일이다. 왜냐하면 상승추세에서는 상승은 강하고 조정은 약해, 이익폭은 적고 손실폭은 크기 때문이다. 따라서 일봉 차트를 기준으로 상승추세라고 판단되면 비록 30분봉 차트에서 하락추세의 모습을 보이더라도 가급적 신규 매도는 자제해야 한다.

두 번 모두 패턴 3의 모습을 보이고 상승했다. 패턴 3은 패턴 2와 달리 견조한 가격 조정이기 때문에 성공 확률이 높다.

일본 주식 미쓰비시UFJ파이낸셜 일봉 차트

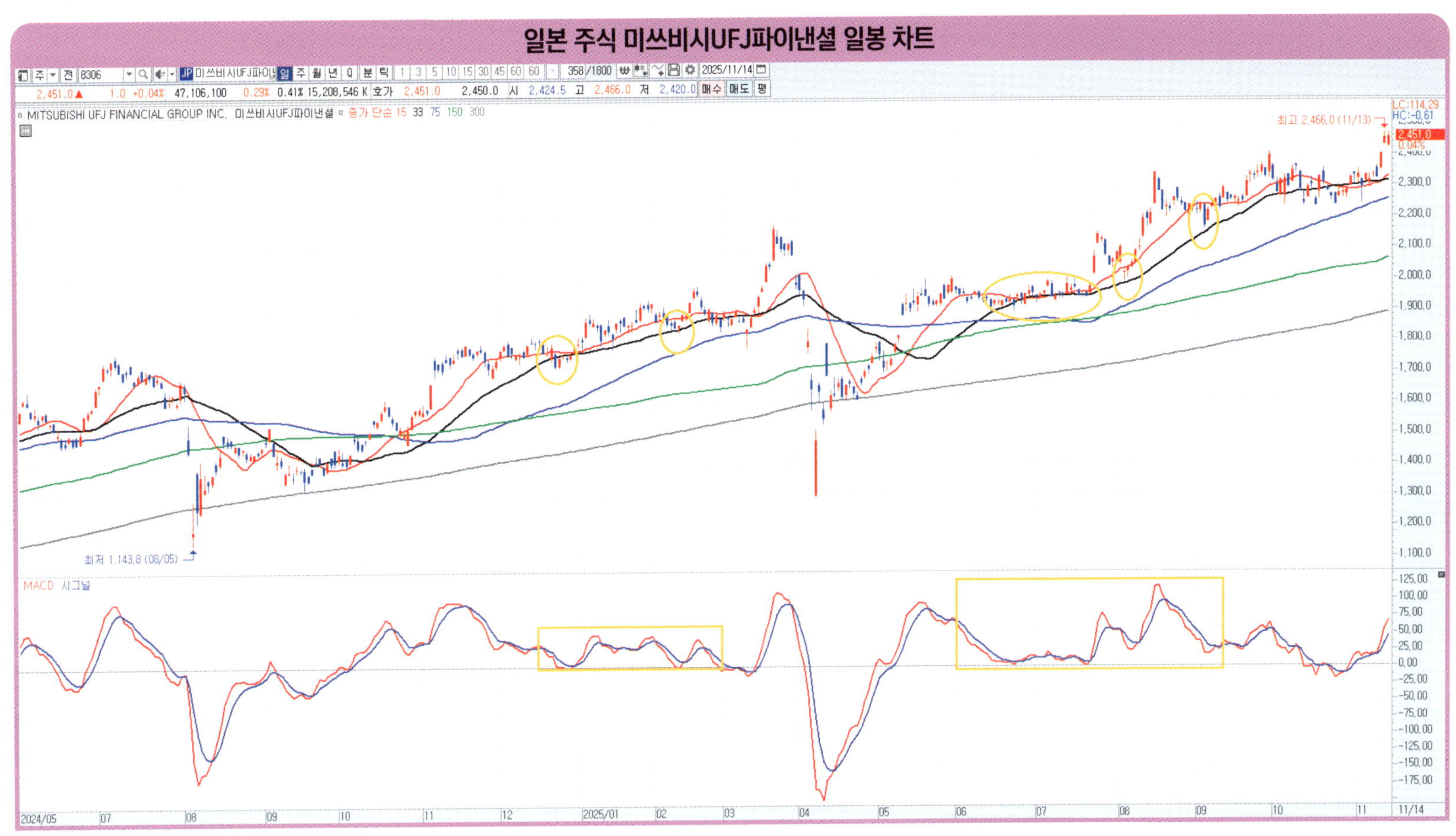

상승추세에서 지속적으로 반복되는 패턴 3의 모습이다.

추세를 무시하면 의외의 낭패가 기다린다

**주식 투자 시 가장 중요한 부분을 차지하는 것은 바로 추세에 대한 믿음이다.
추세가 완전히 전환되었다고 판단되기 전까지는 계속 기존 추세에 순응해야 한다.**

장영한의 1분 카페

- 하락추세의 MACD는 주로 0선 아래에서 등락을 거듭하는 특징이 있다.
- 하락추세에서 MACD가 0선 근처까지 반등하다가 다시 하락하는 것을 '패턴 3'이라고 한다.
- 상승추세에서는 오직 상승방향으로만 배팅하고, 하락추세에서는 오직 하락방향으로만 배팅해야 한다.
- 상승과 하락, 양방향에서 모두 수익을 내려고 하는 것은 지나친 욕심이다.
- 추세가 완전히 전환되었다고 판단되기 전까지는 계속 기존 추세에 순응하며 매매하는 것이 현명한 투자 방법이다.

조우태의 Tip

- 시장을 거스르기보다는 흐름 속에서 이익을 취하라.
- 예측보다 대응이, 확신보다 확인이 중요하다.

하락추세의 MACD는 주로 0선 아래에서 등락을 거듭하는 특징이 있다. 하락추세에서 MACD가 0선 근처까지 상승하다가 다시 하락하는 패턴 3이나, MACD가 0선 위에서 다시 하락하는 패턴 2가 발생하면 기존 추세인 하락추세가 확장될 거라는 믿음을 가지고 선물을 신규 매도하거나 풋옵션을 매수함으로써 수익을 낼 수 있다.

상승추세에서는 기존 추세인 상승추세가 계속 이어질 거라는 믿음을 가지고 매매에 임해야 하고, 하락 추세에서는 기존 추세인 하락추세가 계속 이어질 거라는 믿음을 가지고 매매에 임해야 한다. 상승추세에서 너무 많이 상승했다고 판단해 하락방향으로 배팅하거나, 반대로 하락추세에서 너무 많이 하락했다고 판단해서 상승방향으로 배팅하는 것은 쪽박을 차게 되는 지름길이다.

상승추세에서는 오직 상승방향으로만 배팅을 해야 하고, 하락추세에서는 오직 하락방향으로만 배팅해야 한다. 상승과 하락 양방향에서 모두 수익을 내려고 하는 것은 지나친 욕심이다. 마음을 비우고 정신을 집중해서 한쪽 방향으로 매매를 해도 수익을 낼까 말까인데, 지나친 욕심으로 양방향 모두 매매한다면 그 결과는 뻔하다. 선물옵션에서 손실을 보는 이유 중 하나가 바로 양방향 매매 때문이다.

투자 시 가장 중요한 부분을 차지하는 것은 바로 추세에 대한 믿음이다. 며칠 조정을 받았다고 해서 '하락추세로 전환되면 어쩌나?' 하고, 쓸데없이 걱정할 필요는 없다.

상승추세에서는 조정을 겁내지 말고, 하락추세에서는 반등을 욕심 내지 말아야 한다. 추세가 완전히 전환되었다고 판단되기 전까지는 계속 기존 추세에 순응하고 매매하는 것이 현명하다.

국내 주식 강원랜드 일봉 차트

MACD가 주로 0선 아래에서 등락을 거듭하는 전형적안 하락 구간의 차트다. MACD가 0선 근처에서 다시 하락 구간을 확장하는 패턴 3인데, 선물과 옵션에서 매도 포지션을 취할 수 있는 좋은 타이밍이다.

조우태의 Tip

➔ 매수 디버전스가 상승의 출발점이라면, 매도 디버전스는 하락의 시작이다. 한쪽만 보려고 하지 말고 양쪽 모두를 보자.

이익실현도 할 줄 알아야 한다. 매도를 잘해야 돈도 벌 수 있다.

변곡점 1개의 패턴 3을 주의 깊게 관찰해야 한다

변곡점 1개의 패턴 3은 60분봉 차트에서 변곡점 1개로 상승하는 경우가 많다.
따라서 매수 타이밍이 발생하기 전에 미리 준비하지 않으면 놓치기 쉽다.

장영한의 1분 카페 

- 패턴 3의 종류는 주가의 모습에 따라 변곡점 1개의 패턴 3, 쌍바닥 패턴 3, N자형 패턴 3으로 분류된다.

- 변곡점 1개의 패턴 3은 아차 하면 놓치기 십상이다.

- 일봉 차트에서 매매 근거가 확실하다면 분봉 차트가 어떤 형태를 띠든 중요하지 않다.

- 패턴이 예상되는 종목을 미리 선정해 준비하지 않으면 매수 타이밍을 놓치기 쉽다.

- 패턴 2 이후 첫 번째 눌림목은 지지 가능성이 매우 크다.

패턴 3은 주가의 모습에 따라 변곡점 1개의 패턴 3, 쌍바닥 패턴, N자형 패턴 3 등으로 구분된다. 이 가운데, 변곡점 1개의 패턴 3은 순식간에 패턴이 완성되기 때문에 한눈팔면 결국 놓치고 만다. 지지요소가 확실하면 매수가 그리 어렵지 않지만, 그렇지 않을 경우, 갭 하락하며 상승하고 장대음봉 이후 갭으로 상승하는 일이 많기 때문에 매수하기가 결코 만만치 않다. 변곡점 1개의 패턴 3은 아차 하면 놓치기 십상이다.

패턴 3은 패턴 2와 마찬가지로 60분봉 차트를 활용해 매수 타이밍을 포착한다. 그런데 변곡점 1개로 상승하는 경우가 더 많기 때문에 매수 타이밍이 발생하기 전에 미리 준비하지 않으면 놓치기 쉽다. 하지만 항상 중요한 것은 분봉 차트가 아니라 일봉 차트다. 일봉 차트에서 매매 근거가 확실하다면 분봉 차트가 어떤 형태를 띠든 그것은 중요하지 않다.

주가는 저점에서 많이 상승하면 상승할수록 점점 상승탄력이 둔화된다. 저점 매수 유입은 점점 줄어들고, 차익실현 물량은 점점 증가하기 때문이다. 동일한 33일 이동평균선이라고 해도 주가가 저점에서 많이 상승하면 상승할수록 지지의 강도가 약해질 가능성이 크다. 따라서 패턴 2 이후 첫 번째 눌림목에서의 33일 이동평균선은 신뢰도가 매우 높다.

또한 패턴 2 이후 첫 번째 패턴 3에서의 매수는 오랜 기간 보유할 수 있다는 장점이 있다. 그러나 종목을 미리 선정해 준비하지 않은 투자자에게는 그림의 떡이다.

우량주도 막상 하락하고 반등하는 시점이 되면 주가가 상당히 빠르게 움직인다. 아무런 준비도 하지 않다가 주가가 하락하면, 앞으로 더 하락할 것 같고 저점을 찍고 오르면 너무 오른 것 같은 생각에 매수를 못하게 된다.

국내 주식 삼성E&A 일봉 차트
최고 30,200 (08/27)
최저 16,380 (02/28)
MACD 시그널
2025/02
04
05
06
07
08
08/29

이동평균선을 신뢰하면 답이 보인다.

쌍바닥(이중바닥) 패턴 3은 저점이 확인된 모습이다

저점에서의 쌍바닥과 고점에서의 쌍봉은 주식 투자의 기본이다.
쌍바닥과 쌍봉을 일봉 차트 혹은 분봉 차트에 적용해 시스템 트레이딩으로 사용하는 경우도 많다.

장영한의 1분 카페 

- 주가가 급등하면 주가와 이동평균선 간의 이격은 확대되고, 차익을 실현하고자 하는 매물은 증가하게 된다.

- 주가가 급등해 이격이 확대된 상황에서는 바로 상승하지 않고 가격 조정과 기간 조정을 거쳐야 한다.

- 쌍바닥 패턴 3은 매수 타이밍을 포착하고 손절 가격을 지정하기가 수월하며 성공 확률도 높다.

- 일봉 차트에서 투자 전략을 수립하고 60분봉 차트에서 MACD를 이용해 매수 타이밍을 잡아야 한다.

- 저점에서의 쌍바닥과 고점에서의 쌍봉은 주식 투자의 기본이다.

조우태의 Tip 

- 이중바닥도 중요하지만 이중천장도 볼 줄 알아야 한다.

주가가 급등하면 주가와 이동평균선 간의 이격은 확대되고, 차익을 실현하고자 하는 매물은 증가한다. 이 때문에 주가가 다시 상승하기 위해서는 매물소화 과정을 거쳐야 하며, 기간 조정을 거쳐서라도 주가와 이동평균선의 이격을 줄이는 과정이 필요하다. 주가를 끌어올리는 세력 입장에서도 주가를 고점에서 비싸게 매수하는 것보다는 조정 시 저가에 매수하는 것이 더 유리하다. 이렇게 해서 쌍바닥 패턴 3이 만들어진다.

세력주는 주가가 1차로 급등한 이후 며칠 동안 횡보하는 기간 조정 형태를 띠며 추가로 급등하는 경우가 많지만, 업종 대표주나 우량주는 이와 흐름이 약간 다르다. 주가가 급등해 이격이 확대된 상황에서는 바로 상승하기보다 가격 조정과 기간 조정을 거쳐야 한다. 이렇게 해서 쌍바닥이 형성되는데, 저점이 확인되었기 때문에 매수 타이밍을 포착하고 손절 가격을 지정하기가 수월하며 성공 확률도 높다.

오른쪽 페이지에 나오는 미국 주식 암젠의 일봉 차트를 살펴보면, 2025년 10월 31일, 이중바닥과 33일 이동평균선을 지지하고 패턴 3이 발생해 단기간에 상승했다. 당시 MACD를 살펴보면 0선 근처에서 MACD선이 SIGNAL선을 골든크로스하며 상승하고 있음을 알수 있다.

그러나 일봉 차트에서 MACD가 상승전환하는 것을 확인하고 매수하면 이미 주가가 저점 대비 6~10% 상승한 상황에서 매수하는 것이기 때문에 잘못하다가는 단기 고점에 물리기 쉽다. 따라서 일봉 차트에서 투자 전략을 수립하고, 60분봉 차트에서 MACD를 이용해 매수해야 한다.

저점에서의 쌍바닥과 고점에서의 쌍봉은 신뢰도가 높은 신호다. 따라서 이러한 패턴을 시스템 트레이딩으로 즐겨 이용한다.

33일 이동평균선과 이중바닥을 지지하는 패턴 3을 완성하며 추세를 확장했다.

미국 주식 패스널 일봉 차트
FASTENAL 패스널
종가 단순 15 33 75 150 300
최고 50,6300 (08/25)
액면분할(-50,00%)
최저 35,3050 (04/08)
MACD 시그널
2024/10
2025/01
08/29

이중바닥은 오랫동안 이어져온 강력한 지지선의 한 형태다.

N자형 패턴 3은 급등으로 연결된다

**강하게 상승하고 견조하게 조정을 받으면 추가로 상승할 확률이 높다.
이에 해당하는 N자형 패턴이 발생하면 아주 좋은 매수 타이밍이다.**

장영한의 1분 카페

- 강하게 상승하고 견조하게 조정을 받으면 추가로 상승할 확률이 높다.

- 주가는 매수세와 매도세의 진검승부의 결과다.

- 매수세가 강한 상승추세에서 강하게 상승하고 견조한 조정을 받는 N자형 패턴이 발생하면 아주 좋은 매수 타이밍이다.

- 주가가 급등한 이후 매물소화 형태는 차트상에 쌍바닥과 N자 형태로 나타난다.

- 주가의 패턴을 단순하게 외우는 것보다는 왜 그런 형태가 만들어졌을지 생각해보는 것이 실전매매에 더 도움이 된다.

주가가 급등하면 응당 조정을 받는다. 이때 매도세가 매수세를 압도하면 저점을 붕괴시키고 급락하고, 매도세와 매수세가 팽팽히 맞서다가 매도세가 백기를 들면 쌍바닥이 형성된다. 반대로 매수세가 매도세를 압도하면 N자형 패턴이 형성된다. 따라서 N자형은 매도세가 약하고, 매수세가 강한 급등 패턴이라고 볼 수 있다. 매수세가 강한 상승추세에서 강하게 상승하고, 견조한 조정을 받는 N자형 패턴이 발생하면 아주 좋은 매수 타이밍이다.

다음 페이지에 나오는 삼천당제약은 2025년 7월, 300일 이동평균선까지 지지 조정을 받은 뒤 하락하지 않고 N자형 패턴 3을 만들며 단기간에 급등했다. 주가의 패턴을 단순하게 외우는 것보다는 왜 그런 형태가 만들어졌을지를 생각해보는 것이 실전매매에 더 도움이 된다. 주가가 급등한 이후에는 깊은 가격 조정으로 이어지는 것이 어쩌면 당연하다. 그러나 2차 급등을 하고도 오히려 저점을 높

이고 수렴하는 것은 2차 급등을 예고하는 것이다. 주가가 하락해야 할 자리에서 하락하지 않는다는 것은 누군가 매집하고 있다는 증거이며, 이는 N자 형태로 차트상에 표현된다.

일반 투자자들은 많이 하락하는 종목에만 관심을 갖는다. 그러나 지수가 급락할 때 가격 조정을 적게 받는 종목들이 주도주가 된다는 사실을 기억해야 한다.

300일 이동평균선까지 조정을 받은 주가는 N자형 패턴 3을 형성하며 추세를 재차 확장했다.

미국 주식 컨스털레이션 에너지 일봉 차트

N자형 매수 타점 발생 후 상승하는 모습이다.

전고점 지지패턴 3은 실전에 매우 유용하다

**전고점 지지패턴 3은 하락하는 주가가 어디에서 멈출지 예측할 수 있다.
패턴이 발생하기 전에 미리 준비한다면 매수 타이밍을 놓칠 리 없다.**

장영한의 1분 카페 

- 패턴이 발생하기 전에 미리 준비한다면 매수 타이밍을 놓칠 리 없다.

- 전고점 지지패턴 3은 매수 타이밍 포착이 쉽고 자주 발생하기 때문에 실전에서 매우 유용하다.

- 주가가 고점을 돌파하면 저항으로 착용하던 고점은 더 이상 저항이 아닌 지지로 바뀐다.

- 전고점 지지패턴 3이 실전매매에 유용한 이유는 하락하는 주가가 어디에서 멈출지 예측해 준비할 수 있기 때문이다.

- 주식 투자는 심리전이기에 자신의 원칙을 죽어도 사수하겠다는 강한 의지만 있다면 누구나 성공할 수 있다.

전고점 지지패턴 3은 주가의 형태가 아닌 지지 요소를 가지고 명칭을 붙였다. 그 이유는 매수 타이밍을 포착하기 쉽고 실전에서 자주 발생하는 패턴이기 때문이다. 전고점 지지패턴 3은 하락하는 주가가 어디에서 멈출지 미리 예측해 준비할 수 있다.

일부 고수들을 제외하고는 장중 주가 흐름을 보며 객관적이고 정확한 판단을 내리면서 빠른 대응을 하기란 쉽지 않다. 주가가 고점을 찍고 하락하는 가운데 어느 가격에서 지지를 받고 상승할지 예측할 수 있다는 것은 사전에 마음의 준비를 할 수 있다는 뜻이다. 패턴이 발생하기 전에 미리 준비한다면 매수 타이밍을 놓칠 리 없다.

주가가 고점을 돌파하면 저항으로 작용하던 고점은 더 이상 저항이 아닌 지지로 바뀐다. 따라서 전고점과 33일 이동평균선이 서로 맞물리면 그만큼 지지력이 높아지는데, 이때 의미 있는 가격대와 맞물리면 최적의 매수 타이밍이 된다. 특히 주가가 최소 6개월 이상의 고점을 돌파해 신고가를 형성한 후 전고점과 33일 이동평균선의 지지패턴 3은 주봉 차트에서 전고점과 33주 이동평균선의 지지에도 동일하게 적용된다.

전고점 지지패턴 3은 하루이틀 전에 미리 투자 전략을 세우고 패턴이 발생했을 때 과감히 배팅할 수 있는 용기만 있다면 누구나 성공 가능한 매매기법이다. 매매기법을 연구하고 완성하는 것보다 장중에 흔들리는 마음을 이기기가 훨씬 더 어렵다.

주식 투자는 심리전이기에 자신의 원칙을 죽어도 사수하겠다는 강한 의지만 있다면 누구나 성공할 수 있다. 특히 레버리지가 훨씬 큰 선물옵션은 두말할 나위가 없다. 수많은 트레이더들이 매매기법이 잘못되어서가 아니라 원칙을 지키지 못해 패배자가 되고 있다.

전고점 지지는 고전적이면서 강력한 지지선 역할을 한다.

전고점+이동평균선 지지 형태다.

MACD 0선은
강력한 지지선이다

**상승추세에서 MACD 0선은 강력한 지지선이라고 할 수 있다.
하락추세에서 MACD 0선은 강력한 저항선이라고 할 수 있다.**

장영한의 1분 카페 

- 상승추세에서 MACD 0선은 강력한 지지선이고, 하락추세에서 MACD 0선은 강력한 저항선이다.

- MACD선이 0선에 위치하게 되는 경우는 단기 이동평균선과 장기 이동평균선이 서로 크로스할 때다.

- 상승추세에서는 단기 이동평균선이 장기 이동평균선을 데드크로스하기 쉽지 않고, 하락추세에서는 단기 이동평균선이 장기 이동평균선을 골든크로스하기 쉽지 않다.

- 패턴 3의 매수시점은 주가가 20일 이동평균선을 붕괴시키거나 5일 이동평균선이 20일 이동평균선을 데드크로스하는 시점이다.

- 국내 증시를 좌지우지하는 외국인 투자자들이 즐겨 사용하고 있는 이동평균선은 33일 혹은 35일 이동평균선이다.

상승추세에서 MACD는 주로 0선 위에 위치하고, 하락추세에서 MACD는 주로 0선 아래에 위치한다. 상승추세에서 MACD 0선은 강력한 지지선이라고 할 수 있고, 하락추세에서 MACD 0선은 강력한 저항선이라고 할 수 있다. 따라서 상승추세에서 MACD가 0선 근처까지 하락조정을 받으면 매수 타이밍을 포착해야 하고, 하락추세에서 MACD가 0선 근처까지 상승하면 매도 타이밍을 포착해야 한다.

MACD선이 0선에 위치하게 되는 경우는 단기 이동평균선과 장기 이동평균선이 서로 크로스할 때다. 상승추세에서는 단기 이동평균선이 장기 이동평균선을 데드크로스하기가 쉽지 않고, 하락추세에서는 단기 이동평균선이 장기 이동평균선을 골든크로스하기가 쉽지 않다. 설령 크로스한다고 해도 재차 기존 추세를 확장할 가능성이 더 크다. 이러한 원리를 이해한다면 왜 MACD 0선 근처에

서 매매해야 하는지를 알 수 있다.

다음 페이지에 나오는 SK스퀘어의 일봉 차트를 살펴보면, MACD가 0선 아래로 쉽게 내려가지 않는다. 이는 상승추세를 유지하는 종목에서 자주 나타나는 전형적인 특징으로, 조정이 나오더라도 추세의 중심이 여전히 상승방향임을 보여준다.

동그라미 표시는 15일 혹은 33일 이동평균선에서 지지하는 패턴 3인데, 5일 이동평균선이나 20일 이동평균선으로 본다며 약간 다름을 알 수 있다. 이러한 일이 발생하는 이유는 국내 증시를 좌지우지하는 외국인 투자자들이 즐겨 사용하고 있는 이동평균선이 33일 혹은 35일 이동평균선이기 때문이다. 20일 이동평균선을 붕괴시키면 일반 투자자들은 손절매하지만, 외국인 투자자들은 33일 이동평균선에서 매집 후 주가를 부양한다.

15일 혹은 33일 이동평균선에서 지지되고 기존 추세를 확장해가는 패턴 3의 모습이다.

9월에 33일 이동평균선 지지와 패턴 3이 발생했다.

발 빠른 매매가 가능한 투자자는 패턴 3을 최대한 활용하라

패턴 2는 직장인 투자자나 연세가 지긋한 투자자에게 적합하다.
패턴 3은 전업 투자자나 발 빠른 매매를 구사할 수 있는 투자자에게 적합하다.

장영한의 1분 카페

- 자신의 투자 환경과 실력에 맞는 매매기법을 구사해야 한다.

- 패턴 2는 직장인 투자자나 연세가 지긋한 투자자에게 적합하다.

- 패턴 3은 전업 투자자나 발 빠른 매매를 구사할 수 있는 투자자에게 적합한 매매기법이다.

- 패턴매매기법의 장점은 투자 금액을 늘려도 똑같이 매매할 수 있고, 비슷한 수익률을 계속 유지할 수 있다는 것이다.

- 앞으로 큰 자산을 운용하고자 한다면 대형주, 우량주로 시선을 돌려야 한다.

조우태의 Tip

- 패턴 3을 잘 활용하면, 작은 수익이라도 꾸준히 낼 수 있다. 큰 수익보다 중요한 것은, 꾸준한 성과를 이어가는 것이다.

고수들이 수익을 낸 매매기법을 아무런 여과 없이 그대로 실전에 적용하면 오히려 큰 손실을 입을 수 있다. 이는 자신의 투자 환경과 실력을 무시했기 때문이다. 패턴 2는 저점에 매수해 장기보유하는 매매기법이기 때문에 직장인 투자자나 연세가 지긋한 투자자에게 적합하고, 패턴 3은 장을 어느 정도 볼 수 있는 전업 투자자나 발 빠른 매매를 구사할 수 있는 투자자에게 적합한 매매기법이다.

오른쪽 페이지에 나오는 영풍의 일봉 차트를 살펴보면, 2024년 9월 이전까지만 해도 주가는 하락세를 보였다. 그러나 2024년 9월 20일, 주가는 갑자기 하늘을 치솟듯 단기간에 급등하며 고점을 형성했고, 이후 곧바로 75일 이동평균선까지 깊은 가격 조정을 받았다. 하지만 그 지점에서 75일 이동평균선과 패턴 3이 동시에 발생하며 주가는 다시 상승추세로 전환되었다.

패턴매매기법의 장점은 1만 원 이상, 50만 주 이상의 종목에 한해 매매하기 때문에 투자 금액을 늘려도 똑같이 매매할 수 있고, 비슷한 수익률을 계속 유지할 수 있다는 것이다. 저가주, 소형주, 개별주, 일부 급등주 매매의 경우 적은 투자 금액으로 큰 수익을 올릴 수도 있지만, 투자 금액을 키우면 결코 비슷한 수익을 낼 수 없다. 투자 금액을 조금만 늘려도 호가가 변동하고, 자신이 그 종목의 세력이 되기 때문이다.

자신이 사고 싶은 가격에 살 수 없고, 팔고 싶은 가격에 한 번에 팔 수 없다면, 이보다 답답한 일도 없다. 특히 패턴매매기법에서는 리스크 관리인 손절매가 생명인데, 호가가 비었다든지 자신의 물량만 매도해도 가격이 크게 변동한다면 리스크 관리가 제대로 될 수 없다. 큰 자산을 운용하고자 한다면 대형주, 우량주로 시선을 돌려야 한다.

2024년 9월 고점을 찍고 하락한 주가는 75일 이동평균선까지 조정을 받았으나, 75일 이동평균선과 패턴 3이 발생하면서 다시 상승했다.

일본 주식 키엔스 일봉 차트

숙달되었으면 모의매매를 통해서라도 자리를 찾아서 매매해봐야 한다.

패턴 3의 매수 타이밍을 놓쳐도 결코 포기해서는 안 된다

상승추세에서 패턴 3 이후에 예상되는 패턴은 바로 패턴 3이다.
패턴 3의 매수 타이밍을 놓쳤다면 그다음 이어지는 패턴 3을 준비해야 한다.

장영한의 1분 카페

- 매수 타이밍은 한 번으로 끝나지 않고 바로 다음 날 매수 기회가 오기도 하고, 며칠 후에 다시 재매수 기회가 오기도 한다.

- 스나이퍼와 같이 종목과 호흡을 같이하며 집중해야만 정확한 매수 타이밍을 포착할 수 있다.

- 패턴이 예상되는 종목은 사정권에서 완전히 벗어났다고 판단되기 전까지 계속 주가를 주시하는 것이 바람직하다.

- 일반 투자자들은 관심 종목이 많으면 많을수록 오히려 투자에 방해가 된다.

- 업종별로 가장 좋다고 생각되는 2~3종목으로, 총 30~50종목이면 충분하다.

매수 타이밍은 한 번으로 끝나지 않고 바로 다음 날 매수 기회가 오기도 하고, 며칠 후에 다시 재매수 기회가 오기도 한다. 그래서 당일 매수 타이밍을 잡지 못했다고 해서 그 종목을 헌신짝처럼 팽개치고 다른 종목으로 옮기는 것은 좋지 않다. 목표물을 하루에도 몇 번씩 바꾸면 명중시키가 힘들다. 스나이퍼와 같이 목표물과 호흡을 같이하며 집중해야만 정확한 매수 타이밍을 포착할 수 있다.

패턴 2 이후에 예상되는 패턴 1 또는 패턴 3이고, 패턴 1 이후에 예상되는 패턴은 패턴 3이다. 상승추세에서는 MACD가 주로 0선 위에서 등락하기 때문에 패턴 3의 매수 타이밍을 놓쳤다면 그다음에 이어지는 패턴 3을 준비해야 한다.

고점을 찍고 하락하는 주가는 힘을 분출했기 때문에 쉬어가야 한다. 시장도 충분한 휴식이 지나고 나면 역시 기존 추세대로 이어지는 습성이 있기 때문이다. 시장이 휴식을 취하는 형태는 가격 조정(패턴 2, 3)과 시간 조정(패턴 1)이다. 시장이 이 2가지 휴식 국면을 취할 때 그 조정의 끝이라고 판단되는 지점에서 매수에 가담해야 한다.

일반 투자자들의 경우, 관심 종목이 많으면 많을수록 오히려 투자에 방해가 된다. 업종이나 종목마다 매수 타이밍이 서로 다른 날에 발생할 수도 있지만, 같은 날 동시다발적으로 발생하는 경우가 더 많기 때문에 관심 종목이 많으면 우왕좌왕하다가 엉뚱한 종목을 매수해버리거나 아예 매수를 포기한다.

업종별로 가장 좋다고 생각되는 2~3종목으로, 총 30~50종목을 선정하면 충분하다. 업종별 대표 종목을 살펴보면 IT업종에서는 삼성전자, SK하이닉스, 운수장비업종에서는 현대차, 현대모비스, 증권업종에서는 삼성증권, 키움증권, 은행업종에서는 국민은행, 신한지주, 보험업종에서는 삼성화재, 동부화재, 건설업종에서는 현대건설, 대림산업, 통신업종에서는 SK텔레콤, LG유플러스, 운수창고업종에서는 대한항공, 유통업종에서는 신세계, 현대백화점, 철강금속업종에서는 POSCO, 현대제철 등이 있다. 이렇게 20종목으로 매매해도 수익을 내는 데는 전혀 지장이 없다.

이 차트 역시 MACD가 기준선인 0선을 훼손하지 않고 기존 추세를 확장해 나가는 패턴 3의 모습을 보이고 있다.

매수 타이밍은 한 자리만 있는 것이 아니다.

15일 이동평균선 패턴 3으로 쉽게 신고가 종목을 매수할 수 있다

단기 이동평균선에서 매수하면 매매호흡이 빨라진다.
중장기 이동평균선에서 매수하면 여유로운 매매가 가능하다.

- 단기 이동평균선을 사용하면 매수 타이밍이 자주 발생해 결국 잦은 매매로 이어진다.

- 단기 이동평균선은 추세매매와 어울리지 않는다.

- 패턴 1을 완성하고 강하게 발산한 이후의 눌림목과 주가가 전고점을 돌파한 이후의 눌림목에서는 15일 이동평균선 패턴 3으로 공략이 가능하다.

- 동일한 종목을 어느 이동평균선에서 매수하느냐에 따라 큰 차이가 있다.

- 동일한 주가의 등락이라고 해도 어느 시간 단위의 차트를 사용하느냐에 따라 큰 차이가 있다.

패턴매매기법에서 사용하고 있는 이동평균선 중 가장 짧고 빠른 이동평균선은 15일 이동평균선이다. 단기 이동평균선을 사용하면 매수 타이밍이 자주 발생해 결국 잦은 매매로 이어진다. 따라서 단기 이동평균선은 추세매매와는 어울지 않는다.

그런데 15일 이동평균선을 이용해 패턴 3으로 매수하는 경우가 있다. 이동평균선 3개 이상이 한곳에 수렴하는 패턴 1이 발생해 강하게 발산하면 첫 번째 눌림목은 15일 이동평균선 위치가 되는데, 이때가 15일 이동평균선 패턴 3으로 매수할 수 있는 좋은 타이밍이다. 그리고 주가가 오랜 고점을 강하게 돌파한 이후 견조한 조정을 받아 15일 이동평균선과 전고점의 지지가 예상될 때도 15일 이동평균선 패턴 3으로 매수가 가능하다.

동일한 종목을 단기 이동평균선에서 매수하는 것과 중장기 이동평균선에서 매수하는 것은 아주 큰 차이가 있다. 단기 이동평균선에서 매수하면 매수 타이밍이 빨리 발생하기 때문에 매매호흡이 빨라지고, 중장기 이동평균선에서 매수하면 매수 타이밍이 빈번하지 않기 때문에 여유로운 매매가 가능하다. 이러한 현상은 비단 이동평균선뿐만 아니라 차트 단위에서도 나타난다.

동일한 주가의 등락이라고 해도 주봉·일봉·분봉 차트에서의 흐름에 따라 투자자가 느끼는 체감 속도는 크게 다르다. 예를 들어, 현대백화점의 주가가 3% 상승했다면 주봉 차트에서는 큰 변화가 없지만, 일봉 차트에서는 자연스러운 상승폭을 나타내고, 30분차에서는 큰 상승폭을 나타내며, 1분봉 차트에서는 현기증이 날 정도로 급등한 것으로 나타난다.

선물옵션을 매매하는 투자자들이 자주 하는 말 중 하나가 바로 선물옵션은 너무 빨라 수익을 내기 힘들다는 것이다. 그러나 시세가 빨리 움직이는 것보다는 짧은 분봉 차트를 사용하기 때문에 그렇게 느낄 뿐이다.

국내 주식 유한양행 일봉 차트

이동평균선 3개 이상이 한곳에 수렴하는 패턴 1 형성 이후, 주가는 75일 이동평균선의 지지를 받으며 추세가 확장했다. 이후 300일 이동평균선까지 깊은 조정을 거쳤으나, 전고점과 300일 이동평균선, 그리고 패턴 2의 지지를 동시에 작용하며 다시 한번 추세가 확장 국면으로 진입했다.

전저점+300일 이동평균선 지지 형태다.

승률 높은 패턴 3, 매수 방법을 파악하라

패턴 3의 매수 방법은 패턴 2와 마찬가지로 일봉 차트에서 투자 전략을 수립하고, 60분봉 차트에서 매매 타이밍을 포착한다. 패턴 3은 패턴 2에 비해 얕은 가격 조정이기 때문에 조정파동이 작게 나오므로 30분봉 차트도 함께 보면 더욱 좋다. 패턴 3으로 매수할 때는 지지와 저항을 십분 활용해야겠지만, 고점에서의 쌍봉, 장대음봉, 장대거래량, 이격과다 등이 발생하면 주의해야 한다. 또한 매수 이후 목표가를 정해 미리 매도하는 것보다는 손절을 상향해 이익을 극대화하는 것이 좋다.

패턴 3은 국내 선물뿐만 아니라 해외 선물에서도 발생한다

**패턴 3은 국내 주식 및 선물뿐만 아니라 해외 주식 및 선물에서도 동일하게 적용된다.
이제는 HTS만 있어도 방 안에서 해외 선물뿐만 아니라 전 세계의 주식을 매매할 수도 있다.**

장영한의 1분 카페

- 패턴 3은 국내 주식과 국내 선물뿐만 아니라 해외 주식, 해외 선물에서도 동일하게 적용된다.

- 60분봉 차트에서 패턴 3이 예상된다면 30분봉, 15분봉, 5분봉 차트를 동시에 참조하면서 정확한 진입 타이밍을 포착해야 한다.

- 60분봉 차트에서 33일 이동평균선을 지지하는 패턴 3이 예상된다면 30분과 15분봉 차트에서는 패턴 2가 예상된다.

- 60분봉 차트에서 변곡점 1개로 패턴 3이 완성될 때 30분봉, 15분봉, 5분봉 차트에서 변곡점 2개의 매수 디버전스가 발생하는 경우가 많다.

패턴 3은 국내 주식과 국내 선물뿐만 아니라 해외 주식, 해외 선물에서도 동일하게 적용된다. 금융선물(통화, 금리, 지수선물)은 24시간 온라인으로 직접 매매할 수 있고, 상품선물은 오프라인으로도 매매가 가능하다.

특히 요즘은 많은 투자자들이 미국, 중국, 일본 등 해외 주식 투자에 많은 관심을 갖는데, 국내 증권사들이 앞다투어 국내 HTS에 해외 주식과 선물을 온라인으로 매매할 수 있는 시스템을 장착시켜 손쉽게 접근할 수가 있다. 국내 주식 시장이 비추세일 경우, 추세가 확연한 해외 주식 시장으로 눈을 돌려 안방에서 편안하게 전산으로 매매해 수익을 낼 수 있다면 이 얼마나 뿌듯하고 흥미로운 일인가?

오른쪽 페이지의 차트는 해외 선물 유로 통화의 60분봉, 30분봉 차트다. 2025년 11월 13일, 60분봉 차트에서는 33일 이동평균선 지지와 패턴 3의 형태를 보이고 있다.

이때 하위 차트인 30분봉 차트에서는 이중바닥의 패턴으로 상승추세를 이어갔다. 이렇게 60분봉 차트에서 패턴 3이 예상된다면 30분봉, 15분봉, 5분봉 차트를 동시에 참조하면서 정확한 진입 타이밍을 포착해야 한다.

60분봉 차트에서 33일 이동평균선을 지지하고 추세를 확장하는 패턴 3이 예상된다면 30분봉 차트에서는 75일 이동평균선에서 추세를 확장하는 패턴 2가 예상되며, 15분봉 차트에서는 150일 이동평균선에서 추세를 확장하는 패턴 2가 예상된다. 그리고 60분봉 차트에서 패턴 3은 변곡점 1개로 MACD가 0선 근처에서 상승하지만, 30분봉, 15분봉, 5분봉 차트에서는 변곡점 2개가 발생하는 경우가 많다. 이때 매수 디버전스가 15분봉과 5분봉 차트에서 발생하면 더욱 쉽게 진입할 수 있다.

해외 선물 유로 통화 60분봉 차트

동그라니 친 부분은 패턴 3과 33
일 이동평균선 지지

해외 선물 유로 통화 30분봉 차트
이중바닥

60분봉, 30분봉, 15분봉, 5분봉 차트로 안 풀리는 문제는 없다

**국내 선물의 기준 차트는 30분봉 차트이며, 30분봉 차트에서 투자 전략을 수립한다.
한편 선물은 패턴 3보다 패턴 2가 더 성공 확률이 높고 진입시점을 포착하기 쉽다.**

장영한의 1분 카페

- 코스피 선물과 국채 선물의 기준 차트는 30분봉 차트다.

- 선물의 경우 30분봉 차트에서 투자 전략을 수립하고, 15분봉과 5분봉 차트로 진입시점을 포착한다.

- 선물옵션은 패턴 3보다 패턴 2가 더 효과적이다.

- 30분봉 차트의 150일 이동평균선 지지패턴 2, 60분봉 차트의 150일 이동평균선 지지패턴 2는 놓쳐서는 안 된다.

- 기준 차트에서 변곡점 1개를 형성 시 하위 차트에서 변곡점 2개의 매수 디버전스를 형성하면 진입이 수월하다.

국내 선물의 기준 차트는 30분봉 차트로, 30분봉 차트에서 투자 전략을 수립하고, 15분봉과 5분봉 차트로 진입시점을 포착한다. 30분봉 차트가 기준 차트지만 30분봉 차트에서 장기 이동평균선인 150일 이동평균선을 붕괴시키고 다시 기존 추세를 확장할 때 60분봉 차트의 150일 이동평균선을 지지하는 경우가 많기 때문에 60분봉 차트도 함께 살펴봐야 한다. 일봉 차트로 추세를 판단하고 60분봉, 30분봉, 15분봉, 5분봉 차트를 함께 놓고 분석하면 안 풀리는 문제가 없다.

선물은 패턴 3보다 패턴 2가 더 효과적인데, 30분봉 차트의 75일 이동평균선 지지패턴 2, 30분봉 차트의 150일 이동평균선 지지패턴 2, 60분봉 차트의 150일 이동평균선 지지패턴 2에서 매매하는 것이 좋다. 특히 30분봉 차트의 150일 이동평균선 지지패턴 2와 60분봉 차트의 150일 이동평균선 지지패턴 2는 웬만해서는 놓치면 안 된다. 왜냐하면 30분봉 차트의 150일 이동평균선, 60분봉 차트

의 150일 이동평균선을 지지하는 패턴 2는 성공확률이 높고, 진입시점을 포착하기가 쉽기 때문이다. 오른쪽 페이지의 차트는 코스피 200 선물 60분봉, 30분봉, 15분봉, 5분봉 차트다. 7월 9일 직전고점과 33일 이동평균선의 지지를 받고 패턴 3을 완성했는데, 이때 60분봉 차트에서는 15일 이동평균선과 직전고점의 지지를 받은 상황이었다. 15분봉 차트에서는 직전고점과 75일 이동평균선 지지를 받고 변곡점 1개로 상승했다. 기준 차트에서 변곡점 1개로 상승 시 하위 차트에서 변곡점 2개의 매수 디버전스가 발생하면 진입하기가 더욱 수월하다.

예를 들어, 30분봉 차트에서 75일 이동평균선을 지지하는 변곡점 1개의 패턴 2가 예상될 때 5분봉 차트에서 매수 디버전스가 발생하거나, 30분봉 차트에서 150일 이동평균선을 지지하는 변곡점 1개의 패턴 2가 예상될 때 15분봉 차트에서 매수 디버전스가 발생하면 좋은 매수시점이다.

코스피 200 선물 분봉 차트

선물에서의 상위 차트와 하위 차트의 관계다.

패턴 3의 매수 방법은
패턴 2의 매수 방법과 똑같다

패턴 2와 패턴 3은 똑같이 일봉 차트에서 투자 전략을 수립한다.
그리고 하위 차트인 60분봉 차트에서 매수하고 손절을 놓는다.

장영한의 1분 카페

- 패턴 2와 패턴 3은 일봉 차트에서 투자 전략을 수립하고, 하위 차트인 60분봉 차트에서 매수하고 손절을 놓는다.

- 60분봉 차트에서 MACD선이 SIGNAL선을 크로스하거나 주가가 15일 이동평균선 돌파 시 매수하면 된다.

- 60분봉 차트를 활용하면 정확한 매수 타이밍을 포착할 수 있고, 일봉 차트에 비해 저가에 매수할 수 있다.

- 주가는 언제든지 자신이 예상한 가격대의 위나 아래에서 상승할 수 있다.

- 매수 타이밍은 아주 명확해야 하고, 확실한 기준이 있어야 한다.

패턴 3의 매수 방법은 패턴 2와 조금도 다르지 않다. 패턴 1은 주로 일봉 차트를 가지고 매수하지만, 패턴 2와 패턴 3은 일봉 차트에서 투자 전략을 수립하고 하위 차트인 60분봉 차트에서 매수하고 손절을 놓는다. 60분봉 차트에서 변곡점 1개 형성 시 MACD선이 SIGNAL선을 골든크로스할 때나 주가가 15일 이동평균선을 돌파할 때, 변곡점 2개 형성 시 우측 변곡점에서 MACD선이 SIGNAL선을 골든크로스하거나 주가가 15일 이동평균선을 돌파할 때가 매수시점이다.

일봉 차트에서 추세를 판단하고 투자 전략을 수립해야 하며, 60분봉 차트에서는 오직 매수 타이밍만 포착해야 한다. 일봉 차트와 60분봉 차트의 역할을 혼동하거나 바꿔서는 안 된다. 항상 기준 차트인 일봉 차트에서 추세를 판단하고 지지요소를 찾아 투자 전략을 수립한 이후 60분봉 차트에서는 단지 예상되는 가격에서 기계적으로 매수하고 손절을 놓아야 한다.

변곡점 1개로 상승할 것으로 예상하고 매수했는데 손절 가격을 붕괴시키고 재차 하락하며 매수 디버전스가 발생할 시에는 다시 한번 시도해야 한다. 주가는 언제든지 예상한 가격대 위나 아래에서 상승할 수 있기 때문이다.

매수 타이밍은 아주 명확해야 하고 확실한 기준이 있어야 한다. 특히 60분봉 차트에서는 더욱 그렇다. 어떤 경우에는 MACD선이 SIGNAL선을 골든크로스하기 전에 매수하고, 어떤 경우에는 MACD선이 SIGNAL선을 골든크로스할 때 매수하며, 어떤 경우 에는 주가가 15일 이동평균선 돌파 시 매수하는 식으로 다양하게 매매하면 안 된다. 한 가지 명확한 기준을 세워놓고 매수하지 않으면 매수할까 말까 고민만 하다가 결국 타이밍을 놓치고 만다.

국내 주식 한화에어로스페이스 일봉 차트

2025년 5월 30일, 일봉 차트에서는 33일 이동평균선과 패턴 3이 발생했다.

국내 주식 한화에어로스페이스 60분봉 차트

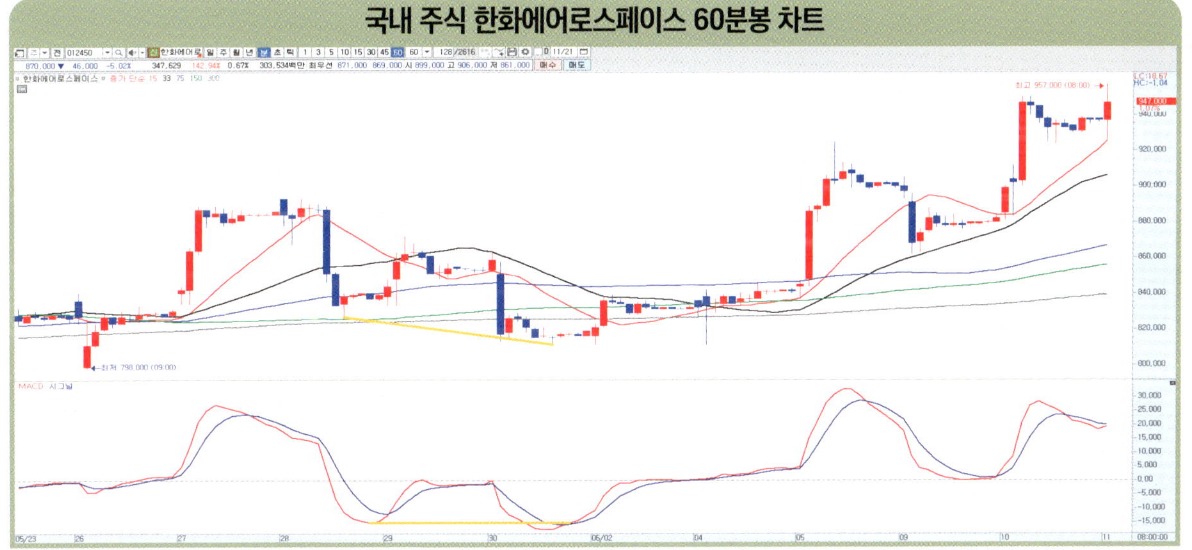

하위 차트인 60분봉 차트에서는 매수 디버전스가 발생해 상승추세를 이어갔다.

33일 이동평균선 지지 + 패턴 3 형태다.

60분 매수 디버전스는 투자자들에게 심리적 안정감을 준다

**60분봉 차트에서 매수 디버전스가 발생하면 좋은 매수 타이밍이다.
매수 디버전스에 많은 비중을 두는 이유는 심리적으로 편암함을 주기 때문이다.**

장영한의 1분 카페 

- 일봉 차트에서 패턴 3이 예상될 때 60분봉 차트에서는 변곡점 1개, 매수 디버전스, 쌍바닥 등 다양한 형태가 나타난다.
- 일봉 차트에서 매수 근거가 확실하고, 60분봉 차트에서 매수 디버전스가 발생하면 좋은 매수 타이밍이다.
- 매수 디버전스는 발생 빈도수가 많고, 성공 확률이 높으며, 투자자들에게 심리적으로 편안함과 확신을 심어준다.
- 손절 범위가 너무 크다고 판단될 경우에는 다른 종목을 찾는 것이 좋다.
- 손절은 기왕이면 의미 있는 지점에 놓는 것이 바람직하다.

조우태의 Tip 

- 아무리 좋은 매수 타이밍이 나왔다고 하더라도, 손절은 반드시 걸어두고 매수해야 한다.
- 완벽한 타이밍은 없지만, 완벽한 대비는 만들 수 있다.

일봉 차트에서 33일 이동평균선까지 하락하며 다시 기존 추세를 확장하는 패턴 3이 발생할 때 하위 차트인 60분봉 차트에서는 변곡점 1개, 변곡점 2개의 매수 디버전스, 변곡점 2개가 매수 디버전스가 아닌 형태, 쌍바닥 등 다양한 형태로 나타난다. 이 중 비교적 많이 발생하고 성공 확률이 높은 형태는 변곡점 2개의 매수 디버전스다. 따라서 일봉 차트에서 매수 근거가 확실하고 60분봉 차트에서 매수 디버전스가 발생하면 좋은 매수 타이밍이다.

패턴매매기법에서 매수 디버전스에 많은 비중을 두는 이유는 무엇보다 투자자들에게 심리적으로 편안함과 확신을 심어주기 때문이다. 일봉 차트에서 투자 전략을 수립하고 지지 가능성이 큰 가격대를 찾았다고 해도 60분봉 차트에서 변곡점 1개로 상승하면, 혹시 다시 하락하면서 변곡점 2개의 매수 디버전스를 만들지는 않을지 심리적으로 불안함을 느낄 수 있다.

다음 페이지에 나오는 DB하이텍의 일봉 차트를 살펴보면, 2025년 5월 26일에 매수 디버전스와 패턴 2가 발생했다. 그러나 60분봉 차트에서도 같은 시기인 5월 26일에 매수 디버전스가 발생해 강력한 매수 시그널이 발생했다. 이처럼 상위 차트와 하위 차트에서 동일한 신호가 동시에 나타날 때, 매수 타점의 신뢰도는 한층 높아진다.

일봉 차트에서 매수 디버전스 발생

60분봉 차트에서도 매수 디버전스 발생

CHAPTER 100

패턴 3은 30분봉 차트로 60분봉 차트를 보완한다

**패턴 2는 차트로만 매수 타이밍을 포착해도 전혀 문제가 되지 않는다.
하지만 패턴 3은 60분봉 차트와 30분봉 차트를 동시에 참조해야 한다.**

장영한의 1분 카페 

- 강하게 하락하면 주가의 파동은 크게 형성되고, 약하게 하락하면 주가의 파동은 작게 형성된다.

- 패턴 3은 약한 파동이기 때문에 60분봉과 30분봉 차트를 동시에 참조하면 보다 확신을 가지고 매수에 임할 수 있다.

- 일봉 차트에서 패턴 3이 예상될 때 60분봉 차트에서는 변곡점 1개, 30분봉 차트에서는 매수 디버전스를 완성하는 경우가 많다.

- 조금 더 비싸게 사더라도 정확한 매수 신호에 따라 상승 전환을 확인하고 매수하는 것이 좋다.

- 상위 차트는 항상 하위 차트에 우선한다.

강하게 하락하면 주가의 파동은 크게 형성되고, 약하게 하락하면 주가의 파동은 작게 형성된다. 패턴 3은 패턴 2에 비해 얕은 가격 조정이다. 따라서 패턴 2는 60분봉 차트로만 매수 타이밍을 포착해도 전혀 문제가 되지 않지만, 패턴 3은 60분봉 차트와 30분봉 차트를 동시에 참조해야 보다 확신을 가지고 매수에 임할 수 있다.

주가가 33일 이동평균선까지 하락할 때 곧장 33일 이동평균선까지 밀리면 60분봉, 30분봉 차트 모두 변곡점 1개가 만들어지지만, 하락하고 반등하며 재차 하락하는 경우에는 변곡점 2개가 만들어진다. 그런데 이러한 주가의 파동이 30분봉 차트에는 반영되지만, 60분봉 차트에는 제대로 반영되지 않는 경우가 있다. 그 결과, 일봉 차트에서 패턴 3이 예상될 때 60분봉 차트에서는 변곡점 1개가 보이지만, 30분봉 차트에서는 매수 디버전스가 만들어지는 경우가 자주 발생한다.

30분봉 차트에서 매수 디버전스가 완성되는 모습을 본 투자자는 그렇지 않은 투자자보다 확신을 가지고 매수할 수 있다. 이때보다 싸게 매수하기 위해 15분봉과 5분봉 차트를 동시에 보는 것은 좋지 않다. 여러 차트에서 주는 매수 신호에 혼란만 겪게 되고, 좀더 싸게 매수하려다가 오히려 자주 손절되는 결과가 야기되기 때문이다. 조금 더 비싸게 사더라도 정확한 매수 신호에 따라 주가가 상승으로 전환되는 것을 확인하고 매수하는 것이 좋다.

일봉 차트에서 이동평균선과 전고점, 의미 있는 가격대 지지의 패턴 3이 예상된다면 누가 봐도 성공 확률이 높은 매수 타이밍이다. 60분봉 차트에서 MACD가 SIGNAL선을 골든크로스하려는 시점에 30분봉 차트로 매수하면 보다 저가에 안전하게 매수할 수 있다.

하지만 30분봉 차트를 단지 보완하는 역할을 할 뿐 30분봉 차트가 매수 타이밍을 잡는 기준이 되어서는 안 된다.

국내 주식 KCC 일봉 차트

2025년 8월 1일, 33일 이동평균선의 지지를 받으며 패턴 3를 완성하며 상승추세를 이어갔다.

국내 주식 KCC 60분봉 차트

당시 60분봉 차트에서는 골든크로스와 패턴 2가 발생했다.

'이동평균선+전고점(전저점)+의미 있는 가격대'는 패턴 3에서도 효자다

패턴 2에서와 마찬가지로 3개 이상의 지지요소가 서로 맞물리면 성공 확률이 높다.
관심 종목 중에서 이런 패턴이 예상되는 종목이 있는지 매일 체크해야 한다.

장영한의 1분 카페

→ '이동평균선+전고점(또는 전저점)+의미 있는 가격대'는 패턴 2뿐만 아니라 패턴 3에서도 매우 유용하다.

→ 주식 투자는 좋은 타이밍에서만 매매해야 한다. 좋은 종목이 없을 경우 무조건 쉬는 것이 소중한 자산을 지키는 길이다.

→ 많은 종목을 편입하면 관리가 제대로 되지 않는다.

→ 여러 가지 매매기법을 알고 있는 것보다는 한 가지라도 제대로 알고 실행하는 것이 훨씬 중요하다.

패턴 2에서와 마찬가지로 '이동평균선+전고점(또는 전저점)+의미 있는 가격대'와 같이 3개 이상의 지지요소가 서로 맞물리면 성공 확률이 매우 높다. 따라서 관심 종목 중에서 이런 패턴이 예상되는 종목이 있는지 매일 체크하고, 이러한 패턴이 나왔을 때 손절을 놓고 과감히 매수하는 용기가 필요하다. 이렇게 좋은 매수 기회는 자주 오지 않기 때문이다.

다음 페이지에 나오는 두산밥캣의 일봉 차트를 살펴보면 2025년 6월, 주가는 고점을 형성한 뒤 33일 이동평균선까지 가격 조정을 받았다. 그러나 33일 이동평균선과 전고점 가격대에서 지지를 받은 후, 다시 기존의 상승추세를 확장해나갔다.

그런데 3개 이상의 지지요소가 맞물릴 때의 패턴이 성공 확률이 높다는 것을 알고 있어도 막상 이러한 패턴이 발생하면 제대로 매수하지 못하는 경우가 많다. 이는 어쩌면 당연한 일이다. 머리로는 알고 있지만 직접 몸으로 훈련하지 못했기 때문

이다.

수년간 책과 방송을 보며 매매기법을 익혀 이론상으로는 완전히 이해했다고 해도 실전매매에서는 제대로 수익을 내지 못하는 이유가 바로 이 때문이다.

이러한 문제를 해결하기 위해서는 수많은 종목들의 과거 차트들을 하나씩 살펴보면서 직접 검증하는 절차를 거쳐야 한다. 이런 확인 작업을 거치지 않으면 매매기법에 확신이 없게 되고, 확신이 없으면 살까 말까 고민하다가 결국 매수하지 못하게 되며, 매수하더라도 약간의 조정에 흔들려 쉽게 매도하게 된다. 따라서 여러 가지 매매기법을 알고 있는 것보다는 한 가지라도 제대로 알고 실행하는 것이 훨씬 중요하다.

매매는 머리나 책으로 하는 것이 아니라 몸으로 직접 해내야 하기 때문이다. 즉, 훈련을 통해서만 내 것으로 만들 수 있다.

33일 이동평균선과 전고점 지지 후 패턴 3을 완성하며 기존 추세를 강하게 확장하고 있다.

일본 주식 JT 일봉 차트
JAPAN TOBACCO INC, JT
종가 단순 15 33 75 150 300
최고 5,735.0 (11/13)
5,685.0
최저 3,129.3 (10/30)
MACD 시그널
일본 주식에서도 패턴은 똑같다.

좋은 타이밍에 매수했다면 매도 타이밍도 문제없다

**언제 매도할지 고민하는 것은 매수가 제대로 안 되고 있다는 방증이다.
매수 타이밍이 좋다면 매도 타이밍은 고민할 필요가 없다.**

정말 좋은 타이밍에 매수했다면 주가가 일정 부분 상승할 때마다 손절을 조금씩 상향시키면 된다. 만약 너무 많이 올랐다고 판단될 경우에는 전량 이익실현을 해도 되고, 50% 물량만 이익실현을 하고, 나머지 50% 물량은 손절을 상향시키면서 계속 보유하는 것도 좋은 방법이다. 주식은 한번 이익실현을 하면 재매수하기가 그리 만만치 않기 때문에 가능한 한 오래 보유하는 것이 바람직하다.

344페이지에 나오는 오리온홀딩스의 일봉 차트를 살펴보면, 2025년 3월 패턴 2와 패턴 1이 발생했다. 매수에 성공했다면 이익실현은 언제 해야 할까? 2025년 7월에 매도하는 것이 좋을까? 2025년 5월에 이익실현을 하는 것이 좋을까? 지나간 차트를 보고 매도시점을 잡는 것처럼 바보스러운 짓은 없다. 지나간 차트는 이미 모두 다 답을 알고 있는 상태다.

언제 매도할지 늘 고민한다는 것은 현재 매수가 제대로 안 되고 있다는 방증이다. 매수 타이밍이 좋다면 매도 타이밍은 고민할 필요가 없다. 그런데 평소 열 번 매매하면 일곱 번가량 손절매한 투자자가 +5%, +7%에 이익실현을 하면 곤란하다. 왜냐하면 자신의 승률을 전혀 감안하지 않고 짧게 이익실현을 하면 계좌가 플러스를 유지하기 힘들기 때문이다. 이러한 이유로 패턴매매기법에서는 매도의 기술이 없다. 추세를 신뢰하고, 또 상승추세에서 고점을 맞추는 것이 얼마나 어리석은 일인지 잘 알기 때문이다.

상승추세에서는 누가 이익실현 욕구를 참고 오래 보유하느냐가 승부를 결정짓는다. 매수기법만 익히기도 어려운데 매도기법까지 익히려면 얼마나 오랜 시간이 걸릴지 알 수 없다. 따라서 매도기법은 매수기법을 능숙하게 한 이후 심리적으로 여유가 생기면 그때 하는 것이 좋다.

매도를 결정하는 가장 근본적인 요인은 바로 자신의 계좌다. 계좌가 매매로 풍족한 사람과 계좌가 반 토막 난 사람이 동시에 같은 주식을 같은 가격에 샀다고 가정해보자. 독자들도 눈을 감고 한번 고민해보기 바란다. 누가 더 주식을 오래 가져갈 수 있을지는 답이 자명하다.

설명회에 가면 매번 '매도시점은 언제냐?' 하는 질문을 받게 된다. 이 지구상에 있는 누가 이것을 알 수 있을 것인가?

아무도 모르는 것을 알려고 허송세월하지 말고 스스로 답을 만들어가며 자신의 계좌를 티끌 모아 태산처럼 불려나가는 것이 필요하다.

그리하면 자기 스스로 매도시점이 보일 것이다.

좋은 시점에서 매수했다면 가급적 장기보유해야 한다. 패턴 1이 발생해서 상승했다.

좋은 매매기법 한 가지로 주식 시장에서 승부를 걸어라

**패턴 1, 2, 3 중 하나만 확실히 익혀도 주식 투자에서 승자가 될 수 있다.
한 가지를 확실히 터득하고 나면 다음 번에는 보다 빨리 매매기법을 터득할 수 있다.**

장영한의 1분 카페

- 패턴 1, 2, 3을 단기간에 모두 잘하려고 하는 것은 욕심이다.
- 패턴 1, 2, 3 중 한 가지만 확실히 익혀도 주식 투자에서 승자가 되는 것은 시간 문제다.
- 자신에게 맞는 매매기법이라고 생각한다면 반드시 많은 시간을 들여서라도 자신의 것으로 만들어야 한다.

조우태의 Tip

- 개미와 고래의 차이는 자본이 아니라 이해와 습관이다. 패턴매매기법을 충분히 익히고 자신의 것으로 만들면, 당신도 고래가 될 수 있다.

패턴 1, 2, 3 중 한 가지만 확실히 익혀도 주식 투자에서 승자가 되는 것은 시간 문제다. 한 가지 매매기법을 확실히 터득하고 나면, 그 다음번에는 보다 빨리 매매기법을 터득할 수 있다. 한 가지 매매기법을 충분히 익히지 않은 상태에서 수익이 나지 않는다고 계속 매매기법을 바꾸게 되면 매매기법만 바꾸다가 세월이 다 가버린다.

다음 페이지에 나오는 아세아의 일봉 차트를 살펴보면 75일 이동평균선의 지지를 받으며 패턴 2를 완성했는데, 이때 하위 차트인 60분봉 차트에서는 매수 디버전스가 발생했다.

많은 사람들이 1개월 목표수익률을 보통 50% 또는 100%로 잡고 있다. 물론 불가능한 수익률은 아니지만, 스스로 그런 수익률을 올리기 위해 얼마나 많은 시간을 들여 노력하고 있는지 곰곰이 생각해볼 필요가 있다. 아무런 노력도 하지 않으면서 목표수익률만 높게 잡는 사람은 환상에 젖어 있는 사람이다.

투자 금액에 상관없이 1개월에 +5 ~ +10%의 수익률을 꾸준히 올리는 투자자가 있다면 분명 고수다. 사실 주위에 주식 투자로 돈을 잃은 사람이 더 많다. 그만큼 주식 시장에서 일반 투자자들이 살아남기는 힘들다. 바둑에서 프로 9단과 아마추어 1단이 게임을 벌이면 열 번 중 아홉 번 이상은 프로 9단이 이긴다. 자신이 프로인지, 아마추어인지 한번 생각해보자.

2025년 5월, 75일 이동평균선의 지지를 받으며 패턴 2를 완성하며 상승추세를 이어갔다. 당시 60분봉 차트에서는 매수 디버전스가 발생했다.

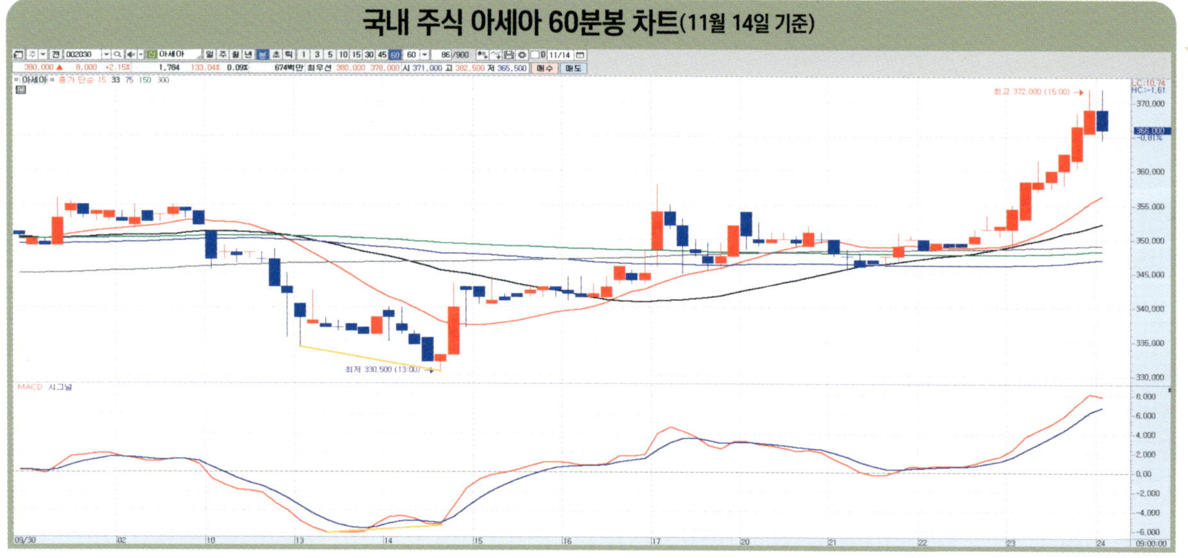

역시 60분봉 차트에서는 매수 디버전스가 발생했다.

일본 주식 닌텐도 일봉 차트

150일 이동평균선 지지의 확률 사례다.

고점에서의 쌍봉은 급락의 징후다

**쌍봉이 고점에서 발생하면 패턴 3보다는 패턴 2로 이어지는 경우가 많다.
쌍바닥과 쌍봉은 반드시 기억해야 할 주식 투자의 기본이다.**

장영한의 1분 카페 

- 쌍봉이 고점에서 발생하면 패턴 3보다는 패턴 2로 이어지는 경우가 많다.

- 쌍봉이 만들어져 주가가 하락하는 것이 아니라 주가가 하락해 쌍봉이 만들어지는 것이다.

- MACD의 수치로 종목들의 이격을 판단하는 것은 모순이 있다.

- 객관적으로 이격을 판단하기 위해서는 가격이 아닌 백분율로 표현되는 이격도가 적합하다.

- 선물 60분봉과 30분봉 차트에서는 매도 디버전스가 발생한 이후 쌍봉이 만들어지면서 깊은 조정을 받은 경우가 많다.

조우태의 Tip

- 쌍봉은 상승추세가 마무리 될 때 자주 나타나는 패턴이다. 이때는 추가 매수보다 관망과 리스크 관리가 우선이다.

주가가 바닥에서 상당폭 상승하면 점차 이익실현 세력이 등장하는데, 첫 번째 봉우리에서 1차로 이익실현을 하고 다시 한번 주가를 끌어올려 두 번째 봉우리에서 2차로 이익실현을 하며 만들어지는 것이 쌍봉이다. 이익실현 물량과 고점을 돌파하지 못해 생기는 실망 매물은 곧 주가의 깊은 가격 조정으로 이어지게 되는데, 이렇게 쌍봉이 고점에서 발생하면 패턴 3보다는 패턴 2로 이어지는 경우가 많으므로 유의해야 한다.

차트는 지나고 보면 명확히 드러나지만, 당시에는 제대로 보이지 않는다. 쌍봉도 이와 마찬가지다. 따라서 쌍봉이 만들어져 주가가 하락했다기보다는 주가가 하락해 쌍봉이 만들어졌다고 보는 것이 옳다.

만일 고점을 돌파하지 못하고 장대음봉이 발생한 이후 바로 다음 날 장대양봉을 만들면서 주가가 상승하면 더 이상 쌍봉은 만들어지지 않는다. 주가가 직전고점을 돌파하지 못한 상황에서 15일 이동평균선을 강력히 붕괴시키며 하락하면 그때 쌍봉이 완성된다.

쌍바닥, 쌍봉은 반드시 기억해야 할 주식 투자의 기본이다. 쌍봉이 발생해도 추세가 있다면 결국 장기 이동평균선을 지지하고 다시 상승추세를 확장하지만, 패턴 3으로 접근할 때는 조심할 필요가 있다. 이렇게 기초적인 기술적 분석이 투자에 많은 도움이 된다.

특히 선물 60분봉과 30분봉 차트에서는 매도 디버전스가 발생한 이후 쌍봉이 만들어지면서 깊은 조정을 받는 경우가 많으므로 직접 체크하면 유용하다.

상승추세를 계속 이어가려면 주가는 저점과 고점을 꾸준히 높여야 한다. 그런데 저점과 고점을 높이지 못했다는 것은 탄력이 둔화되었다는 증거이므로, 고점에서 고점을 높이지 못하는 쌍봉은 깊은 하락의 징후다.

삼봉, 즉 트리플 탑이 출현하면 반드시 경계해야 한다. 이는 상승추세의 피로감이자, 추세 전환의 가능성을 암시하는 중요한 경고 패턴이다.

쌍봉에서는 가지고 있는 포지션의 반 이상은 이익실현하라.

장대음봉과 거래량 분출은 깊은 가격 조정의 신호다

장대음봉으로 쌍봉을 형성하면 패턴 3보다는 패턴 2로 접근하는 것이 좋다.
설령 패턴 3으로 매수했다고 해도 손절은 반드시 놓아야 한다.

장영한의 1분 카페 

- 고점에서 장대음봉, 거래량 분출, 쌍봉 형성, 이격과다 등이 발생하면 깊은 가격 조정으로 이어질 가능성이 크다.
- 매수는 항상 신중하게 해야 한다.
- 현재 수익을 올리고 있더라도 자만하다가는 시장이 하락할 때 큰코다칠 수 있다.

주가가 급락하는 원인은 비단 쌍봉 하나 때문만은 아니다. 여러 가지 요소들이 복합적으로 작용하는데, 고점에서의 장대음봉, 거래량 분출, 쌍봉 형성, 이격과다 등이 그 대표적인 예다. 따라서 주가가 많이 올라 쌍봉이 예상되는 상황에서 코스피 200 종목 기준 -5% 이상의 장대음봉에 거래량이 분출하면 특히 조심해야 한다.

당일 매도세가 매수세를 압도하면 주가는 깊이 하락하고, 이는 장대음봉이라는 형태로 차트상에 나타난다. 그리고 고점에서 윗꼬리가 길게 달린 음봉이나 갭하락 음봉 등도 장대음봉의 성격을 띠는데, 이때 거래량까지 분출하면 하락 강도는 훨씬 강해진다.

상승추세를 확장해 이동평균선들 간의 이격이 확대된 가운데 거래량이 실린 장대음봉으로 쌍봉을 형성하면 패턴 3보다는 패턴 2로 접근하는 것이 좋다.

설령 패턴 3으로 매수했다고 해도 손절은 반드시 놓아야 하며, 주가가 예상대로 상승할 시에는 꼭 손절을 본전 이상으로 상향시켜야 한다. 매수는 항상 신중하게 해야 한다. 물론 지나치게 많은 생각으로 매수 타이밍이 왔는데도 이를 잡지 못하고 머뭇거리면 이것도 문제다. 그러나 일단 매수하지 않으면 버는 것도 없지만 잃는 것도 없기 때문에 언젠가는 돈을 벌 수 있는 날이 반드시 오게 된다.

반대로 너무 용감하고 과감하면 단기간에 투자 자금 전액을 날리고 시장에서 퇴출될 가능성이 크다. 자신의 실력을 정확히 진단한 이후 적절한 금액으로 단기간에 큰돈을 벌려고 하기보다는 조금씩이라도 꾸준히 수익을 올리겠다는 생각으로 접근해야 한다.

선물옵션보다 쉬운 주식 투자에서도 100명의 투자자 중 95명 이상은 투자 자금을 잃고 있는 것이 현실이다. 현재 수익을 올리고 있더라도 자만하다가는 시장이 하락할 때 큰코다칠 수 있으므로 주의해야 한다.

장대음봉 출현과 150일 하향 이탈로 상승추세가 꺽인 모습이다.

손절매에 약한 고수는 단 한 명도 없다

**손절매는 모든 투자의 기본이자 가장 중요한 부분이다.
손절매는 짧게, 이익실현은 길게 해서 수익으로 만드는 것이 중요하다.**

장영한의 1분 카페

- 매수할 때마다 모두 수익으로 연결시키는 고수는 단 한 명도 없고, 그런 매매기법도 없다.

- 손절매는 모든 투자의 기본이자, 가장 중요한 부분이다.

- 주식 시장에서 수익을 내고 있는 고수 중에 손절매에 약한 사람은 단 한 명도 없다.

- 손절매는 짧게, 이익실현은 길게 해서 결국 수익으로 만들어야 한다.

- 깊은 하락조정에서 손절매를 100% 실행해 원금을 보존하고 살아남는 투자자만이 상승추세가 다시 이어질 때 큰 수익을 맛볼 수 있다.

매수할 때마다 수익으로 연결시키는 고수는 단 한 명도 없고, 그런 매매기법도 없다. 실제로 수익을 내고 있는 좋은 시스템 트레이딩의 경우에도 승률은 대부분 40~50% 정도다. 즉 열 번 매매해서 네다섯 번은 수익이 나면 상당히 양호하며, 나머지 대여섯 번은 손절매를 한다는 이야기다. 하물며 일반 투자자들은 더 말할 나위 없다. 손절매는 모든 투자의 기본이자, 가장 중요한 부분이다.

주식 시장에서 수익을 내고 있는 곳 중에 손절매에 약한 사람은 단 한 명도 없다. 자신의 지식과 실력을 과신해 손절매하지 않고 끝까지 버티다가 시장에서 퇴출되는 투자자들이 부지기수다. 손절매는 기계적으로 해야 한다. 손절매는 짧게, 이익실현은 길게 해서 결국 수익으로 만드는 것이 중요하다.

매수할 당시에 고점을 알기 어렵고, 매수한 다음 날 주가가 상승할지 하락할지도 알 수 없다. 이미 주가가 급락한 차트를 보고 왜 사람들은 저런 시점에서 매수를 하는지 의문이 생기기도 하지만, 누구라도 그 시점에서 매수할 수 있는 것이다.

주가는 상승하는 날보다 하락하거나 횡보하는 날이 더 많다. 그리고 상승의 힘보다는 하락의 힘이 훨씬 더 강하다. 상승할 때는 +2%, +3%로 이렇게 천천히 상승하다가 하락할 때는 화끈하게 -5%, -7%씩 급락한다. 이러한 이유 때문에 주식 투자로 수익을 내기가 무척 힘든 것이다.

깊은 하락조정에서 원금을 보존하고 살아남는 투자자만이 상승추세가 다시 이어질 때 큰 수익을 맛볼 수 있다. 그리고 하락조정에서 큰 손실을 입게 되면 다시 원금을 회복하기가 힘들다. 예를 들어, 원금의 50% 손실이 발생하면 100% 수익을 내야만 원금 회복이 가능하다.

2024년 1월, 전고점 지지와 이동평균선 지지를 예상하고 패턴 3으로 매수 가담했지만, 주가는 하락하고 있다. 손절매가 없었다면 손실을 많이 보았을 것이다.

일본 주식 NTT 일봉 차트

모든 투자자는 지나고 나면 이유를 말한다. 하지만 진짜 실력은 지지선이 깨질 때 얼마나 침착하고 현명하게 대응하느냐로 갈린다.

고수들과 싸워서 이기려면 실력부터 키워야 한다

**일반 투자자들이 맞서 싸워야 할 상대는 외국인 투자자, 기관 투자자, 일반 초고수들이다.
그렇게 쟁쟁한 상대들과 진검승부를 하려면 기초부터 차근차근 실력을 쌓아야 한다.**

장영한의 1분 카페

- 좋은 매매기법은 사전에 어느 정도 예측 가능해야 하고, 매수 타이밍도 분명해야 하며, 성공 확률도 높아야 한다.

- 기술적 분석을 얼마나 알고 있는지는 전혀 중요하지 않다. 그보다는 자신이 알고 있는 바를 그대로 실천해 수익을 내는 것이 더 중요하다.

- 외국인 투자자, 기관 투자자, 초고수들과 싸워서 이기려면 실력을 키워야 한다.

- 수익이 꾸준히 나기 전까지는 모의 투자 또는 소액 투자로 임해야 하며, 단계적으로 투자 금액을 늘려야 한다.

패턴 3은 한 가지 매매기법이지만, 다양한 형태의 패턴 3이 존재한다는 것을 여러 차트를 통해 확인할 수 있었다. 좋은 매매기법이란 사전에 어느 정도 예측 가능해야 하고, 매수 타이밍도 분명해야 하며, 성공 확률도 높아야 한다.

주식 투자는 일봉 차트가 기준 차트이기 때문에 추세가 확연하고 차트가 깔끔해야 하며, 지지요소가 확실하고, 분봉 차트에서도 매매 타이밍 포착이 수월해야 한다. 기술적 분석을 조금 안다고 해서 애매모호한 차트를 가지고 갖은 이론을 들먹이며 주가가 앞으로 올라갈 것이라고 이야기하는 것은 시간 낭비다. 기술적 분석을 얼마나 알고 있는지는 전혀 중요하지 않다. 중요한 것은 자신이 알고 있는 바를 그대로 실천해서 수익을 내는 것이다.

주식 투자는 수익이 날 경우에는 자본주의 사회 시장에서 아주 유용한 재테크 수단이 될 수 있다. 그러나 손실이 발생할 경우에는 소중한 자산을 한 순간에 잃을 수도 있다. 주식 관련 서적을 한두 권 읽었다고 해서 마치 고수인 양 착각해서는 안 된다.

일반 투자자들이 맞서 싸워야 할 상대는 프로 9단인 외국인 투자자, 기관 투자자, 일부 초고수들이다. 주식 시장에서는 실력이 없으면 무조건 백전백패한다. 한다. 그렇게 쟁쟁한 상대들과 같은 경기장에서 아무런 핸디캡 없이 진검승부를 하려면 기초부터 차근차근 실력을 쌓아야 한다.

때로는 주식 서적, 주식 투자 VOD, 주식 투자 정식 교육을 받아서라도 제대로 배워야 한다. 안 그러면 돈 몇 푼 아끼려다 있는 재산을 다 날릴 수도 있다. 그리고 수익이 꾸준히 나기 전까지는 모의 투자 또는 소액 투자로 임해야 하며, 단계적으로 투자 금액을 늘려야 한다. 세상에 쉬운 일은 하나도 없지만 주식 투자는 특히 더 그렇다.

훈련만이 살길이다. 트레이딩은 트레이닝이다!

33일 이동평균선 지지 + 패턴 3 사례다.

상위 차트와 하위 차트의
관계 안에 돈 있다

주봉 차트는 일봉 차트의 상위 차트이고, 분봉 차트는 일봉 차트의 하위 차트다. 일반적으로 상위 차트는 하위 차트보다 파동이 크고 강하기 때문에 상위 차트는 하위 차트에 우선하며, 상위 차트의 패턴을 더 중시한다. 상위 차트의 패턴 3은 하위 차트의 패턴 2로 이어지는 경우가 많고, 상위 차트에서 변곡점 1개 형성 시 하위 차트에서 변곡점 2개가 형성되는 경우가 많기 때문에 상위 차트에서 투자 전략을 수립하고, 하위 차트에서 매매시점을 포착하면 유리하다. 상위 차트와 하위 차트의 관계를 정확히 이해하면 매매 시 유리한 고지를 점령할 수 있지만, 그렇지 않으면 많은 차트에서 오는 다양한 신호에 혼동될 수 있다. 동일한 주가가 어떻게 상위 차트와 하위 차트에 나타나는지 이해하는 것이 성공 투자의 열쇠다.

손절매에 약한 고수는 단 한 명도 없다

**손절매는 모든 투자의 기본이자 가장 중요한 부분이다.
손절매는 짧게, 이익실현은 길게 해서 수익으로 만드는 것이 중요하다.**

- 똑같은 주가를 어떤 시간 단위로 표현 하느냐에 따라 월봉 차트, 주봉 차트, 일봉 차트, 분봉 차트 등으로 나뉜다.

- 상위 차트와 하위 차트는 서로 아주 밀 접한 관계를 맺고 있다.

- 일반적으로 상위 차트는 하위 차트에 우선하며, 상위 차트의 파워가 하위 차 트의 파워보다 강하다.

- 하위 차트는 상위 차트를 이해하고 방 향을 예측하는 데 좋은 단서다.

똑같은 주가를 어떤 시간 단위로 표현하느냐에 따라 월봉 차트, 주봉 차트, 일봉 차트, 분봉 차트 등으로 나뉜다. 차트는 다양하지만 같은 주가를 다 양한 시간으로 표현한 것에 불과하기 때문에 상위 차트와 하위 차트는 아주 밀접한 관계를 맺고 있 다. 주봉 차트는 일봉 차트의 상위 차트고, 분봉 차 트는 일봉 차트의 하위 차트다. 일반적으로 상위 차트는 하위 차트에 우선하며, 상위 차트의 파워가 하위 차트의 파워보다 강하다.

상위 차트와 하위 차트의 관계를 제대로 이해하 려면 시간적으로 서로 연관을 맺고 생각해야 하며, 이동평균선 또한 배수의 비율로 규칙적이어야 한 다. 예를 들어, 15분봉 차트와 30분봉 차트는 서로 비교하기 쉽지만, 3분봉 차트와 10분봉 차트는 비 교하기 어렵다. 또 75와 150일 이동평균선은 배수 의 개념이므로 상하위 차트를 분석하기 쉽지만, 60 과 90 이동평균선은 비교하기 애매하다.

주봉 차트는 한 주에 봉이 1개 형성되고, 일봉 차트는 하루에 봉이 1개 형성되며, 분봉 차트는 해 당되는 분에 봉이 1개 형성된다. 주봉의 봉이 모여 월봉을 만들고, 일봉의 봉이 모여 주봉을 만들며, 분봉의 봉이 모여 일봉을 만든다. 따라서 하위 차 트는 상위 차트를 이해하고 방향을 예측하는 데 좋 은 단서가 된다.

예컨대 일봉이 상승으로 전환하려면 먼저 분봉 이 상승 전환해야 한다. 주봉이 하락으로 전환하려 면 먼저 분봉이 하락 전환해야 한다. 이러한 원리 를 십분 활용해 패턴매매기법에서는 주식의 경우 일봉이 기준 차트지만 60분봉 차트에서 매수 타 이밍을 포착하고, 선물옵션은 30분봉 차트가 기준 차트지만, 15분봉과 5분봉 차트에서 진입시점을 포착한다.

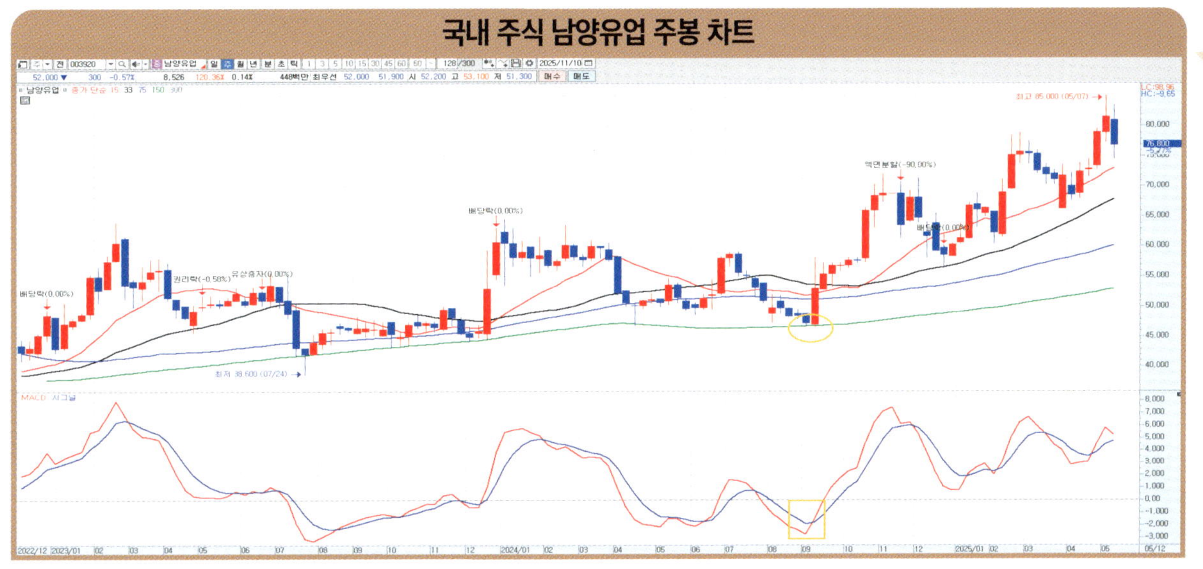

주봉 차트에서 2024년 9월 9일, 주가가 150주 이동평균선을 지지하며 다시 상승추세를 확장했다. 그렇다면 이 시점에서 하위 차트인 일봉 차트에서는 어떤 흐름이 전개되었을까?

주봉 차트에서 150주 이동평균선을 지지하고 추세를 확장할 때 일봉 차트에서는 매수 디버전스가 발생해 상승의 힘은 2배가 되었다.

상위 차트와 하위 차트의 관계를 정확히 이해하라

**일봉 차트를 기준으로 주식 투자를 하면 여유로운 매매가 가능하다.
하지만 1분봉 차트 또는 3분봉 차트로 매매하면 잦은 매매로 이어져 손실을 보게 된다.**

장영한의 1분 카페

- 동일한 주가의 등락을 어떤 시간 단위로 차트상에 표현하느냐에 따라 투자자가 느끼는 체감속도에 많은 차이가 난다.
- 단기 이동평균선은 중장기 이동평균선보다 매매 신호를 많이 주고 속도도 빠르다.
- 주봉 차트의 패턴 3은 일봉 차트의 패턴 2로 이어진다.
- 일봉 차트에서 패턴 3이 완성되면 60분봉 차트에서는 MACD가 0선 아래까지 하락했다가 다시 상승 전환한다.
- 주봉 차트, 일봉 차트, 분봉 차트의 관계를 이해하면 보다 저가에 안전하게 매수할 수 있다.

동일한 주가의 등락이라도 어떤 시간 단위로 차트에서 표현하느냐에 따라 투자자가 느끼는 체감 속도에 많은 차이가 난다. 만일 주가가 5% 상승하면 월봉 차트는 거의 변동이 없고, 주봉 차트는 약간 변동하며, 일봉 차트는 어느 정도 상승한 것으로 나타나고, 분봉 차트는 급등한 것으로 나타난다. 주식 투자로 수익을 내는 투자자들도 선물옵션에서는 손실을 보는 이유가 레버리지로 인해 1분봉, 2분봉만 보고 매매하다가 그 속도를 극복하지 못하기 때문이다.

주봉의 15주(15주×5일=75일) 이동평균선은 일주일에 5일 거래되므로 75일 이동평균선과 서로 일치한다. 다만 15주와 75일은 같은 시각이지만, 봉의 개수가 서로 다르기 때문에 이동평균선의 값은 약간 다를 수 있다. 주봉의 33주(33주×5일=165일) 이동평균선은 일봉 차트의 150일 이동평균선과 비슷하다. 따라서 주봉 차트에서 패턴 3이 예상될

때 일봉 차트에서는 패턴 2가 예상되는 것이다.

일봉 차트에서 15일 이동평균선 지지 시 60분봉 차트에서는 75일 이동평균선(75일 이동평균선 / 6시간 =12.5일) 근처에서 지지가 예상되며, 일봉 차트에서 33일 이동평균선 지지 시 60분봉 차트에서는 150일 이동평균선(150일 이동평균선 / 6시간 = 25일) 약간 아래에서 지지하게 된다. 따라서 일봉 차트에서 패턴 3을 완성하게 되면 그 하위 차트인 60분봉 차트에서는 MACD가 0선 아래까지 하락했다가 다시 상승하는 모습이 나타난다.

하위 차트의 파동으로 정확한 매매 타이밍을 포착하라

상위 차트와 하위 차트를 서로 연계하면 정확한 매매 타이밍을 포착할 수 있다.
상위 차트로 매매하기 애매모호한 파동이 하위 차트에서는 확실하게 나타난다.

장영한의 1분 카페 

- 하위 차트라는 주가의 파동이 구체적이라는 장점이 있지만, 큰 흐름을 간과할 수 있는 단점이 있다.

- 상위 차트는 주가의 파동은 구체적이지 않지만, 작은 흐름에 휘둘리지 않는 장점이 있다.

- 상위 차트와 하위 차트를 서로 연계해 매매하면 추세도 정확히 파악할 수 있고, 구체적이고 정확한 매매 타이밍을 포착할 수 있다.

- 상위 차트의 변곡점 1개가 하위 차트에서 변곡점 2개로 나타날 수 있다.

- 패턴매매기법은 상위 차트에서 투자 전략을 세우고, 하위 차트에서 매매 타이밍을 포착한다.

월요일부터 금요일까지 5영업일 동안 주가가 상승과 하락을 반복하는 흐름이 발생해도 주봉 차트에서는 봉 하나로 나타난다. 60분봉 차트에서는 하루 6시간 내내 주가가 상승과 하락을 반복하는 흐름이 발생해도 일봉 차트에서는 달랑 봉 하나로 나타난다.

이 때문에 하위 차트에서는 주가의 파동이 보다 구체적이라는 장점이 있지만, 큰 흐름을 간과할 수 있는 단점이 있고, 상위 차트에서는 주가의 파동은 구체적이지 않지만 작은 흐름에 휘둘리지 않는 장점이 있다.

주식이든, 선물옵션이든 패턴매매기법에서는 상위 차트에서 투자 전략을 세우고, 하위 차트에서 매매 타이밍을 포착한다. 일봉 차트만 보고 매매하거나 선물옵션의 경우, 특정 분봉만 보고 매매하면 여러 차트에서 오는 혼란을 방지할 수는 있다. 하지만 상위 차트와 하위 차트를 서로 연계해 매매하면 추세도 정확히 파악할 수 있고, 보다 구체적이

고 정확한 매매 타이밍을 포착할 수 있다.

상위 차트로 매매하기 애매한 파동이 하위 차트에서는 확실하게 나타난다. 다시 말해, 상위 차트에서 변곡점 1개로 보이는 파동이 하위 차트에서는 변곡점 2개의 파동으로 나타나는 경우가 많다.

이와 같이 상위 차트와 하위 차트를 제대로 이해하면 실전매매에 큰 도움이 되지만, 처음부터 상하위 차트를 정확히 이해하며 실전매매에 적용하려는 것은 욕심이다. 상위 차트에서 패턴이 발생했을 때 하위 차트에서는 어떤 흐름이 나왔는지 꾸준히 연구한 후에 실전매매에 적용하는 것이 바람직하다. 상위 차트와 하위 차트의 비밀만 제대로 알아도 주식 투자가 그렇게 어렵지만은 않을 것이다.

상위 차트와 하위 차트를 정확히 이해하는 것은 바로 주가의 파동을 이해하는 것과 같다. 주가는 비슷한 파동과 패턴이 계속 반복되기 때문에 상하위 차트를 꼼꼼히 분석할 필요가 있다.

월봉 차트에서는 주가가 150월 이동평균선을 지지하며 상승추세를 확장했다. 이때 하위 차트인 일봉 차트에서는 어떤 흐름이 발생했을까?

월봉 차트에서는 150월 이동평균선을 지지하고 추세를 확장할 때 일봉 차트에서는 매수 디버전스가 발생해 추세를 확장했다.

패턴 1, 2, 3 실전 워크북

이 장에서는 기술적 분석부터 패턴 1, 2, 3까지 총 25개의 문제를 누구라도 쉽고 재미있게 풀 수 있도록 만들었다. 25 문항에서 15개 이상을 맞춘다면 비교적 패턴매매기법의 이론을 정확히 숙지하고 있다고 판단해도 좋다. 그러나 15개 미만이라면 이 책을 처음부터 다시 한번 정독할 필요가 있다. 답을 먼저 보지 말고 마치 시험을 보듯 경건한 마음으로 문제를 풀어보길 바란다.

문제 01

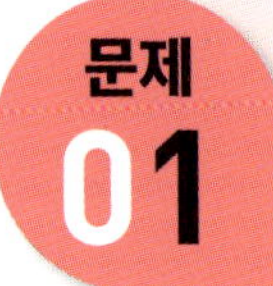

다음은 KCC의 일봉 차트다. 2024년 4월부터 2015년 3월까지 약 1년가량의 기간을 설정했는데, 현재의 추세는 어떻게 정의할 수 있는가?

a) 상승추세　　　　b) 하락추세　　　　c) 비추세

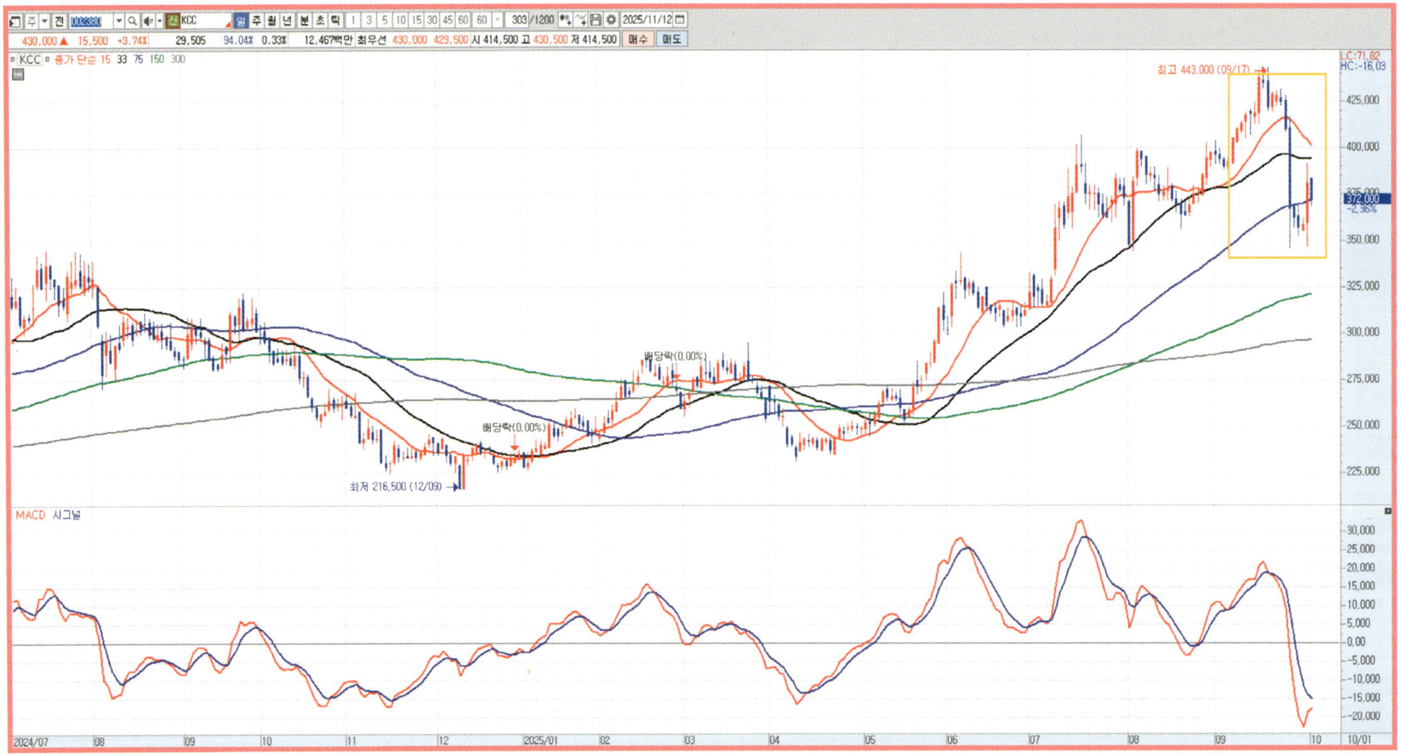

해설 01

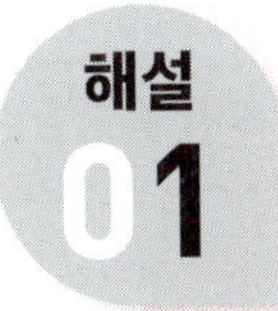

정답 a) 상승추세

상승추세는 대개 이동평균선이 정배열되어 있고, 저점과 고점을 꾸준히 높이면서 상승한다. 상승추세에서는 하락조정을 받은 이후에 다시 상승추세를 확장한다.

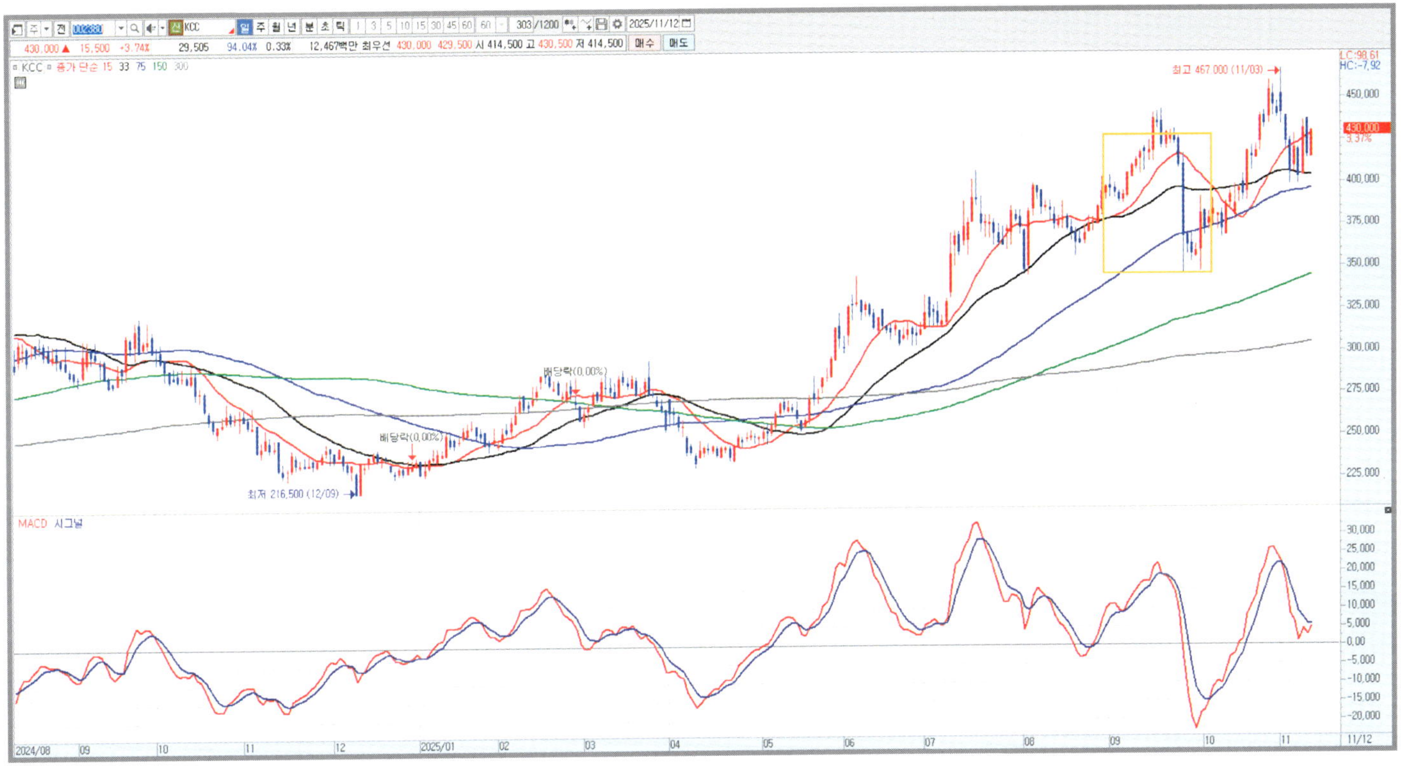

문제 02

주가가 고점을 꾸준히 낮추며 하락할 경우, 고점과 고점을 이어 하락추세선을 그릴 수 있다. 주가가 하락추세선 아래에 놓여 있을 때 위에 놓여 있는 추세선은 어떤 역할을 할까?

a) 지지　　　　　　　　b) 저항

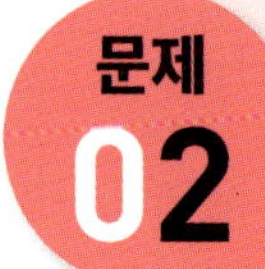

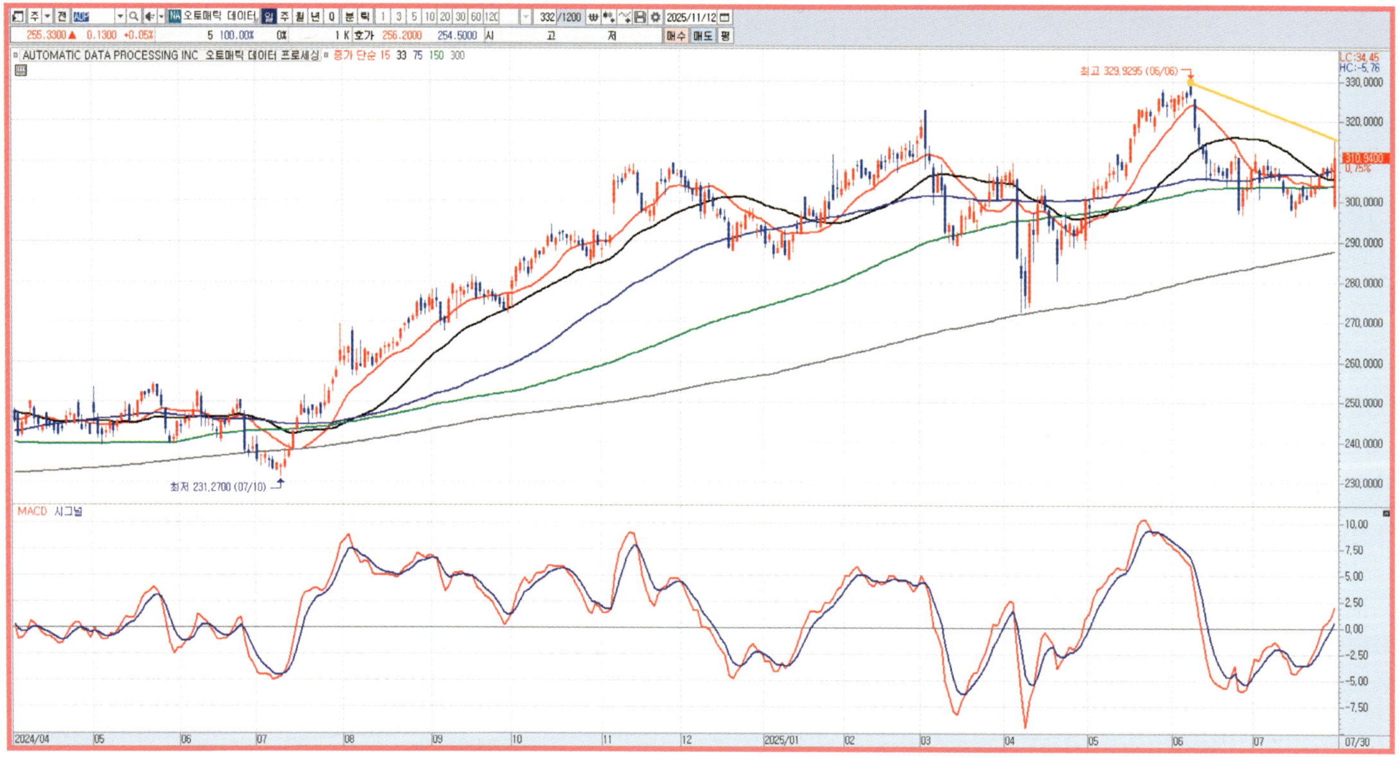

해설 02

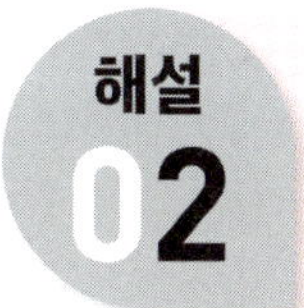

정답 **b) 저항**

주가가 추세선 아래에 놓여 있을 경우 위에 놓여 있는 추세선은 저항 역할을 하고, 주가가 추세선 위에 놓여 있을 경우 아래에 놓여 있는 추세선은 지지 역할을 한다.

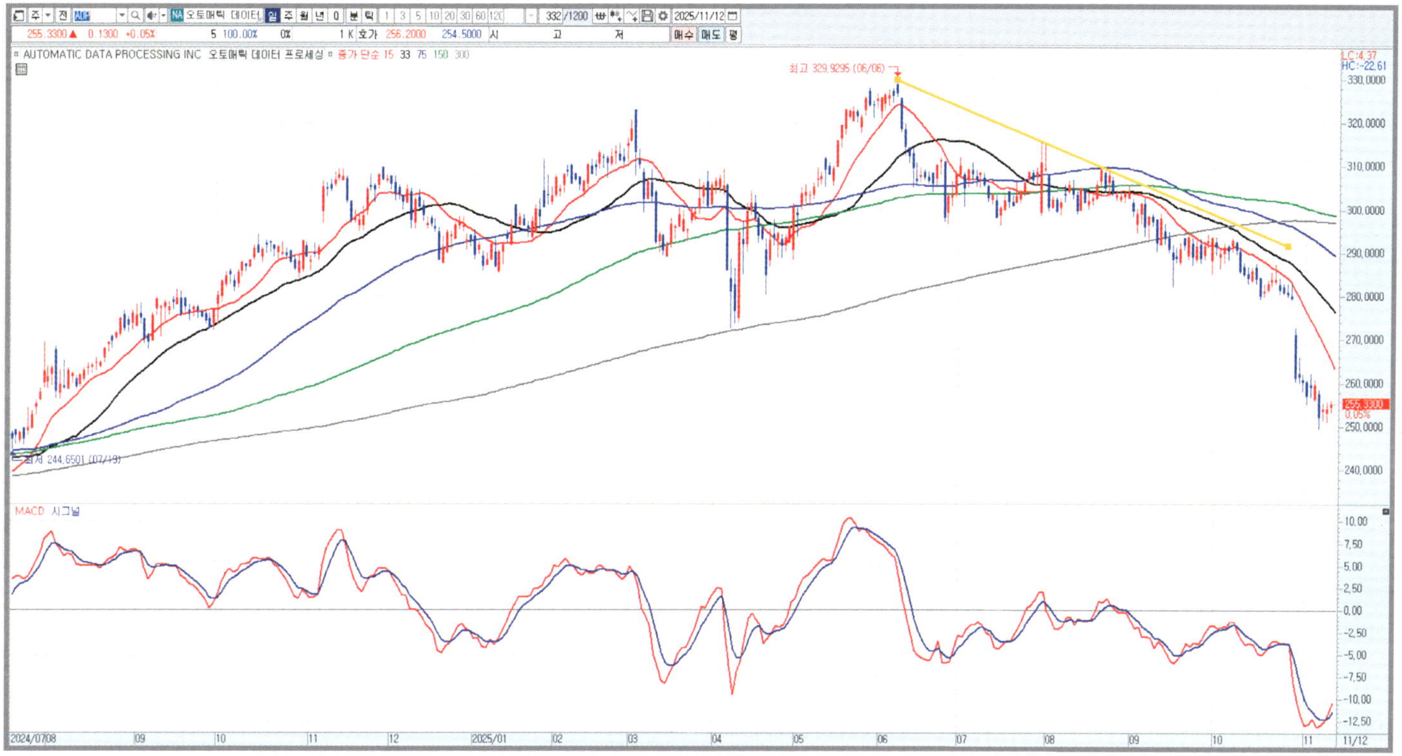

문제 03

다음은 삼성바이오로직스의 일봉 차트다. 2024년 10월 이후 깊은 하락조정을 받았는데, 현재 주가는 150일 이동평균선에 위치하고 있다. 동그라미 구간에는 어떤 지지요소가 있는가?

a) 이동평균선, 이중바닥, 의미 있는 가격대

b) 추세선, 갭

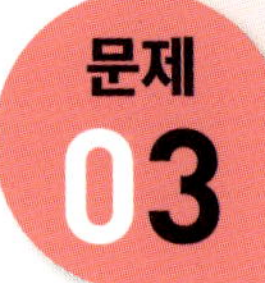

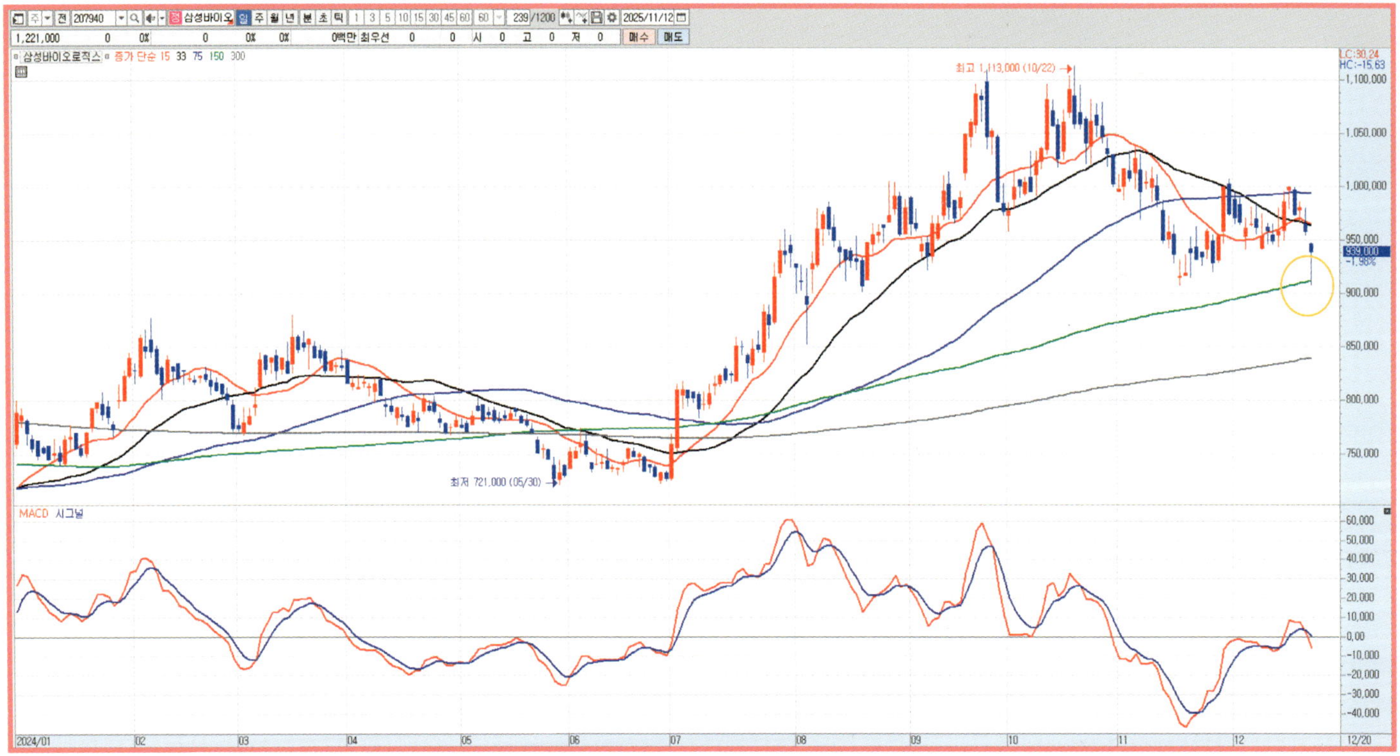

해설 03

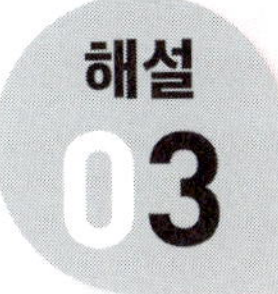

정답 a) 이동평균선 , 이중바닥, 의미 있는 가격대

삼성바이오로직스는 2024년 12월, 150일 이동평균선, 이중바닥 지지에 성공하며 변곡점 1개의 패턴 2를 완성하고 상승추세를 확장했다.

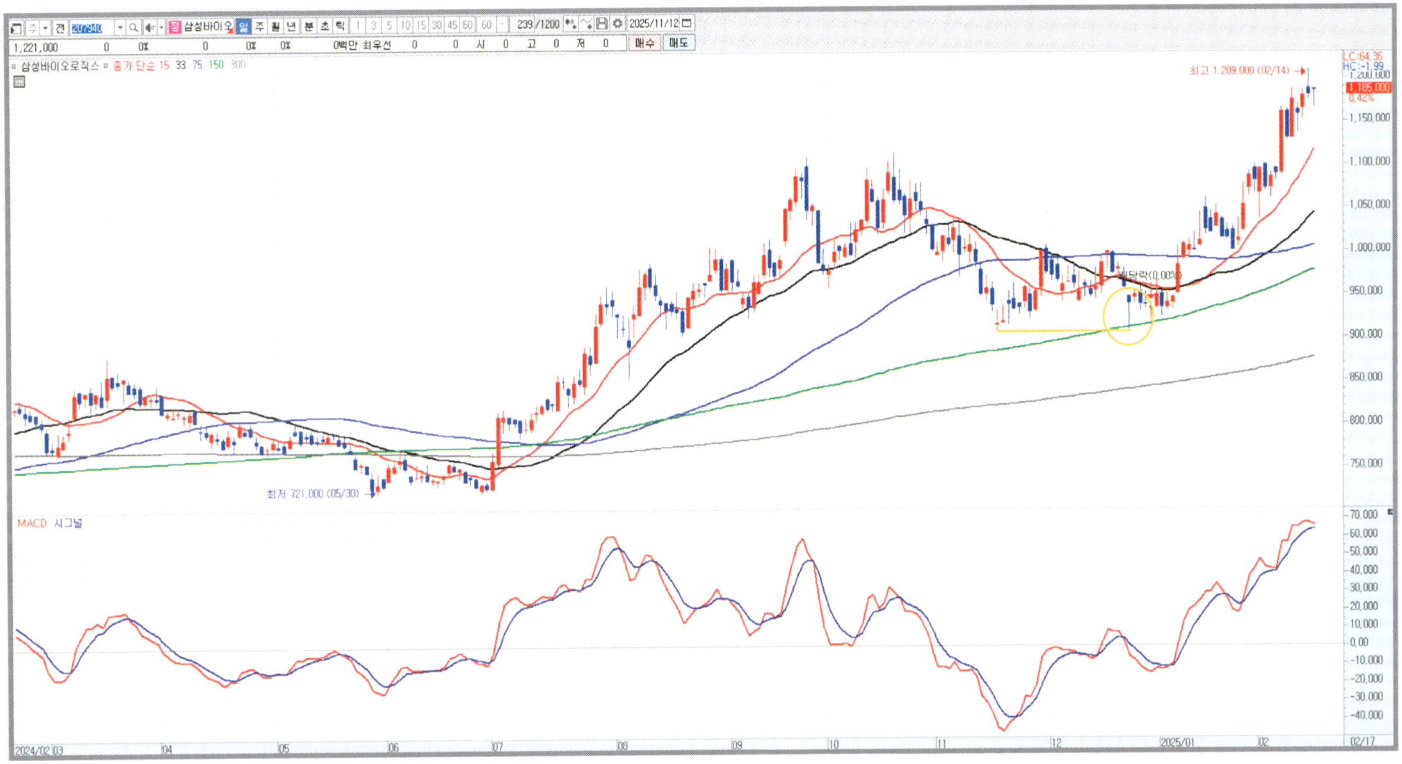

다음은 일본 주식 도쿄일렉트론의 일봉 차트다. 2024년 7월 17일 주가는 네모와 같이 전일 대비 큰 폭으로 하락하며 시작했는데, 이와 같이 차트상의 빈 공간을 무엇이라고 하는가?

a) 갭

b) 이격

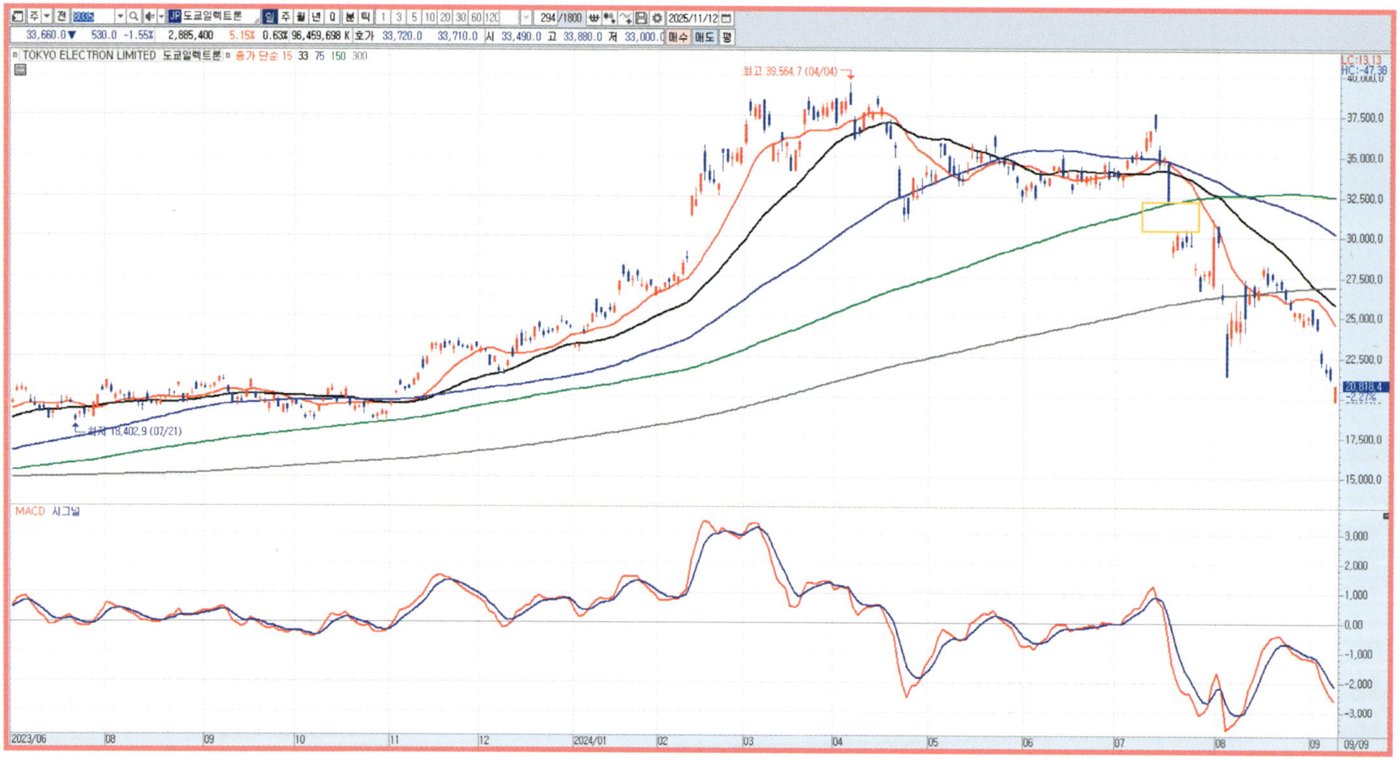

해설 04

정답 **a) 갭**

고점에서 하락 갭이 발생한 이후 깊은 가격 조정을 받았지만, 다시 매수 디버전스를 완성하며 상승했다.

문제 05

다음은 현대차의 일봉 차트다. 네모와 같이 단기 이동평균선이 중기 또는 장기 이동평균을, 중기 이동평균선이 장기 이동평균선을 위에서 아래로 교차하는 것을 무엇이라고 하는가?

a) 골든크로스　　　　　　b) 데드크로스

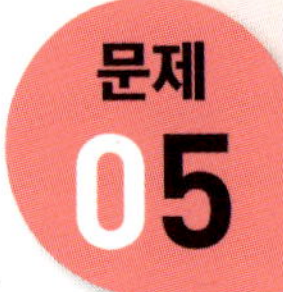

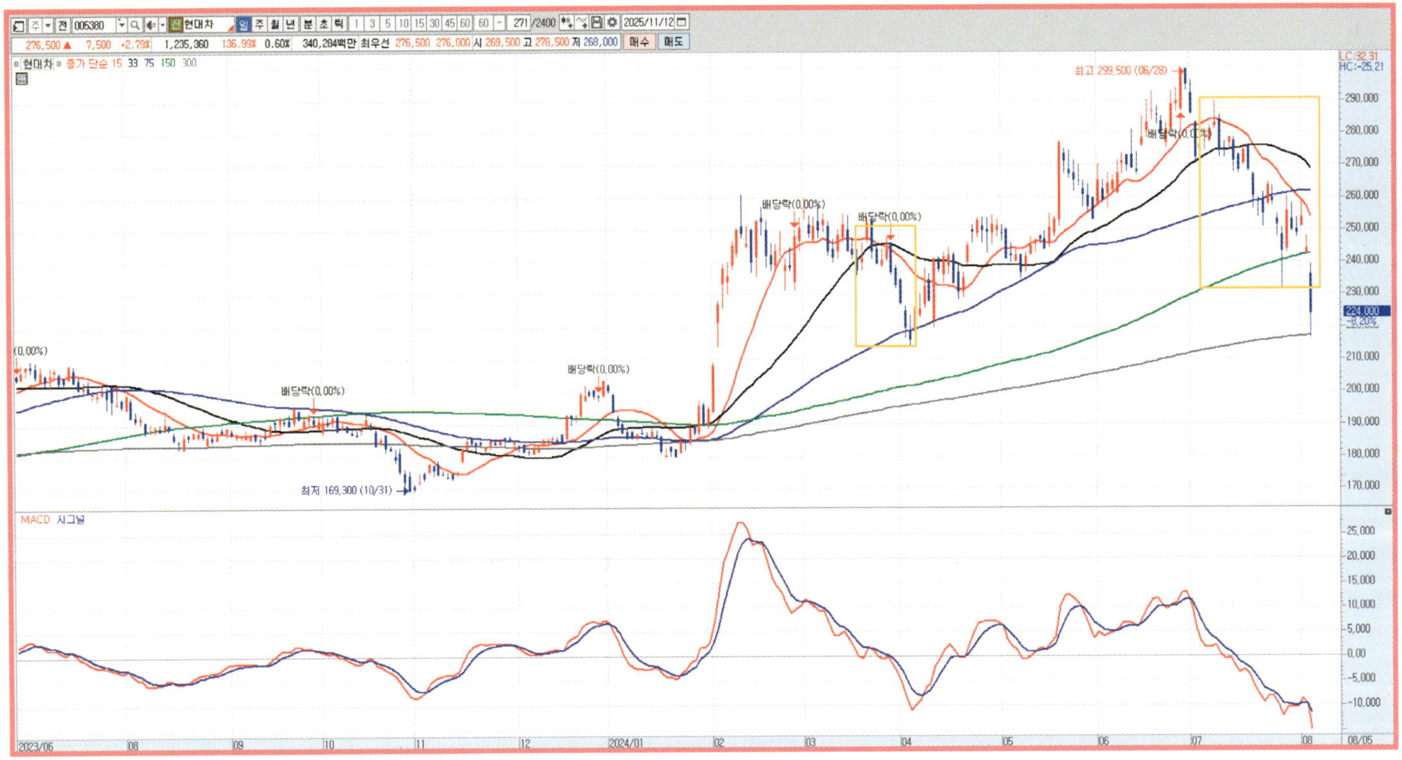

해설 05

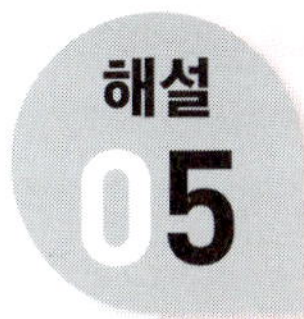

정답 b) 데드크로스

주가가 하락조정을 받자 데드크로스가 발생했지만, 2024년 8, 9월에 300일 이동평균선을 완성하고 상승했다.

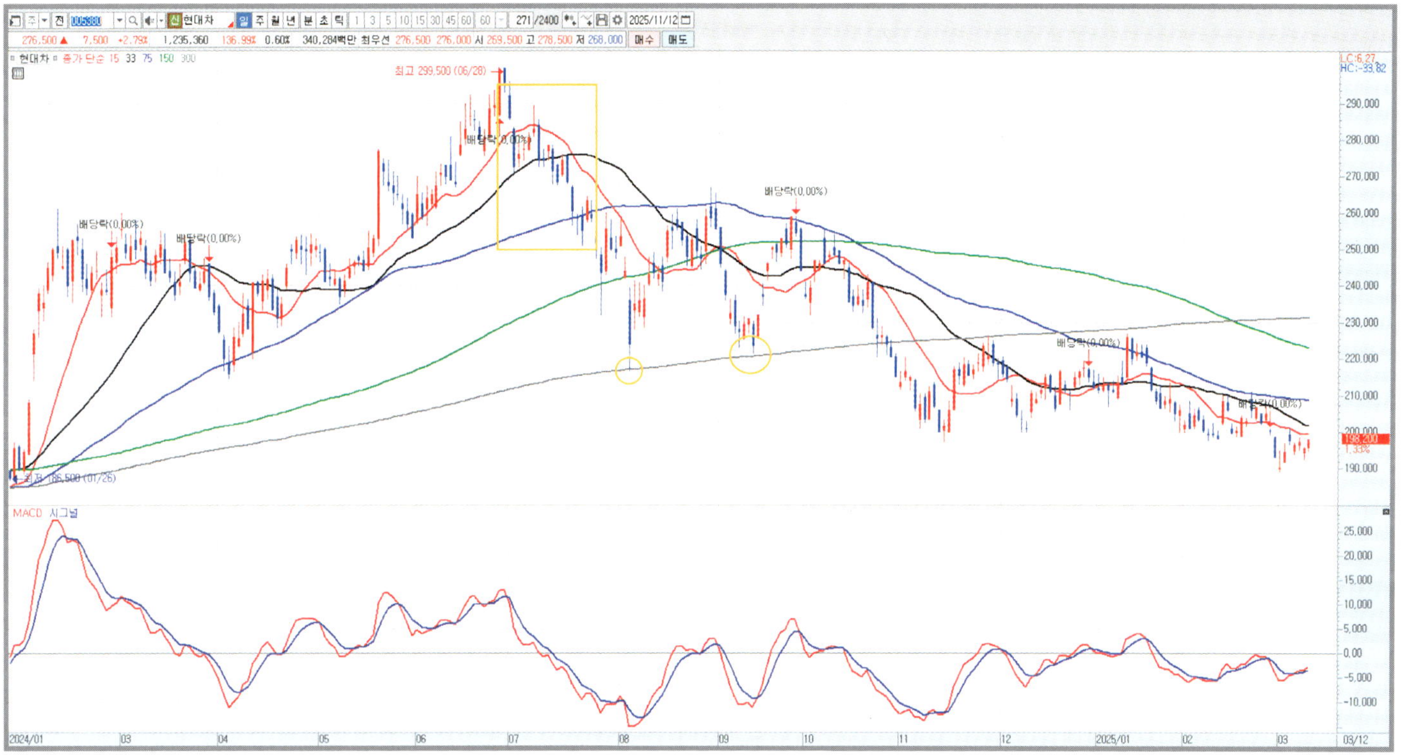

문제 06

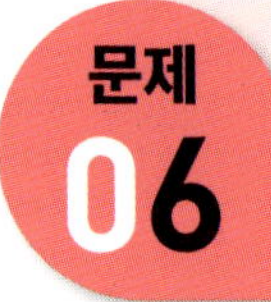

다음은 노루홀딩스의 일봉 차트다. 확연한 상승추세이며, 위에서부터 15, 33, 75, 150일 이동평균선 순서로 배열되어 있다. 이러한 배열을 무엇이라고 하는가?

a) 정배열 b) 역배열

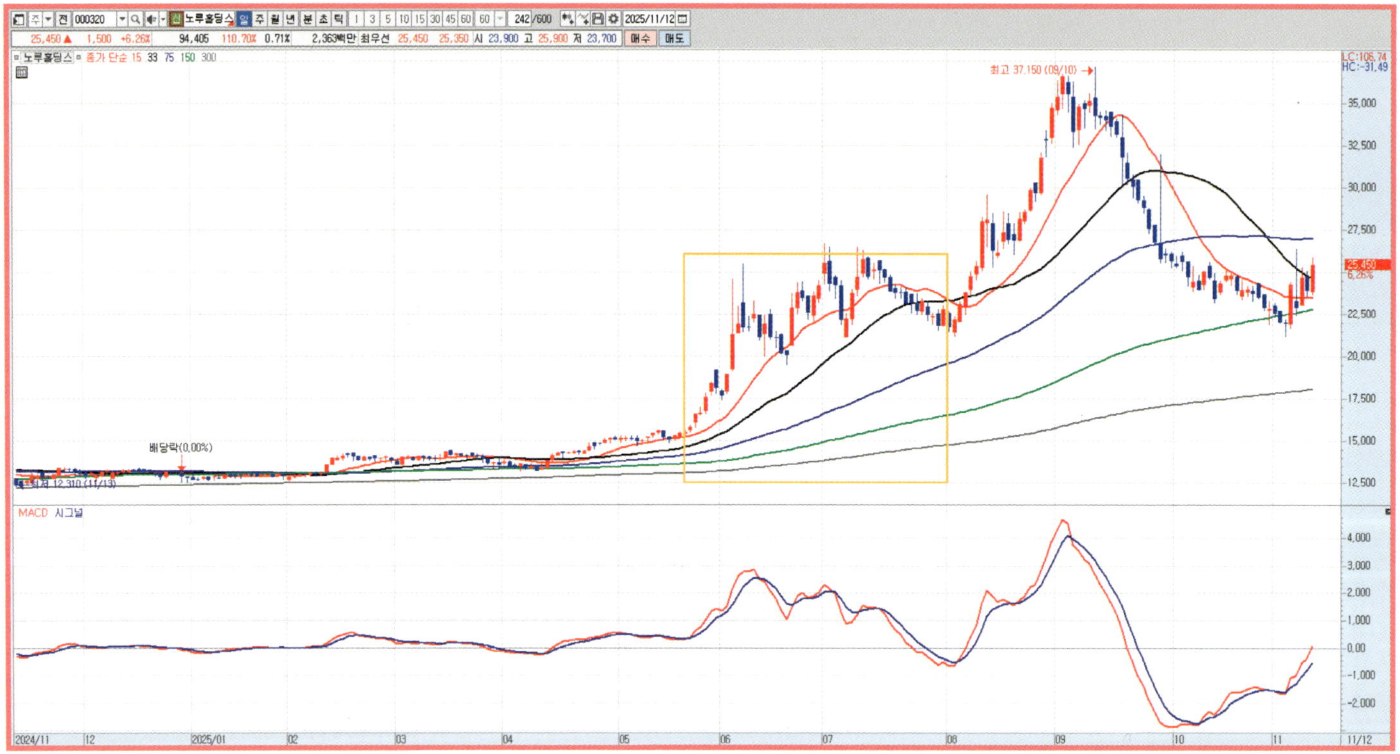

해설 06

정답 a) 정배열

항상 정배열 종목을 가까이하고 역배열 종목을 멀리해야 한다. 노루홀딩스는 2025년 11월, 150일 이동평균선을 지지하고 매수 디버전스 패턴 2를 완성하며 기존 추세를 확장하려고 한다.

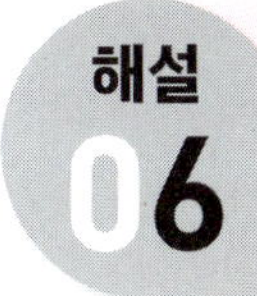

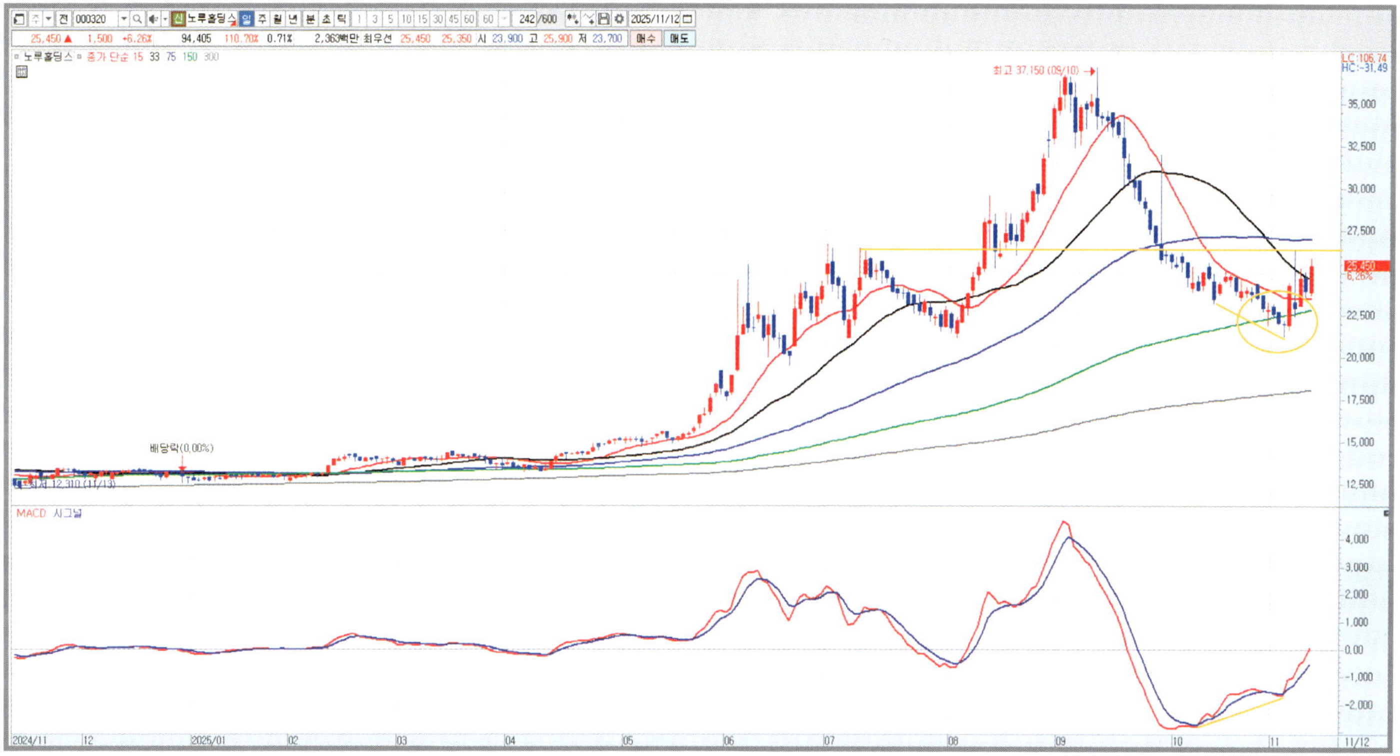

문제 07

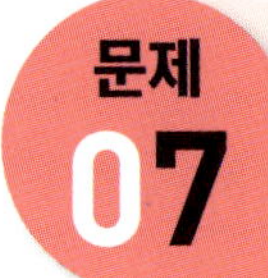

다음은 미국 주식 아메리칸 일렉트릭 파워의 일봉 차트다. 2025년 8월 주가가 고점을 찍고 150일 이동평균선까지 하락조정을 받았다. 주가가 이동평균선 위에 놓여 있을 때 이동평균선은 어떤 역할을 할까?

a) 저항　　　　b) 지지

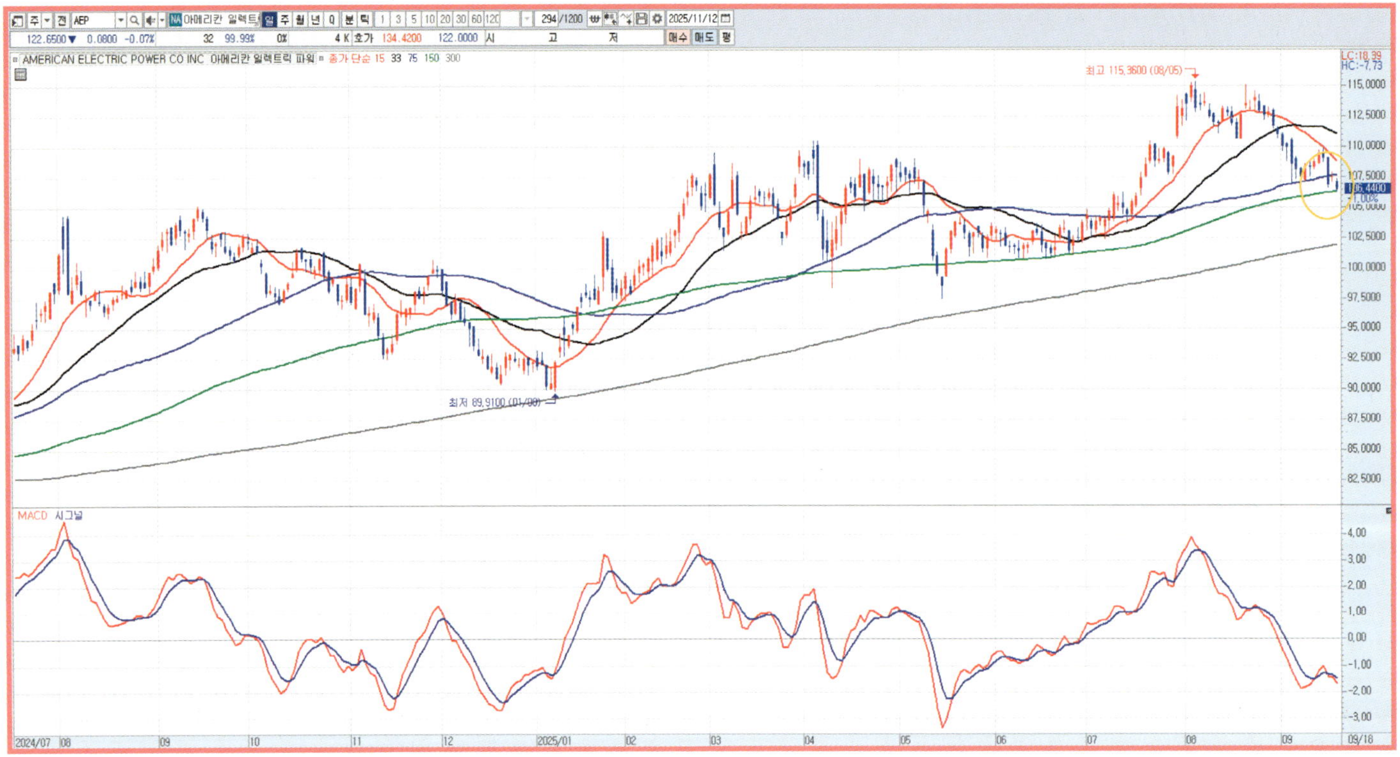

해설 07

정답 b) 지지

주가가 이동평균선 위에 놓여 있으면 아래에 놓여 있는 이동평균선은 지지 역할을 하고, 주가가 이동평균선 아래에 놓여 있으면 위에 놓여 있는 이동평균선은 저항 역할을 한다.

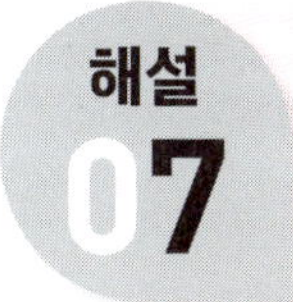

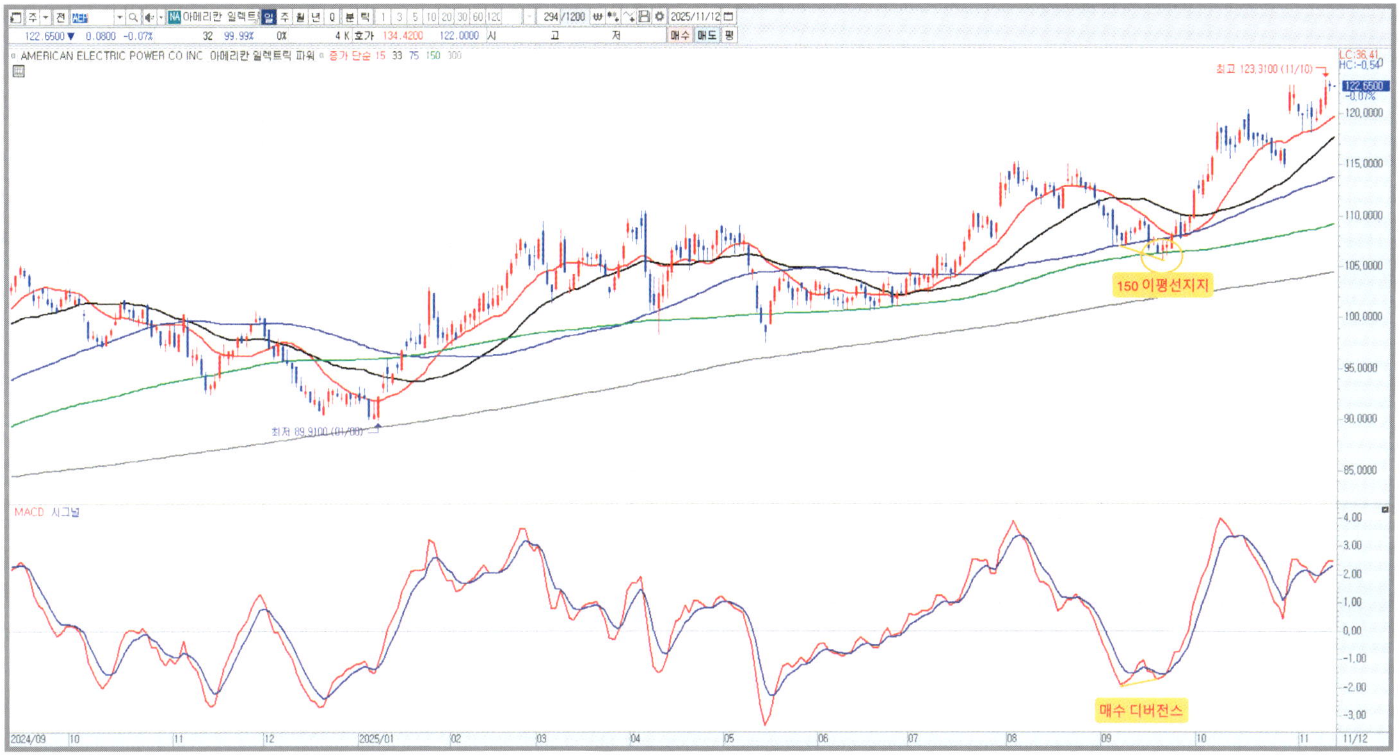

문제 08

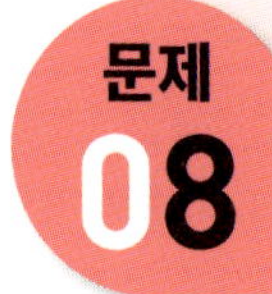

MACD는 이동평균선의 수렴과 확산을 이용해 매매 타이밍을 포착하는 보조지표로, 많은 투자자들이 즐겨 사용하고 있다. MACD는 어떤 지표에 속할까?

a) 추세지표　　　　b) 모멘텀지표

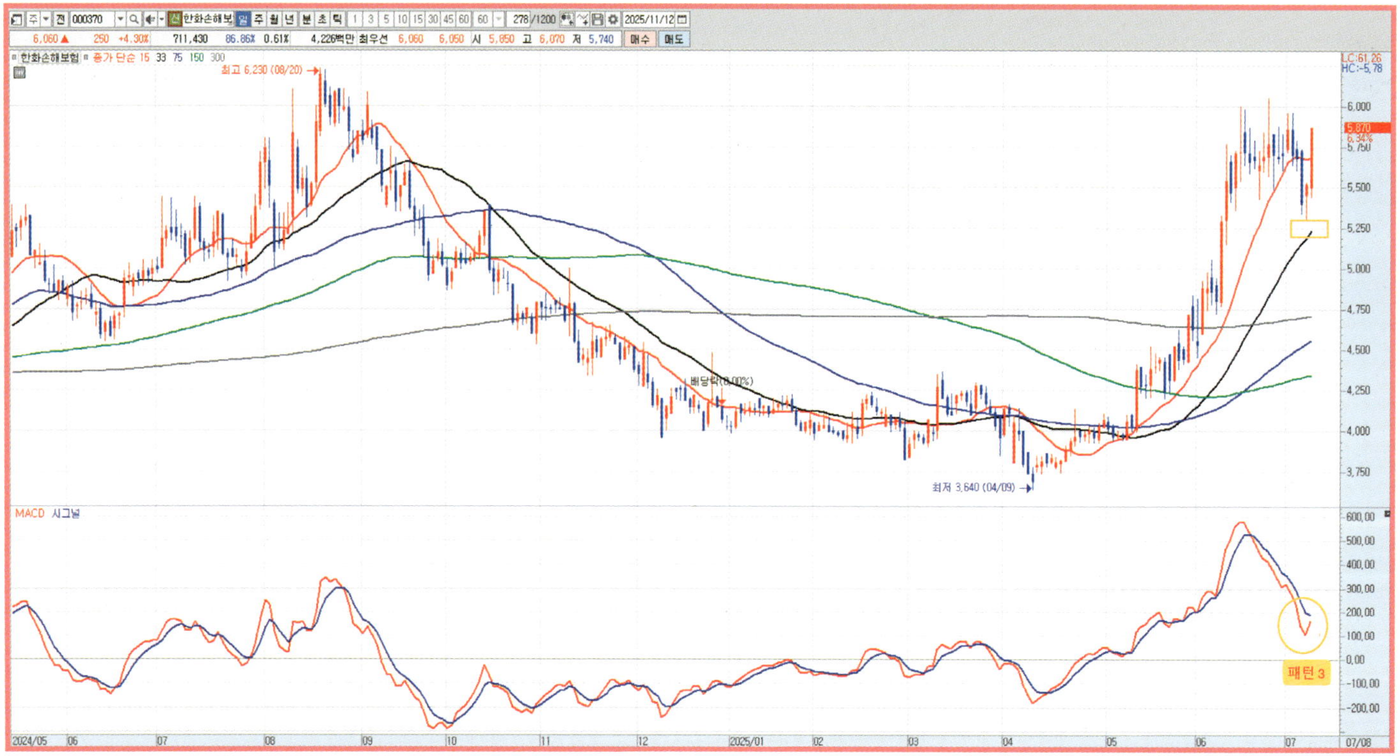

해설 08

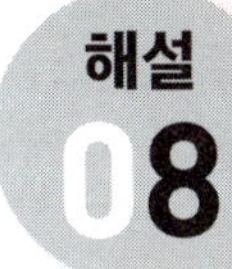

정답 a) 추세지표

추세지표에는 CCI, DMI, TRIX 등 수없이 많은 종류가 있지만, 그중 MACD의 인기가 가장 높다. 2025년 7월 한화손해보험은 MACD가 0선에서 더 이상 하락하지 않고 다시 상승하며 패턴 3을 완성했다.

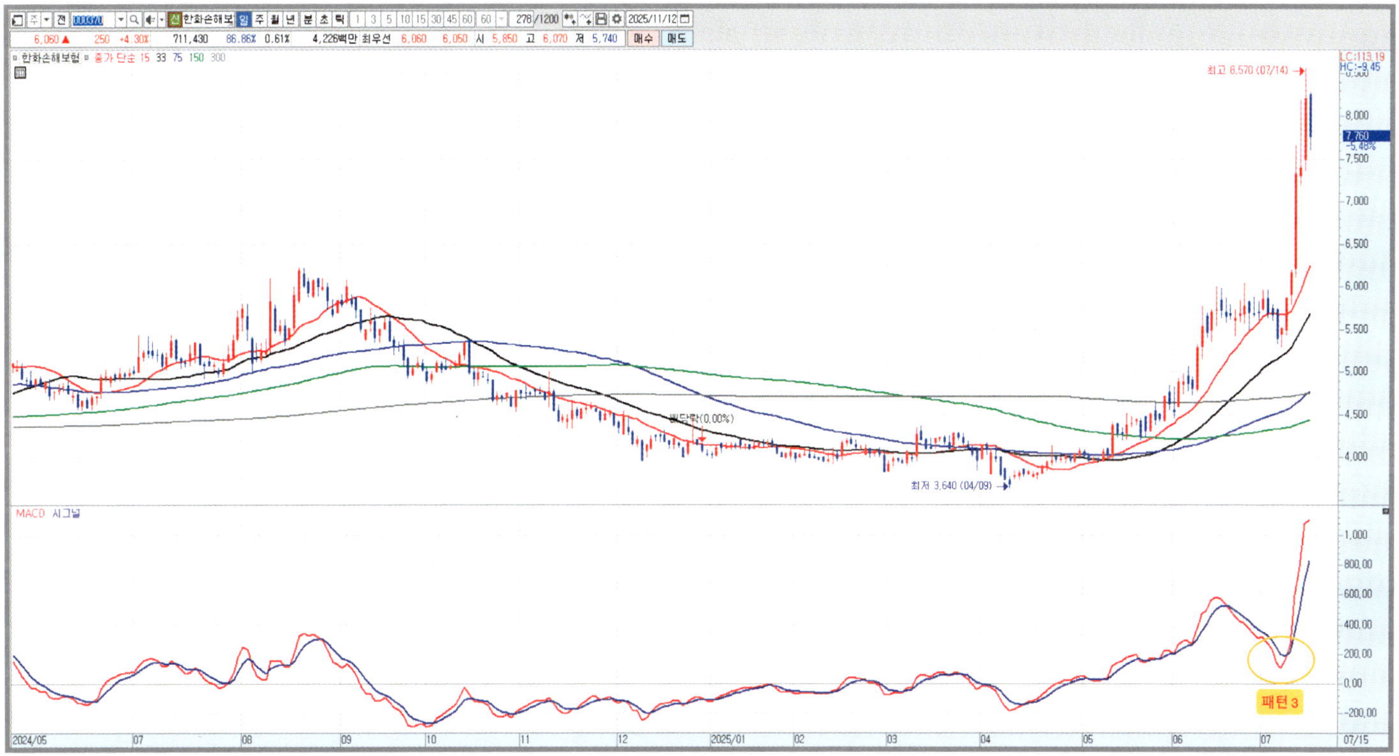

문제 09

다음은 일본 주식 소니의 일봉 차트다. 2025년 7월 동그라미와 같이 15, 33, 75일 이동평균선 3개가 한곳에 모여 있다. 앞으로 이동평균선은 어떻게 될 가능성이 큰가?

a) 확산   b) 수렴

해설 09

정답 a) 확산

이동평균선은 모이면(수렴) 흩어지고(확산), 흩어지면 다시 모이는 특징이 있다. 소니는 이동평균선이 수렴한 이후 강하게 확산했는데, 수렴한 지점이 바로 매수 타이밍이다.

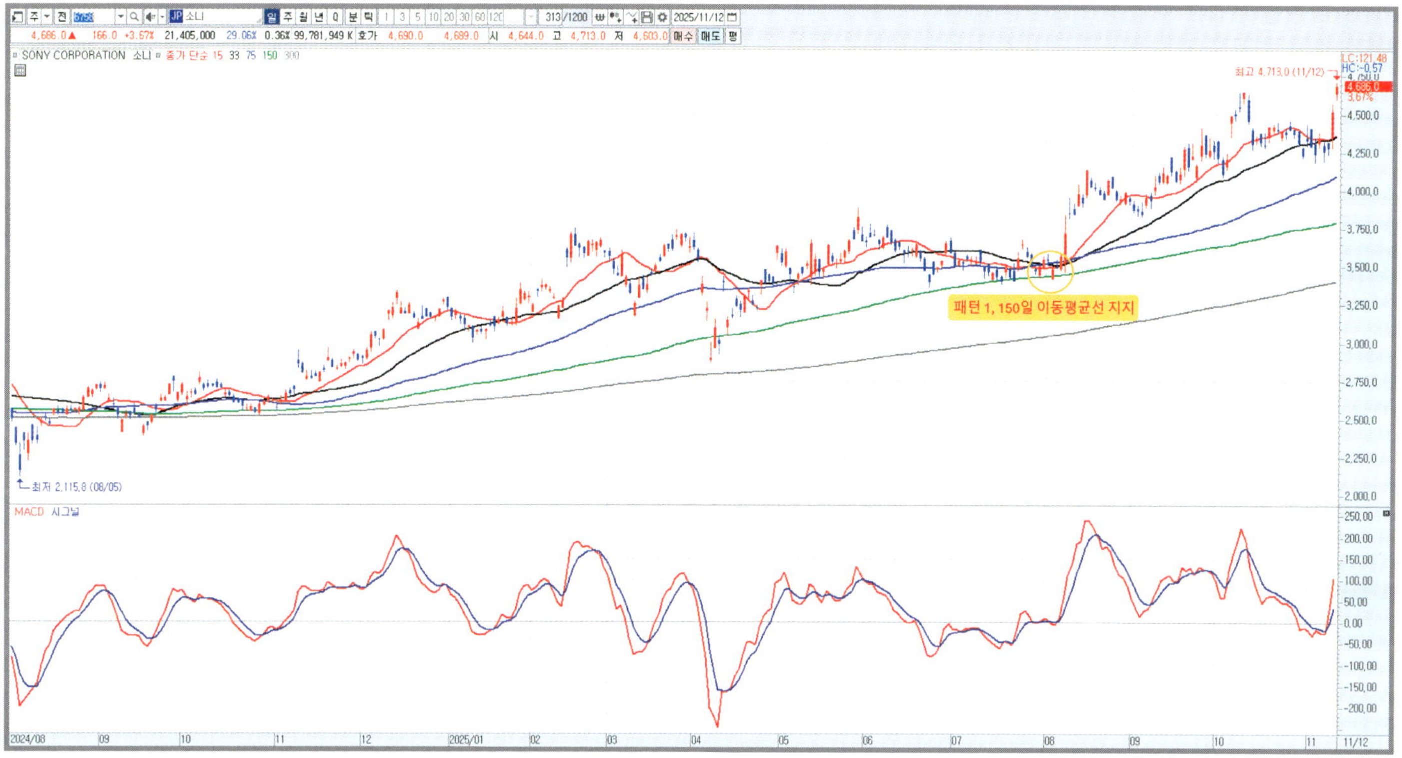

문제 10

가격 조정과 기간 조정을 받게 되면 이동평균선은 자연스럽게 한곳에 수렴하게 된다. 이렇게 3개 이상의 이동평균선이 한곳에 수렴하는 현상을 무엇이라고 하는가?

a) 패턴 3 b) 패턴 1

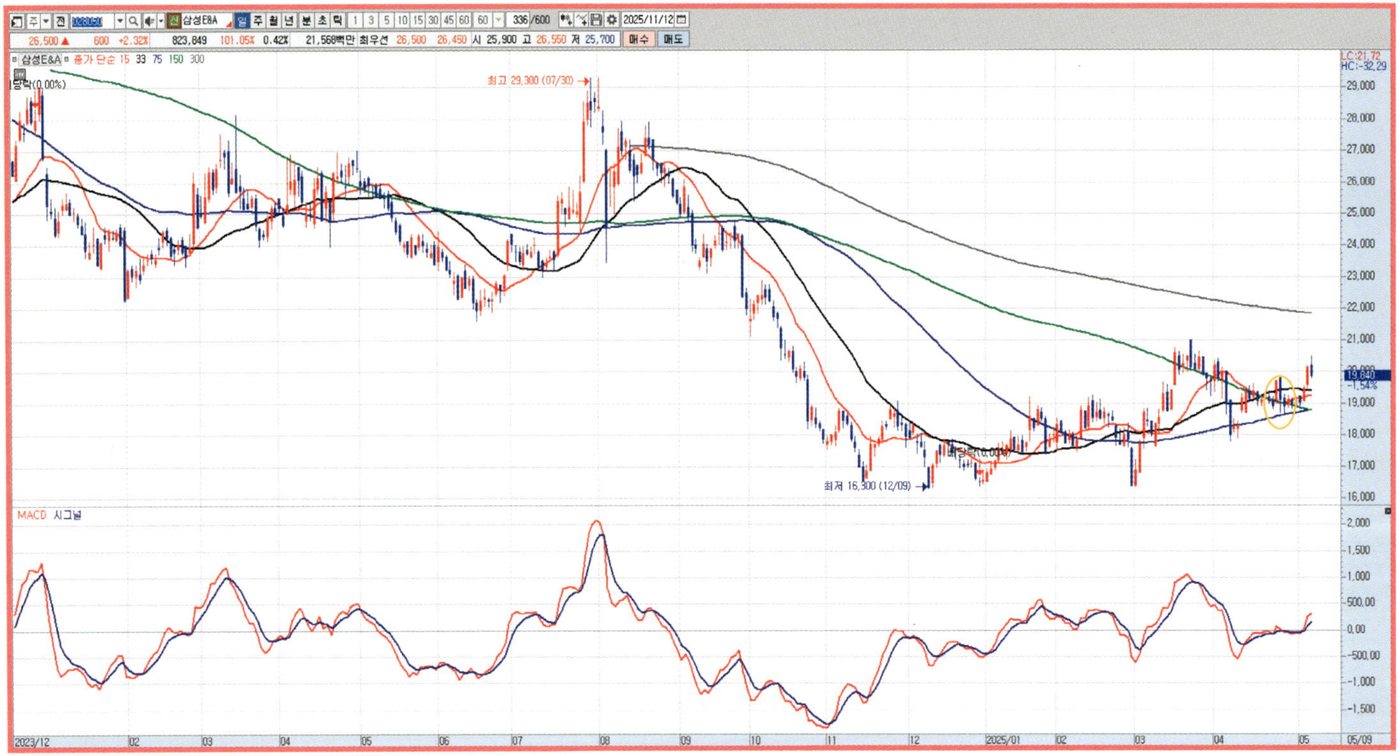

정답 b) 패턴 1

15, 33, 75, 150일 이동평균선 중 3개 이상의 이동평균선이 한곳에 수렴하는 것을 '패턴 1'이라고 한다. 패턴 1은 기존 추세를 신뢰하며 매수할 수 있는 좋은 타이밍이다.

다음은 미국 주식 엑셀론의 주봉 차트다. 누가 봐도 확연한 상승추세이며, 가격 조정과 기간 조정을 받아 이동평균선 3개가 수렴하는 패턴 1이 발생했다. 향후 주가는 어떻게 될까?

a) 상승   b) 하락

정답 a) 상승

기존 추세가 상승추세라고 한다면, 가격 조정과 기간 조정을 받은 이후에는 기존 추세가 확장될 거라는 믿음을 가지고 매매해야 한다. 추세의 방향대로 매매해야 수익이 난다. 또한 300일 이동평균선의 지지도 있다.

다음은 동국산업의 일봉 차트다. 이동평균선이 역배열되어 있고, 고점을 꾸준히 낮추는 하락추세다. 2025년 8월, 패턴 1이 발생했는데 향후 주가는 어떻게 될까?

a) 하락

b) 상승

정답 a) 하락

기존 추세가 하락추세면 패턴 1 이후에는 다시 하락하게 된다. 따라서 하락추세에서 이동평균선이 수렴했다고 해서 바닥이라고 판단하고 매수하면 큰 손실을 볼 수 있다. 또한 150일 이동평균선의 저항이 있어서 주가는 하락했다.

다음은 두산의 일봉 차트다. 2025년 10월에 패턴 1이 발생했는데, 10월 15일 양봉에 매수했다면 손절은 어느 가격에 지정해야 할까? 참고로 당일 저점은 580,000이다.

a) 519,000원　　　　　　　　　b) 567,000원

정답 a) 519,000원

손절은 의미 있는 저점 아래에 지정해야 한다. 손절매를 100% 실천하는 것만 해도 이미 성공 투자자라고 할 수 있지만, 굳이 손절을 깊게 지정해 리스크를 키울 이유는 없다.

문제 14

상승추세에서 주가가 15일과 33일 이동평균선을 순차적으로 붕괴시키고, 75일 이동평균선까지 깊은 하락조정을 받았다면 MACD는 어디에 위치하는가?

a) 0선 위　　　　b) 0선 아래

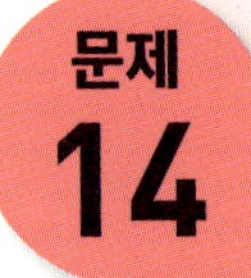

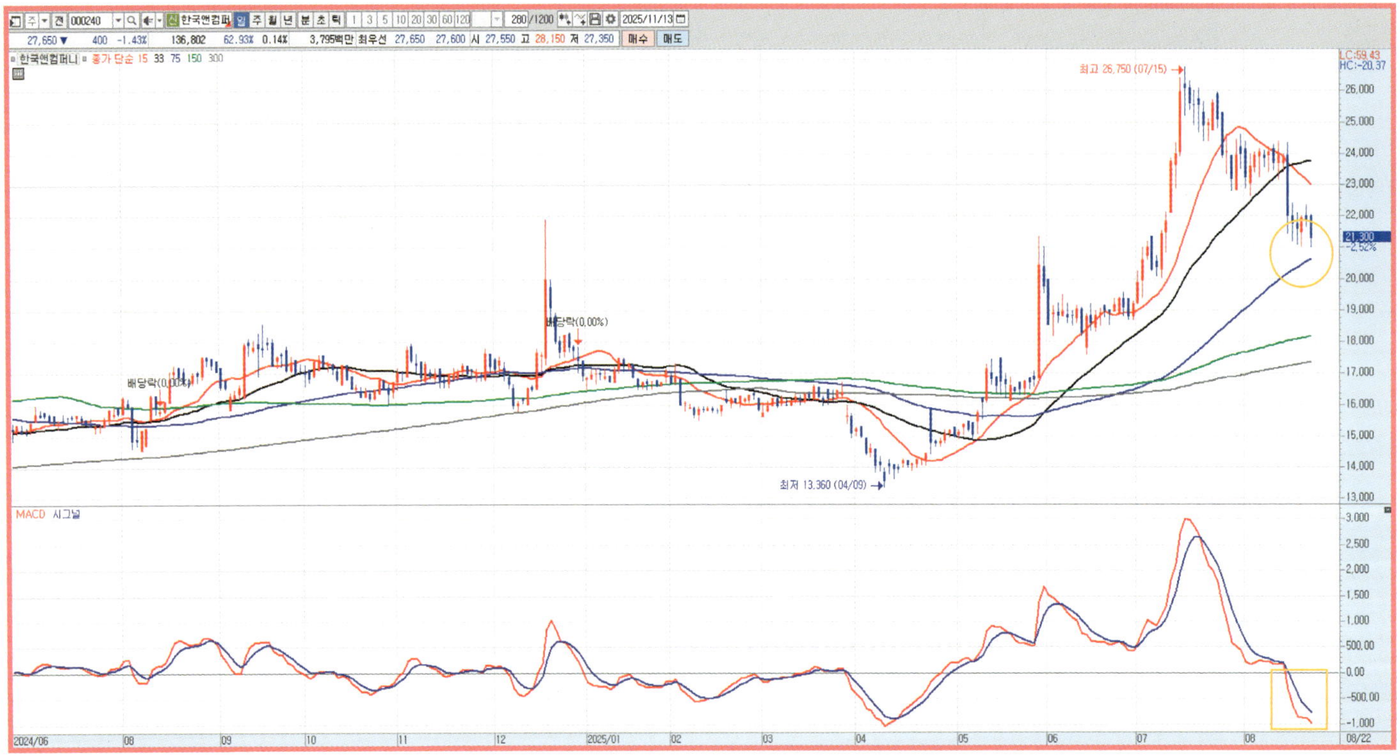

정답 **b) 0선 아래**

상승추세에서 주가가 깊은 가격 조정을 받게 되면, 단기 이동평균선이 장기 이동평균선 아래에 위치하게 되므로 MACD는 당연히 0선 아래에 위치할 수밖에 없다.

다음은 일본 주식 SIMPLEX NIKKEI 225-2X의 일봉 차트다. 하락추세이며, 2023년 1월에 9,600원 근처에서 300일 이동평균선까지 강한 상승을 했다. 향후 주가의 이동경로는 어떻게 예상할 수 있을까?

a) 상승   b) 하락

정답 b) 하락

기존 추세가 하락추세면 조정국면 이후 당연히 하락추세가 확장될 거라는 믿음을 가지고 매매에 임해야 한다. 결국 300일 이동평균선의 저항을 받고 주가는 다시 하락했다.

다음은 BNK금융지주의 일봉 차트다. 2025년 3월, 150일 이동평균선에서 매수 후 손절되었지만, 다시 2025년 5월, 300일 이동평균선 지지가 예상된다. 좋은 시나리오가 발생한다면 어떻게 해야 할까?

a) 매수해야 한다.　　　　　　　b) 매수하면 안 된다.

정답 a) 매수해야 한다.

2025년 4월, BNK금융지주는 300일 이동평균선에서 패턴 2를 완성하고 전고점마저 돌파하는 강한 시세가 발생했다. 시나리오가 좋다면 다시 한번 시도하는 끈기가 필요하다.

문제 17

다음은 패스트리테일링의 일봉 차트다. 확연한 상승추세이며, MACD 또한 규칙적이고 안정적인 흐름을 보이고 있다. 상승추세에서 MACD 보조지표는 어떠한 특성이 있는가?

a) 주로 0선 위에서 움직인다. b) 주로 0선 아래에서 움직인다.

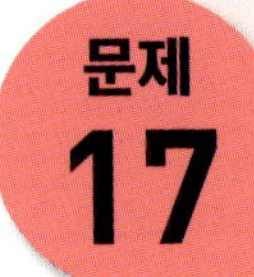

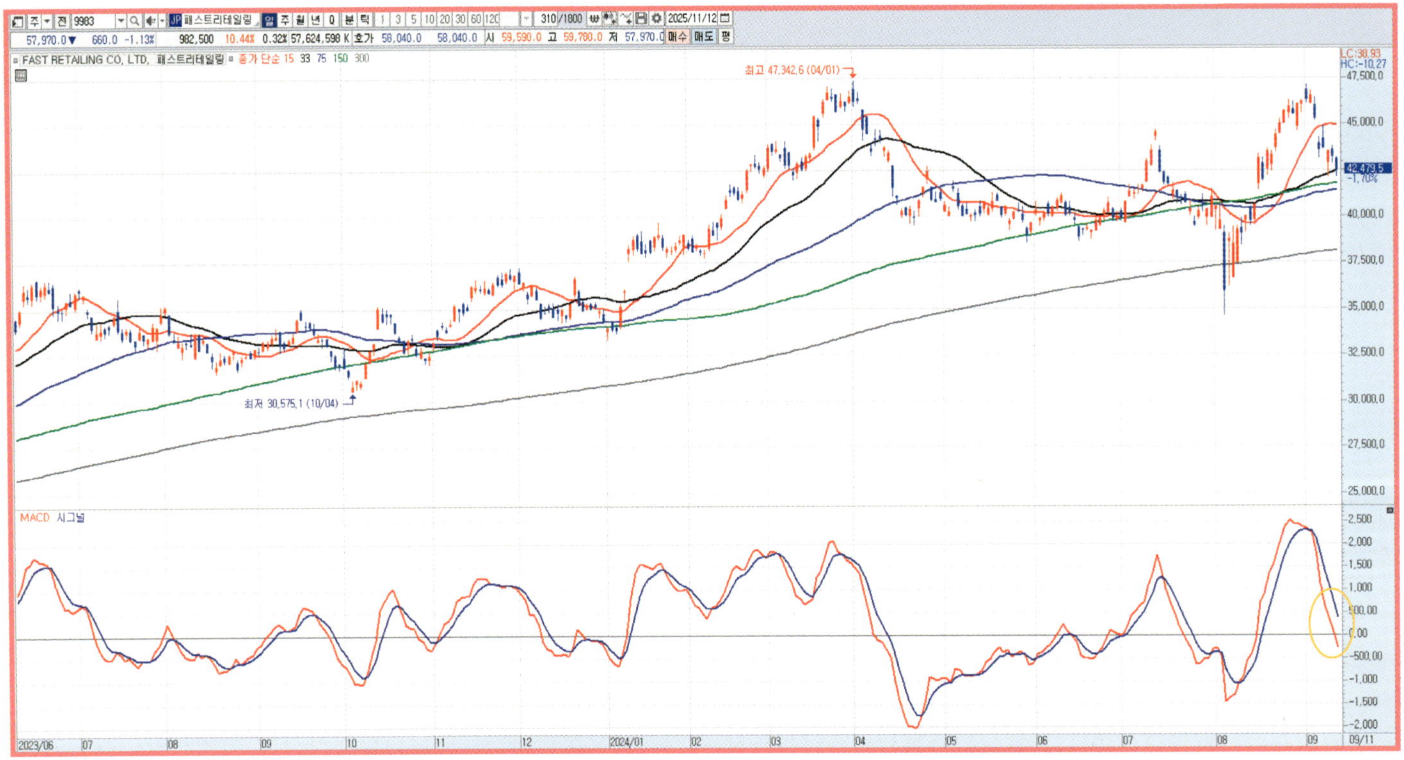

정답 a) 주로 0선 위에서 움직인다.

MACD는 상승추세에서는 0선 위에서 주로 움직이고, 하락추세에서는 0선 아래에서 주로 움직인다. 또 비추세에서는 0선을 사이에 두고 위아래 등락을 반복한다.

다음은 이화공영의 일봉 차트다. 확연한 하락추세며, 2024년 12월, 150일 이동평균선까지 상승하는 흐름이 발생했는데, 향후 주가의 이동경로는 어떻게 예상할 수 있을까?

a) 하락   b) 상승

정답 **a) 하락**

기존 추세가 하락추세면 조정을 거친 이후에는 다시 하락추세를 확장하게 된다. 따라서 주식 투자의 경우, 하락추세의 종목이 이동평균선까지 상승하더라도 절대 매수해서는 안 된다.

문제 19

다음은 미국 주식 알파벳 C의 일봉 차트다. 상승추세이며, 2025년 9월 고점을 찍고 33일 이동평균선까지 하락했다. 이때 MACD를 보면 0선 근처에서 다시 상승하는 패턴 3이 예상된다. 어찌해야 할까?

a) 기존 추세를 믿고 매수한다.   b) 너무 많이 올랐으니 매수하지 않는다.

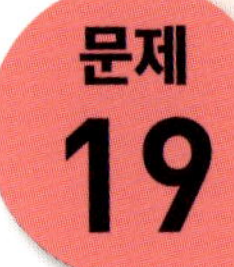

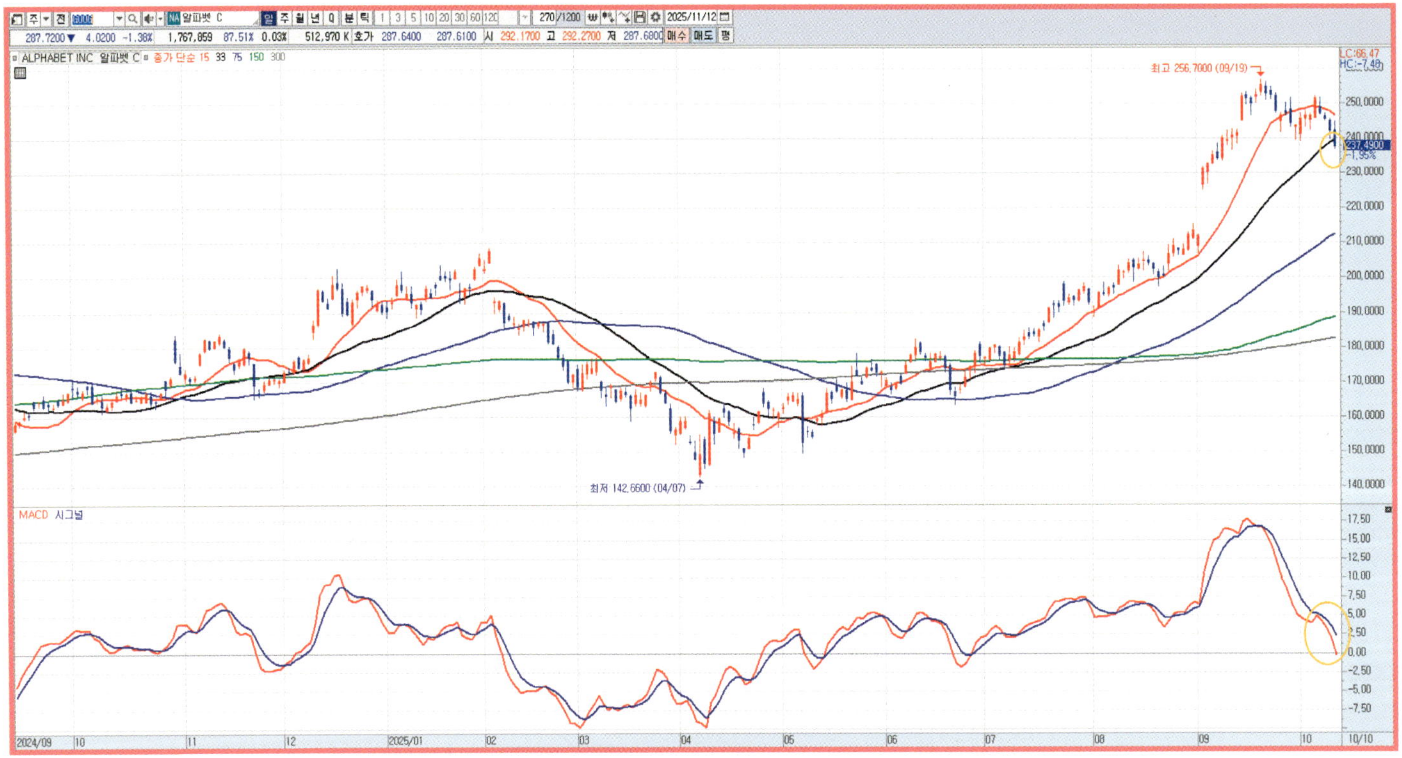

정답 **a) 기존 추세를 믿고 매수한다.**

33일 이동평균선 지지에 성공하며 단기간에 급등하고 있다. 33일 이동평균선에서 기존 추세를 신뢰하고 매수했다면 큰 수익이 가능했다.

청소년 버핏 투자 스쿨(학부모 동반 가능)

왜 청소년부터 투자를 배워야 하는가?

버핏 투자 스쿨은 투자 마인드 교육이 '세상 사는 지혜'를 얻는 최고의 수단이라는 믿음으로, 자라나는 청소년들에게 투자 대가들의 철학과 지혜뿐만 아니라, 실전 투자 훈련을 합니다.

여러 주제를 아우르는 통합 사고 능력을 기를 수 있는 커리큘럼을 바탕으로 학생들이 세상을 더욱 넓게 보고, 이해할 수 있게 도와줍니다.

나아가, 경제적 자유와 정신적 자유를 통해 자유로운 라이프 스타일을 영위할 수 있는 지혜와 실력을 길러주는 것을 목적으로 운영하고 있습니다.

투자 SQ (Success Quotient)	투자 EQ (Emotional Quotient)	투자 IQ (Intelligence Quotient)
돈과 투자에 관한 본질적인 가치와 의미	돈과 투자에 관한 다양한 감정적 지혜	돈과 투자에 대한 실무적인 지식 교육

4권의 책을 통해 주식 전문가들의 철학과 지혜를 배우고,
로셈의 패턴매매기법 학습을 통해 실전매매 준비까지!

트레이딩은 트레이닝이다 - 이론 편

제1판 1쇄 2026년 2월 9일

지은이 장영한, 조우태
펴낸이 한성주
펴낸곳 ㈜두드림미디어
책임편집 최윤경
디자인 노경녀(nkn3383@naver.com)

㈜두드림미디어
등　록 2015년 3월 25일(제2022-000009호)
주　소 서울시 강서구 공항대로 219, 620호, 621호
전　화 02)333-3577
팩　스 02)6455-3477
이메일 dodreamedia@naver.com(원고 투고 및 출판 관련 문의)
카　페 https://cafe.naver.com/dodreamedia

ISBN 979-11-24026-21-2 (03320)

**책 내용에 관한 궁금증은 표지 앞날개에 있는 저자의 이메일이나
저자의 각종 SNS 연락처로 문의해주시길 바랍니다.**